GRÖNLAND
Geografischer Nordpol
KANADA
ALASKA

Eskapade

PARIMARE

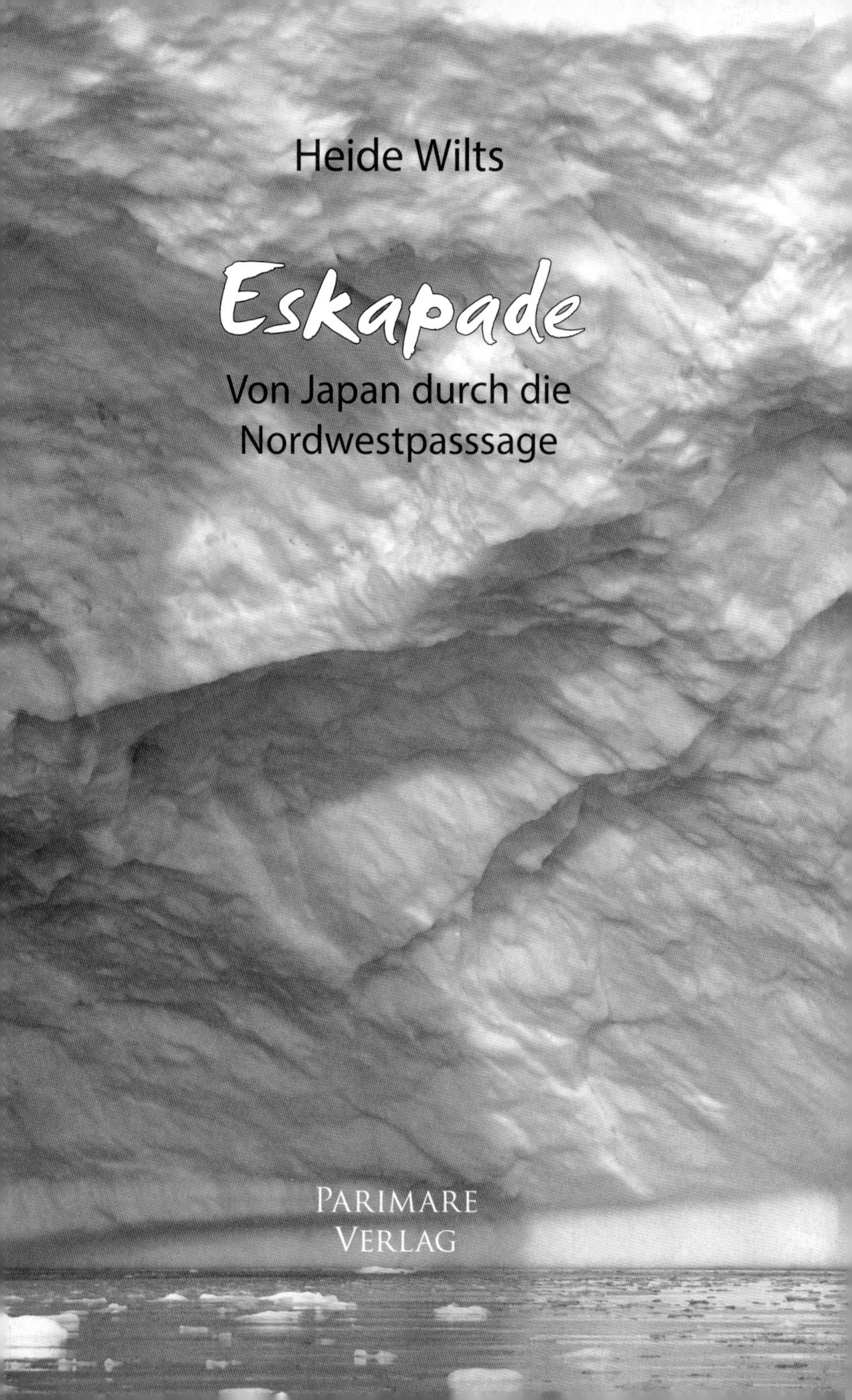

Heide Wilts

Eskapade

Von Japan durch die Nordwestpasssage

PARIMARE VERLAG

Bibliografische Information der Deutschen Nationalbibliothek

Die Deutsche Nationalbibliothek verzeichnet diese Publikation in der Deutschen Nationalbibliografie; detaillierte bibliografische Daten sind im Internet über http://dnb.d-nb.de abrufbar.

Die Fotografien in diesem Band stammen überwiegend von *Erich Wilts*, außerdem von den Mitseglern *Dierk Esau*, *Lore Haack-Vörsmann*, *Maurice Licht*, *Dr. Guido Marx*, *Valentin Mika-Cortolezis*, *Ulrich Schlüter*, *Folkmar Ukena*, *Horst Wartha* und von *Alexandra Mayer* (Sy Muktuk) sowie *Jon LeVan*.

Impressum

Paul-Löbe-Weg 18, 25337 Elmshorn, Germany
info@parimare.com | www.parimare.com

Lektorat
Christiane Corssen, Oldenburg

Gesamtherstellung
ihleo verlagsbüro – Dr. Oliver Ihle
Schlossgang 10, 25813 Husum, Germany
info@ihleo.de | www.ihleo.de

ISBN 978-3-947244-07-2

Für Thilo

Inhalt

SELDÉN

Einführung

Zwei Leben, dem Abenteuer gewidmet

Es gibt nur wenige Seeleute wie Dr. Heide und Erich Wilts: Seit Jahrzehnten besegelt das Ehepaar mit dem eigenen Boot die Weltmeere. Schon lange haben sie ihre sicheren Existenzen und Karrieren an Land hinter sich gelassen. Beide suchen nicht die einfache Bequemlichkeit, sondern die einmaligen Momente im Leben, die besondere Herausforderung, das unvergessliche Abenteuer!

Erich Wilts hat einmal gesagt, das Wort „Abenteuer" sei in Deutschland leider oft negativ belegt. Das stimmt. Doch den beiden geht es bei ihren Reisen nie darum, leichtsinnig ihr Leben zu riskieren, sondern immer gut vorbereitet und abgesichert in die entlegensten Winkel unserer Welt vorzudringen.

James Cook (1728–1779), der wohl größte Seefahrer und Entdecker aller Zeiten, bemerkte einmal treffend: „Mach nur einmal das, von dem andere sagen, dass du es nicht schaffst, und du wirst nie wieder auf deren Grenzen achten müssen."

Heide und Erich haben mit ihren Reisen Grenzen überschritten, dabei wunderschöne Momente erlebt, einmalige Landschaften gesehen und weltweit Freundschaften fürs Leben geschlossen. Aber sie haben auch am eigenen Leib erleben müssen, dass trotz aller Vorbereitung etwas richtig schiefgehen kann. Dass etwas Unvorhersehbares passiert wie zum Beispiel die Strandung des eigenen Boots am Rande der Antarktischen Halbinsel am 24. Mai 1991 auf der Insel Deception.

Darüber und über viele weitere Reisen hat Heide Wilts unterhaltsame, anschauliche und vor allem spannende Bücher veröffentlicht. Das nun hier vorliegende Buch *ESKAPADE – Von Japan durch die Nordwestpassage* ist der Abschluss einer FREYDIS-Trilogie.

Freydís Eiríksdóttir war die Tochter von Erik dem Roten auf Island und lebte um 1000 n. Chr. in Grönland. Der Überlieferung nach war sie eine Kriegerin, aber eben auch eine abenteuerlustige Entdeckerin. Auf ihren Vornamen „Freydis" tauften Heide und Erich Wilts seit 1975 ihre drei Segelboote.

Im ersten Band *ALASKA – JAPAN: Die letzte Reise der FREYDIS II* stellten sich Heide und Erich die Frage, wie lange sie dieses Abenteurerleben noch führen könnten. Beide gingen auf das siebzigste Lebensjahr zu und wollten unbedingt noch einmal mit dem eigenen Boot nach Alaska. Über 8000 Seemeilen ging es durch den stürmischen Nordwinter über Hawaii und das Midway-Atoll nach Japan. Dort zerstörte der katastrophale Tsunami von Fukushima am 11. März 2011 die zweite FREYDIS. Seit mehr als dreißig Jahren, seit 1979, hatten sie mit diesem Boot die Welt bereist.

Nach einem solch schwerwiegenden Verlust hätten andere Menschen sich dem Schicksal gefügt, die Füße auf dem heimischen Sofa hochgelegt, wären regelmäßig vor dem Fernseher eingeschlafen und einfach alt und unbeweglich geworden. Nicht aber die beiden.

Der zweite Band der FREYDIS-Trilogie *K. O. – UND NOCHMAL GEPACKT! – Mit neuem Boot zu neuen Ufern* handelt von ihrer Reise mit der neuen, dritten FREYDIS von

Deutschland nach Japan. Denn trotz der Katastrophe und aller Zweifel: Heide und Erich wollen selbst bestimmen, wann und wie sie ihr Abenteuerleben beenden. Beide wissen: Da ist noch so viel mehr zu entdecken, noch so viel zu erleben in unserer wunderbaren Welt!

Doch die Reise wird anstrengender als erwartet: Technische Probleme mit dem nagelneuen Boot, schwere Stürme und eine deutlich veränderte Welt entlang der Route kennzeichnen diesen Reiseabschnitt.

Der letzte Band der FREYDIS-Trilogie *ESKAPADE – Von Japan durch die Nordwestpassage* beschreibt nun eine der wohl anspruchsvollsten Segelreisen, die Heide und Erich Wilts jemals unternommen haben: Die Fortsetzung ihrer geplanten Route in Japan, das erneute Erleben ihrer Herzenslandschaft Alaska mit der Wiederentdeckung der Aleuten und schließlich die gefährliche Nordwestpassage, um über das Nordpolarmeer Grönland zu erreichen. Weniger als 150 Segelboote haben bisher die Nordwestpassage bewältigt. Heide Wilts schildert im neuen Buch eindrucksvoll, warum diese eisbedeckte Schifffahrtsroute so gefährlich ist und wie die beiden, nun bereits 75 Jahre alt, sie erfolgreich bezwungen haben.

Peter Wiedekamm

„Hier bin ich also –
das Pendant des Fliegenden Holländers,
verdammt zur lebenslänglichen Fahrt im Eismeer.“
Roald Amundsen

Erich &
Heide Wilts

Prolog

Rückblick und Pläne

Wir hatten alles gesehen und erlebt. Die letzten vier Jahre hatten wir in Alaska und Kanada verbracht. Allerdings wollten wir jetzt nur noch einmal Neuseeland besuchen, aber dann Kurs West auf der Barfußroute nach Hause segeln.

Doch bereits in San Diego, Kalifornien, bereuten wir unsere Absichten. Bei dem Gedanken, dass wir beide auf die 70 zugingen und sicher nie wieder mit dem eigenen Boot in Alaska segeln würden, überfiel mich, und in gleichem Maße auch Erich, ein beklemmendes Gefühl – eine Mischung aus tiefer Trauer und ungestillter Sehnsucht. Wir fragten uns plötzlich, warum wir Alaska so vorschnell verlassen hatten. Spontan und aus dem Bauch heraus beschlossen wir, noch einmal zurückzusegeln in dieses wilde und für uns so schöne Land: Alaska.

Diesmal sollte es im großen Bogen über den ganzen Nordpazifik, Japan und Russland gehen. Zu zweit segelten wir im stürmischen Nordwinter 8000 Meilen über Hawaii und das Midway-Atoll nach Japan, wo der Jahrhundert-Tsunami in Fukushima unserem Vorhaben ein jähes Ende bereitete.

Plötzlich waren wir ohne Boot! Ende der Geschichte, Schluss, aus? (Beschrieben habe ich diese Reise durch Alaska und Japan im ersten Teil der FREYDIS-Trilogie: *ALASKA–JAPAN – Die letzte Reise der* FREYDIS *II.*) Wir fühlten uns beraubt und betrogen um das abenteuerliche und glückliche Leben, das wir hatten führen wollen. Was nun? Segeln in extremen Revieren war immer noch unsere Leidenschaft. Unvorstellbar für uns beide, jetzt schon aufs Altenteil zu gehen!

Nach tiefer Trauer und innerem Kampf waren wir überzeugt: Ein neues Boot musste her! Wir mobilisierten all unsere Kräfte, opferten die Hälfte unserer Alterssicherung, hielten Vorträge und begeisterten Crews für geplante Reiseabschnitte.

Schon neun Monate später, an Erichs 70. Geburtstag, kam der große Moment: Voller Schwung knallte ich die Sektflasche an den Bug unserer neuen FREYDIS!

Unser erstes Ziel? Natürlich Japan! Denn wir wollten unsere Reise dort fortsetzen, wo sie am 11. März 2011 unfreiwillig durch den Tsunami unterbrochen worden war. Zum „Warmlaufen" ging es über den Atlantik und Südpazifik nach Australien und dann auf schwieriger und riskanter Reise wieder nach Japan.

„Sandy", „June", „Faxai", „Neoguri", „Halong", „Phanfone" und „Vongfong" – das waren die Namen der sieben schweren Stürme, die wir im Laufe der Reise bezwingen mussten, um an unser Ziel zu gelangen. (Beschrieben habe ich diesen Reiseabschnitt von Deutschland nach Japan im zweiten Teil der FREYDIS-Trilogie: *K. O. – UND NOCHMAL GEPACKT! – Mit neuem Boot zu neuen Ufern*)

Nach den Winterstürmen und vor der nächsten Taifunzeit wollen wir nun von Nagasaki aus unsere Reise in den hohen Norden fortsetzen: zunächst nach Alaska und später, falls wir günstige Bedingungen vorfinden würden, vielleicht über die Nordwestpassage nach Grönland. Wir werden sehen …

Russland
Japan

Unsere Route: von Japan über die Aleuten durch die Nordwestpassage in östlicher Richtung bis nach Grönland

Hochzeitspaar beim Fotoshooting

Teil I – Japan

Zu den Inseln im Japanischen Meer

Nagasaki und Unzen: Von Farbtöpfen und Schlammpötten

Einen ganzen Tag laufe ich hinter den „permits“ her, die uns das Anlaufen der „closed ports“ auf unserer Route nach Hokkaido erlauben. Von Pontius zu Pilatus werde ich geschickt, bis ich endlich an der richtigen Stelle bin. Erst in einer Woche soll ich die Papiere abholen, weil diese „geschlossenen Häfen“ in anderen Präfekturen liegen und damit in anderen Zuständigkeitsbereichen. Was für eine aufwändige Bürokratie! Sie taugt nicht einmal für die damit beabsichtigte Kontrolle. In Japan ist so vieles so umständlich. Der Weg zum effizienten Staat ist noch weit. Einigermaßen erträglich wird das alles für uns nur deshalb, weil die Menschen – inklusive Bürokraten – immer freundlich und hilfsbereit sind.

Vierzehn Tage sind wir nun schon wieder in Nagasaki an Bord und arbeiten unsere Checkliste ab: Mit der Marina-Leitung war besprochen, dass wir auf der Betonschräge trockenfallen können, um das Boot zu reinigen und zu streichen. Doch die Hafenbehörde hat Bedenken geäußert wegen möglicherweise mangelnder Festigkeit des Betons. Deshalb müssen wir mit der FREYDIS nun zu dem drei Stunden entfernten Fischerdorf Nomo segeln. Dort gibt es eine kleine Werft, die uns mit dem Slipwagen aus dem

Wasser ziehen kann und die Arbeiten für einen angemessenen Pauschalpreis übernehmen will.

Ohne Warnung vom Wetterdienst zieht in der Nacht davor ein schweres Gewitter mit Sturmböen auf – so ist das mit dem Wetter in Japan, die Schläge kommen schnell und unerwartet. Viele kleine Boote sind von See in die Marina geflüchtet. Auch am frühen Morgen heult der Wind noch in der Takelage. Trotzdem laufen wir aus.

20. April 2015: Alles klappt wie geschmiert, sowohl unsere Starkwind-Fahrt zur Bucht mit der kleinen Werft als auch das Aufslippen dort. Aber dann kommt die Arbeit nicht recht in Gang. Das Streichen soll zehn Tage in Anspruch nehmen, eröffnet uns der Chef. Erich erhebt Einspruch:

„Wieso – für zwei Leute ist das doch in drei Tagen gut zu schaffen." Antwort nach Beratung: „Sechs Tage Minimum!"

Kommentarlos zieht Erich seinen Blaumann über, schnappt sich einen Pott unserer mitgebrachten roten Farbe und beginnt mit dem Streichen.

Eine Handlung, die ungeahnte Reaktionen auslöst: Der Leiter der Sunset Marina wird telefonisch in Kenntnis gesetzt, und der schickt umgehend seinen Hafenmeister mit dem Wagen zu uns und übergibt uns einen eilig ins Englische übersetzten Brief. Aus ihm geht hervor, dass der Preis sich durch Erichs Mitarbeit nicht verringern werde.

„Das ist auch gar nicht meine Absicht. Wir wollen nur möglichst rasch fertig werden", gibt Erich zu verstehen. Und nun herrscht wieder Friede, Freude, Eierkuchen, und das Team der kleinen Werft zeigt plötzlich, dass es den Nachbrenner einschalten kann. Schon zwei Tage später ist alles getan und beste Arbeit geleistet – wie wir das in Japan nicht anders gewohnt sind.

Nachdem die FREYDIS gestrichen ist, muss ihre Elektronik noch einmal überprüft werden. Dazu haben wir die kurze Strecke zur Shimabara-Halbinsel gewählt. Das kommt mir persönlich auch deshalb gelegen, weil ich mir dadurch einen tieferen Einblick in die Geschichte der Europäer in Japan verspreche. Denn in dem gleichnamigen Städtchen im Süden der Halbinsel steht die Burg Hara, die durch die „Shimabara-Rebellion" in der Frühzeit des Tokugawa-Shogunats (1637–1638) in die Geschichte einging. Diese Rebellion gab den Anlass zur Christenverfolgung in Japan, die letztlich zur zwei Jahrhunderte dauernden totalen Abschottung des Landes führte.

Nach einer wenig spektakulären Fahrt legen wir im Fischerei- und Passagierhafen der Halbinsel an und besichtigen auf einem Hügel die besagte Burg. In ihren Ruinen hatten gerade frische archäologische Grabungen stattgefunden und mehrere Zeugnisse aus der Zeit der Rebellion zu Tage gefördert: neben menschlichen Knochen und christlichen Devotionalien auch Kanonenkugeln, die von einem holländischen Schiff auf die belagerte Burg abgefeuert worden waren.

Damals hatten sich die Bauern der Region, von denen viele zum Christentum übergetreten waren, gegen das erdrückende Steuerwesen des Shogunats aufgelehnt und vor den Shogunatstruppen in der Burg verschanzt. Nach monatelanger Belagerung waren sie mit Unterstützung der Holländer überwältigt und getötet worden. Die Holländer, die keine Missionsabsichten hegten, hatten die Gelegenheit genutzt, um den Einfluss der Portugiesen im Land zu schwächen. Zum Dank wurde ihnen das exklusive Handelsrecht mit Japan erteilt, das fast 250 Jahre lang Bestand hatte.

Auch die Unzen-Vulkane haben zu den traurigen Geschichten auf der Halbinsel ihren Beitrag geleistet. Als Teil des Pazifischen Feuerrings zählen sie zu den gefährlichsten des Landes. Ihren heftigsten Ausbruch in historischer Zeit hatten sie am 21. Mai 1792. Ein Erdbeben löste damals eine Lawine aus und diese wiederum einen zwanzig Meter hohen Tsunami, der die Stadt Shimabara zerstörte und mehr als 15 000 Menschen tötete. Die jüngste Aktivitätsphase 1989 bis 1995 forderte zwar keine Opfer in der japanischen Bevölkerung – sie war rechtzeitig evakuiert worden –, kostete aber 43 Wissenschaftlern und Journalisten das Leben. Bilder einer Fernsehdokumentation über diese Katastrophe, die ich in Deutschland zufällig sah, verfolgen mich noch heute: die schwarze Wolke, die den Hang hinabrast und den Wagen flüchtender Wissenschaftler – sie waren in einem vermeintlich sicheren Tal unterwegs – schließlich einholt. Es war die letzte Szene, die das französische Ehepaar Katia und Maurice Krafft und der Amerikaner Harry Glicken drehten – die damals bekanntesten Vulkanologen.

Wir bummeln durch die schmalen Gassen der kleinen Stadt Unzen an der Ostküste – sie wurde beim letzten Vulkanausbruch verschüttet, anschließend aber wieder aufgebaut. Es zischt und dampft aus allen Rohren, Ecken und Ritzen.

Und auf den kleinen Waldwegen, die zu vulkanischen Arealen führen, stinkt's nach faulen Eiern und es sticht in der Nase. Am Ziel erwarten uns fauchende Fumarolen, blubbernde Schlammtöpfe und kochend heiße Mineralquellen: In diese „Höllen" („Oito Jigoku") wurden zur Zeit der Christenverfolgung konvertierte Japaner lebend geworfen. Bilder solcher Hinrichtungen sahen wir in der Burg Hara, aber auch in Museen von Nagasaki.

Heute müssen japanische Christen keine Feindseligkeiten in ihrem Land mehr befürchten. Und viele „Höllen" haben sich inzwischen in Wellness-Tempel verwandelt:

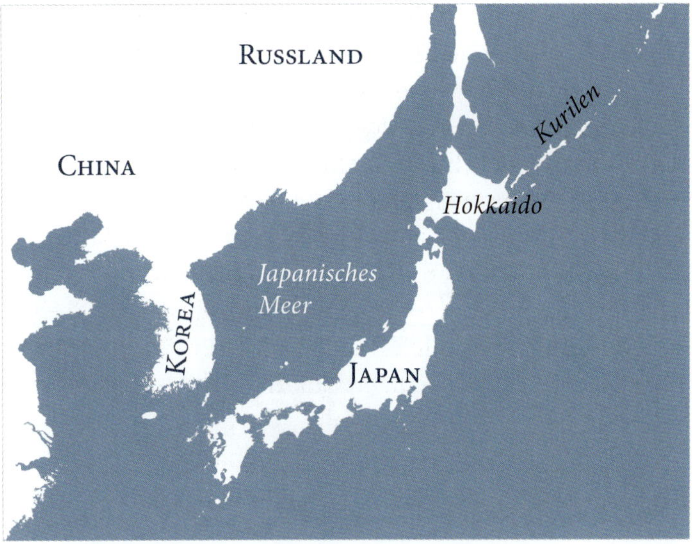
RUSSLAND
CHINA
Kurilen
Hokkaido
Japanisches
Meer
KOREA
JAPAN

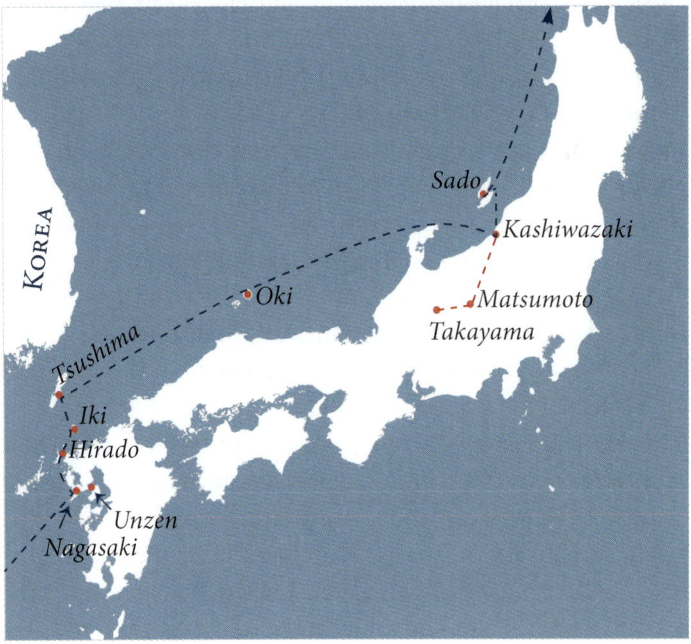
Sado
Kashiwazaki
KOREA
Oki
Matsumoto
Takayama
Tsushima
Iki
Hirado
Unzen
Nagasaki

Vulkanischer Garofen

Thermen, „Onsen" und Hotels dienen sie als Energie-Lieferanten. Am Strand von Unzen entdecken wir sogar ein Picknickareal mit großen gemauerten Töpfen, in die kochendes Quellwasser geleitet wird. Darin garen Bewohner und Reisende ihr Mittagessen, meist Eier und Gemüse. Ein Spaß, den wir uns nicht entgehen lassen.

Hirado: Mulmige Bauchgefühle und Missverständnisse

Zurück in unserer Marina, fahre ich noch ein letztes Mal zum Supermarkt in Fukuda und kaufe frisches Gemüse und Brot ein. Morgen soll's losgehen. Diesmal zu fünft und gut ausgestattet mit japanischen Sprach-, Kultur- und Landeskenntnissen: Mitsegler Peter aus der Schweiz war lange mit einer Japanerin verheiratet und Mitsegler Dietmar aus Heidelberg ist es bereits seit 30 Jahren mit Fumiko und dazu häufig in Japan auf Verwandtenbesuch.

Fumiko konnten wir nicht zum Mitsegeln bewegen – sie kommt nach Japan, um ihre Mutter zu besuchen. Toshi, Fumikos Bruder, war dagegen von Anfang an begeistert dabei. Bereits in Deutschland erhielten wir Post von ihm mit detaillierten Informationen über lohnende Ziele auf unserer Route. Doch nun steht er lieber seiner schwer erkrankten Mutter zur Seite. Verständlich und dennoch schade. Toshi ist ein Gourmet, er hätte das Kochen an Bord übernommen, wobei ich ihm gerne über die Schulter geschaut hätte. Sogar Ess-Stäbchen hatte ich schon gehortet. Andererseits war ich auch ein bisschen skeptisch: tagein, tagaus rohen Fisch, rohes Fleisch, kalte Nudeln, Misosuppe, Reis und Algen – ob wir das aushielten?

Außer mir ist also wieder mal keiner an Bord, der gerne kocht, und, doppelt schade, auch keine Japanerin. Überhaupt sieht man Japanerinnen auf Fahrtenseglern eher selten. Sie scheinen diese Sportart oder dieses Hobby noch nicht für sich entdeckt zu haben – vielleicht auch deshalb, weil es in Japan keine Segeltradition gibt. Abgesehen von ein paar männlichen Hochseeseglern, die Okinawa, Hawaii oder Kalifornien zum Ziel haben, begegnen uns meist nur Männercrews, die auf kleineren Booten zu benachbarten Inseln segeln. Doch das kann sich schnell ändern: Während eines nationalen Sportfestes, das im Oktober neben unserer Marina in Nagasaki stattfand, sahen wir viele begeisterte Mädchen und junge Frauen, die an den Regatten mit kleinen Segelbooten teilnahmen. Vielleicht sind das die Fahrtenseglerinnen der Zukunft.

Die japanischen Gewässer gehören ganz allgemein zu den anspruchsvollsten und nicht gerade weltweit favorisierten

Segelrevieren. Dazu haben sie auch noch einen schlechten Ruf wegen ihrer Seebeben mit Tsunamis und wegen der Taifune. Die größte Hürde für Europäer ist allerdings, Japan überhaupt mit einem Segelboot zu erreichen. Denn es ist eine beschwerliche und riskante Reise. In den letzten drei Jahren nach dem Tsunami und dem GAU in Fukushima hat sich das keine ausländische Yacht mehr getraut. Und in diesem Jahr haben wir unterwegs gerade mal zehn Crews aus unterschiedlichen Ländern mit dem Ziel Japan getroffen.

Für uns wird es nach dem Verlust unserer alten FREYDIS in Fukushima die dritte Segelreise durch Japan und seine Gewässer. Damit setzen wir mit unserer neuen FREYDIS den damals geplanten Reiseabschnitt von Japan nach Alaska mit einer Verzögerung von vier Jahren fort. Nun aber werden wir nicht mehr an der Ostküste entlang nach Norden, sondern an der Westküste im Japanischen Meer segeln, wo wir vor möglichen Tsunamis etwas besser geschützt sind. Dort wollen wir möglichst die von Toshi empfohlenen Ziele anlaufen – historisch interessante und entlegene Eilande, deren Bewohner noch einen traditionellen Lebensstil pflegen. *Dieses Inselhopping haben schon die Mongolen im 13. Jahrhundert gewählt, allerdings in umgekehrter Richtung*, schrieb Toshi. *Mordend und plündernd fielen sie damals in Japan ein.*

Eine Reise in diesem Gebiet verläuft nicht immer wie geplant. Vor allem sind wir mit dem Boot wetterabhängig und auf sichere Häfen angewiesen. Schlechte Erfahrungen in dieser Hinsicht auf unserer ersten Reise nach Japan (2010) – etwa auf den japanischen Inseln der Izu-Gruppe – haben uns Vorsicht gelehrt. Doch ich will das mulmige Bauchgefühl in mir nicht übermächtig werden lassen, sondern positiv denken: Schließlich sind die Winterstürme vorbei und die Taifun-Saison hat noch nicht begonnen. Heiß und schwül wird es erst im Juli und August. Wir segeln zur besten Jahreszeit in japanischen Gewässern, erfahrungsgemäß bläst im Mai und Juni der Südostmonsun und die Temperaturen sind gemäßigt. Dazu hat sich unser neues Boot längst bewährt, wir sind mit dem Revier vertraut und haben eine segelerfahrene Crew. Und was die Verstrahlung in Fukushima angeht: Den Atom-Meiler werden wir auf der Westseite passieren. In Nagasaki und Hiroshima zeigte der Geigerzähler, den wir zur Sicherheit wieder mitgenommen haben, weniger als die Hälfte der Strahlendosis, der wir als ein Erbe Tschernobyls in Heidelberg ausgesetzt sind.

An der Südküste von Hokkaido werden wir Hakodate anlaufen, eine der schönsten und interessantesten Städte, die wir kennen. Denn wir haben sie bereits auf unserer ersten Segelreise nach Japan besucht – einige Monate vor der Tsunami-Katastrophe. Wer weiß, was dort alles zerstört wurde.

Auch die im Osten der Insel gelegene Stadt Kushiro werden wir wiedersehen. Sie wird unser Ausgangshafen nach Alaska sein.

Wie von Toshi vorgeschlagen, nehmen wir die Mongolen-Route gegenläufig in Angriff – also zu den Inseln Hirado, Iki, Tsushima.

5. Mai 2015: Leichte Winde blasen die FREYDIS zur 60 Seemeilen entfernten Insel Hirado – laut Toshi *ein geschichtsträchtiger Ort, an dem schon im 12. Jahrhundert chinesische Botschafter den Tee in Japan einführten. Und selbst nach dem Einfall der Mongolen Mitte des 13. Jahrhunderts blieb die Insel ein wichtiger Außenhandelsplatz mit China. Ihre gleichnamige Ortschaft war eine der ersten in Japan, in*

denen Francisco Xavier (er landete Mitte des 16. Jahrhunderts in Japan) das Christentum verbreitete. Sie wurde der wichtigste Handelshafen mit Portugal, England und Holland, bevor Ieyasu Tokugawa – der Begründer der Tokugawa-Dynastie – im frühen 17. Jahrhundert das Land gegen die Außenwelt abschottete.

Als wir in den Hafen einlaufen, passieren wir ein weißes, doppelstöckiges Gebäude, das wir sogleich als das Handelshaus der Niederländischen Ostindien-Kompanie identifizieren. Nicht weit davon entfernt finden wir eine kleine Pier, an der wir festmachen. Und dann nichts wie an Land und auf Spurensuche der Geschichte.

Auf der Gangway liegt ein Hund der alten japanischen Akita-Rasse an der Kette. Er trägt ein großes Holzschild um den Hals, auf dem etwas geschrieben steht, von dem ich annehme, dass es Werbung für das Café an der Straße ist. „Diese Hunde sind als besonders lieb und treu bekannt", weiß Dietmar, dessen Japanisch ohne Fumiko recht begrenzt ist. Ich erinnere mich an die Gedenkstätten für solche Hunde auf der Insel Yakushima und auf Tokyos U-Bahnhof Shibuja und auch an den rührenden Film *Hachiko – Eine wunderbare Freundschaft*, in dem neben Richard Gere ein Akita-Hund die Hauptrolle spielt. Erich will das originelle Exemplar mit dem großen Schild fotografieren. Ich soll mit aufs Bild. Doch der „liebe" Hund springt knurrend und zähnebleckend an mir hoch und schnappt nach mir. Mit ein paar Kratzern an der Hand kann ich mich seinen Reißzähnen gerade noch entziehen.

Aus einem kleinen Segelboot, das auf der gegenüberliegenden Seite der Pier liegt, eilt sein Besitzer herbei. In gebrochenem Englisch entschuldigt er sich vielmals für seinen Hund. „Was steht denn auf dem Schild?", frage ich

Warnung vor dem Hündchen

kleinlaut. „Nicht berühren, Hund beißt.“ Tags darauf lesen wir die Warnung auf dem Schild auch auf Englisch.

Fremde Schriftzeichen können zu Missverständnissen mit bösen Folgen oder weitreichenden Konsequenzen führen. Diese Erfahrung mussten auch die Holländer zur Zeit der Christenverfolgung machen. Damals waren die Shogunatsbehörden besonders empfindlich und hielten das gregorianische Datum „1639“ über dem Eingangstor des niederländischen Handelshauses für ein Zeichen des verbotenen Christentums. Sie zerstörten das Gebäude und verbannten die Holländer fortan auf die kleine Insel Deshima in der Bucht von Nagasaki, die seit der Ausweisung der Portugiesen verlassen war. Alle Bemühungen der Holländer, das Missverständnis aufzuklären, waren vergeblich.

Das imposante Handelshaus mit breitem Treppenaufstieg wurde erst vor wenigen Jahren nach alten Plänen wieder aufgebaut. In seinem Innern können wir neben den kolossalen Holzpfosten, die sein Dach tragen, auch viele kostbare Waren bewundern, die einst von den Schiffen der Niederländischen Ostindien-Kompanie ein- oder ausgeführt wurden, wie Lackarbeiten mit Perlmutt-Intarsien, feines in Japan hergestelltes Porzellan nach dem Geschmack der Europäer jener Zeit, aber auch Metallrüstungen aus Holland, die den Samurai-Kriegern in Japan angepasst wurden.

Wir entdecken auch einen Brief aus Batavia in Alt-Japanisch aus der Zeit nach der Christenverfolgung. Er stammt von einem Nachkommen aus einer Mischehe mit Portugiesen. Diese Kinder mussten Japan verlassen und wurden überwiegend nach Batavia verschifft. Briefe in die Heimat waren erst viele Jahre später (1660) erlaubt und meist traurigen Inhalts.

Die Modelle des niederländischen Schiffes De Liefde – ob in Bronze gegossen an der Küstenstraße aufgestellt oder detailgetreu in Holz gefertigt in der Vitrine des Handelshauses – ziehen uns, egal wo, immer wieder aufs Neue an: Mit dieser Galeone strandeten im Jahr 1600 die halb verhungerte holländische Mannschaft unter der Führung des englischen Kapitäns William Adams im Osten der japanischen Insel Kyushu, wo heute die Stadt Yokosuka liegt. Es war der Beginn erfolgreicher Handelsbeziehungen der Europäer mit Japan, die sich später auf die Ostindische Kompanie beschränkten und bis zur erzwungenen Öffnung Japans 1854 durch die Amerikaner andauerten.

Auf unserer ersten Japanreise mit der alten Freydis hatten wir das Denkmal des Engländers in Yokosuka besucht. Dieser Original-Schauplatz war für uns umso attraktiver, als wir damals Clavells Roman *Shogun* – William Adams

Das niederländische Handelshaus in Hirado

war die Inspirationsquelle für die Hauptfigur des Romans – gerade erst aus der Hand gelegt hatten. Im Ort entdecken wir zwischen den alten Häuschen eines mit einem kleinen Schild neben der Tür. Es ist ein Teehaus, im Ortsplan aber als Adams Wohnhaus eingetragen. Ein Mann ist an die Tür getreten.

„William Adams …?“, frage ich.

„Hai“, nickt er freundlich und bittet uns in den offensichtlich gerade erst eröffneten Salon. Als Willkommensgeste reicht er uns eine Schale grünen Tees. Von der Hitze und dem Rundgang erschöpft, nehmen wir sie dankbar an und lassen uns auf einer Bank nieder. Unser Blick fällt auf eine unkrautbewachsene, steinerne Badewanne im Garten, von der wir glauben, dass sie aus William Adams Zeit stammen könnte. Eine Holztreppe führt uns ins obere Stockwerk mit sehr kleinen Zimmern, die auf Renovierung warten.

Am Rande der Ortschaft stehen wir schließlich vor der Grabstätte dieses in Japan als Miura Anjin bekannten Mannes, dessen Anwesenheit in Japan in die kurze Periode seiner Öffnung nach außen fiel, bekannt als Epoche des Namban-Handels. Nach seiner Strandung war er persönlich vom Shogun Tokugawa Ieyasu verhört worden, hatte als einziger Europäer das Vertrauen des Shoguns gewonnen, diente fortan der Regierung als Ratgeber in auswärtigen Angelegenheiten und war vermutlich als erster Europäer in den Samurai-Stand erhoben worden. Das Gedenken an ihn wird in Yokosuka und Hirado wachgehalten, ist jedoch nicht zu vergleichen mit dem literarischen Mausoleum, das ihm Clavell mit Shogun errichtet hat. Gut recherchiert, doch eben nur ein Roman. Wir fragen uns, was für ein Mensch der Seemann William Adams wohl tatsächlich gewesen ist.

Iki bis Tsushima:
Auf der Route von Tschingis Khans Enkel

Unter Vollzeug bei leichten westlichen Winden, unterstützt vom Tsushima-Strom, wird die 126-Seemeilen-Überfahrt nach Iki zum Katzensprung. Schon am Nachmittag laufen wir im Süden der Insel in den mehrkammerigen Hafen von Gonoura ein, wo es an der Pier genug Platz gibt für die FREYDIS. Wir erledigen rasch die Formalitäten und haben auch kein Problem, einen Mietwagen für den nächsten Tag zu bekommen. Schwieriger wird es, ein Restaurant zu finden. Nach längerer Suche schickt man uns zu einem Häuschen, in dem uns ein altes Paar auf das Liebevollste mit den maritimen Leckereien der Insel bewirtet – Sardinen, Makrelen, Seeigel und Tintenfisch – einiges davon sogar gegrillt!

Als Schülerin habe ich den dicken Wälzer *Dschingis Khan* mit Begeisterung gelesen. Eine Fortsetzung erfahren wir nun. Denn im 13. Jahrhundert fuhr dieses wilde Reitervolk unter der Herrschaft von Khubilai Khan – Dschingis Khans Enkel – auch zur See und überfiel reiche Inseln wie Iki und Tsushima. Sie gehörten zum Herrschaftsgebiet einer Sippe, die den Handel mit Hirado (Kyushu) und Korea förderte. Aber durch die Überfälle war es damit erst einmal vorbei. Nur ein schlichter Obelisk und ein Stein mit japanischer Inschrift weist uns darauf hin, dass bei den Überfällen tausend Inselbewohner getötet wurden. Wir hatten historische Belege oder eine Dokumentation erwartet. Enttäuscht ziehen wir ab, streifen durch einen blühenden Esskastanien-Wald, suchen Schreine auf und auch einen Onsen. Das heiße Bad – Frauen und Männer baden in getrennten Becken – teile ich mit einer rundlichen Japanerin namens Hiroko. Sie spricht ein paar Brocken Englisch und erklärt mir, dass sie schon einmal mit einer Gruppe in Deutschland war: „Leider nur ein Tag in Kassel, dann in die Schweiz und nach Frankreich, alles sehr schön! Europa in einer Woche", lacht sie. Und was unsere Weiterreise angehe, so sei Tsushima, unser nächstes Ziel, vom höchsten Punkt der Insel aus gut zu erkennen. Doch als wir nach dem Bad alle zusammen eilig den Hügel erklimmen, liegt das Meer schon im abendlichen Dunst.

Sowohl Iki als auch Tsushima sind so weit entfernt von den üblichen Touristenrouten, dass sie im tausendseitigen *Lonely Planet* nicht einmal Erwähnung finden. Und doch spielen sie, dank ihrer geografischen Lage zwischen dem japanischen Festland und Südkorea, seit alters her eine wichtige Rolle als Japans Verbindungsglieder zum asiatischen Kontinent. Toshi in seinem Brief: *Viele Ruinen und andere Spuren lassen die Bedeutung dieser Insel in der Geschichte erkennen.*

Nach einer sonnigen Fahrt bei kabbeliger Stromsee und schwachen vorlichen Winden nähern wir uns Tsushima – ein langes, schmales Handtuch, flächenmäßig etwa so groß wie die Insel Madeira. Am Nachmittag erreichen wir den Fischereihafen von Izuhara und finden in seiner südlichen Kammer an der Schwimmpier einen Platz für die FREYDIS. Wir freuen uns gerade über den geglückten Landfall, als uns der herbeieilende Vorstand der Fischerei-Kooperative eröffnet, dass Taifun „Noul" im Anmarsch sei – in vier Tagen werde er erwartet – und dass wir hier nicht gut lägen.

Auf seinen Rat hin verholen wir die FREYDIS an die Betonpier, wo die Fischerboote bereits in zwei Reihen nebeneinander liegen, aber für uns noch ein wenig zusammenrücken. Vorsorglich bringen wir alle Fender aus und verdoppeln unsere Festmacherleinen.

Der Felsen mit dem Affengesicht auf Ikishima

„Euer Boot scheint Taifune magisch anzuziehen“, frotzelt Dietmar in der Absicht, unsere besorgten Minen aufzuhellen. Bei mir gelingt das nicht. Ein Taifun außerhalb der Saison, das ist wie ein Hammer aus dem Nichts – wie ich das liebe! Selbst wenn er uns ungeschoren lässt, so verzögert er doch die Reise um mehrere Tage und durchkreuzt unsere Pläne!

Auch die stundenlange Formalitätenprozedur der Küstenwache, die wir hier über uns ergehen lassen müssen, sorgt nicht gerade für Begeisterung. Doch, wie stets in Japan, sind die Beamten äußerst freundlich. Um die Energieversorgung unserer Kühltruhen zu sichern, erlaubt man uns sogar ein 100-Meter-Kabel zur Kooperative zu legen. Dort wird uns nicht nur Strom „frei Haus“ geliefert, wir bekommen auch ein Paket gefrorenen Tintenfisch geschenkt.

Natürlich sind wir froh, in diesem gut geschützten Hafen Unterschlupf gefunden zu haben. Wir stellen uns auf einen Aufenthalt von vier bis fünf Tagen ein. Nun ja, hier gibt es genug zu sehen und zu bestaunen – Burgen, Museen, Tempel –, vor allem aber wollen wir die Zeit nutzen, um unsere Mongolen-Spurensuche zu vertiefen.

Im Süden der Insel werden wir fündig: In der Sasu-Bucht liegt ein alter Schrein zum Gedenken an die beiden Überfälle. Wie uns ein englischkundiger Mönch mitteilt, hat sich die Insel in den vergangenen 700 Jahren so stark durch Erdbeben verändert, dass sich aus den historischen Aufzeichnungen nur diese Bucht noch mit Gewissheit als Schlachtfeld ermitteln ließ. Deshalb werde am 12. November jeden Jahres auch hier die Gedenkzeremonie mit anschließender Kriegerparade abgehalten. *Dabei präsentieren sich die männlichen Gemeindemitglieder als Bogenschützen in zeitauthentischen Rüstungen und schießen ihre Pfeile aufs offene Meer hinaus, als zielten sie auf die anrückenden mon-*

golischen Truppen. Damals hatten sie jedoch keine Chance. In blutigen Kämpfen wurden sie alle niedergemetzelt.

Mit ihrer aus Korea und China verstärkten, technisch und zahlenmäßig überlegenen Streitmacht landeten die Mongolen anschließend in der Hakata-Bucht im Norden von Kyushu, wo heute Fukuoka liegt, die größte Stadt auf Kyushu. Diese Invasionsversuche scheiterten dann jedoch am erbitterten Widerstand der Samurai, dem 20 Kilometer langen Steinwall, der inzwischen errichtet worden war – bei einem Besuch der dortigen Marina während unseres ersten Aufenthaltes in Japan konnten wir an vielen Stellen der Bucht noch die Reste des Walls erkennen – und vor allen an den sagenhaften „Kamikaze“ (Götterwinden). So wurden die Taifune damals genannt, weil sie viele der Invasorenschiffe versenkten. Japan blieb dadurch das einzige Land in Ostasien, das sich nicht der mongolischen Herrschaft unterwerfen musste.

Doch was Iki und Tsushima angeht, so kehrte auch nach den Mongolen keine Ruhe auf den Inseln ein. Für ein halbes Jahrhundert wurden sie zu Schlupflöchern japanischer Piraten. Die meisten dieser „Wokou“ stammten aus Tsushima und plünderten von hier aus die Küstendörfer Koreas.

Trotz Taifun-Bedrohung verbringen wir drei wundervolle Sonnentage auf Tsushima. Dabei kurven wir mit maximal 40 Stundenkilometern im Mietwagen durch Wälder, Berge und Täler. Weil die Insel kaum für Landwirtschaft geeignet ist, spielt sich das Leben der ca. 40 000 Bewohner fast ausschließlich an der Küste ab – in Fischerdörfern am Ufer tiefer Fjordeinschnitte. Selbst Dietmar, der schon viel von Japan gesehen hat, staunt über die Vielzahl an kleinen und kleinsten Fischereihäfen und -siedlungen entlang der Küste.

„Wenn die Japaner das Meer leergefischt haben, ist wenigstens schon eine Grundlage für den Bau von Marinas vorhanden", flachst Erich mit unserem Baulöwen Dietmar, der bei der nächsten Mini-Siedlung schmunzelnd ergänzt: „Wir sollten schon einmal mit der Planung beginnen."

Abends im Hafen erfahren wir Neuigkeiten vom Taifun: „Noul" hat am Wochenende die philippinische Hauptinsel verwüstet und auf See wieder Geschwindigkeit aufgenommen. Die Frage ist nun, wohin wendet sich das Monster?

Tsushima: Leopard-Mieze, Gingko-Oldie und Taifun „Noul"

Eine abgelegene Insel beherbergt meist Tiere, die es nirgendwo sonst auf der Erde gibt – auch Tsushima. Hier soll es unter anderem eine giftige Viper und die Tsushima-Leopardkatze geben. Als Wildkatzen-Freundin, und auch weil sie in der japanischen Roten Liste als stark gefährdet aufgeführt ist, interessiert mich, wo und wie ich sie finden kann. In der Touristeninformation zeigt die Dame mit dem Finger auf den Norden der Insel. Weder sie noch sonst jemand in der Umgebung spricht Englisch, und der japanischen Broschüre kann ich auch keine näheren Informationen entnehmen.

Auf gut Glück kurven wir den weiten Weg nach Norden. Dabei sehen wir viel Wald, ein flinkes Wiesel, eine überfahrene Schlange, in der wir die giftige Viper zu erkennen glauben, und mehrere Schilder mit „Achtung Wildkatze" – aber keine Wildkatze.

Ein einsamer Rucksacktourist aus Singapur, dem ich mein Leid klage, gibt uns einen Wink: „Ihr müsst das Tsushima Wildlife Conservation Center besuchen, am besten während der Fütterung."

Oben: Kleiner Fischereihafen auf Tsushima
Unten: Tsushima-Wildkatze

Aha, da ist also das obskure Objekt meiner Begierde. Und tatsächlich – die Tsushima-Mieze ähnelt der verkleinerten Ausgabe eines Leoparden, zumindest was Farbe und Zeichnung ihres Fells angeht: schwarze Tupfen am gelblich braunen Körper und schwarze Streifen am Kopf. Ein buschiger Schwanz, abgerundete Ohren und ein heller Fleck hinten am Ohr unterstreichen ihre Einzigartigkeit, kennzeichnen sie aber auch als Unterart der Bengalkatze, die Tsushima vermutlich vor 30 000 Jahren von der koreanischen Halbinsel aus besiedelte. Wie auch immer, mitnehmen darf ich keinen dieser hübschen, scheuen Räuber. Also keine Bordmieze.

Auf dem selben Weg wie die Bengalkatze könnte auch der Ginkgobaum die Insel, und damit Japan, erreicht haben. Der gewaltige Ginkgo von Kin, auf den wir während unserer Inselrundfahrt stoßen, hat die Maße eines riesigen Dinosauriers (40 Meter hoch und über zwölf Meter Umfang). Seine ausladenden Äste sind so schwer, dass sie von einem Eisengerüst gestützt werden müssen. Mit 1500 Jahren auf dem knorrigen Buckel ist er Japans ältester Ginkgo. Trotzdem wächst und gedeiht er, als gäbe es für ihn kein Alter: Das helle Grün seiner dichten Blätterkrone leuchtet und schillert in der Sonne wie ein Fackelschein des Lebens selbst. Aber schließlich ist er der Spross eines 300 Millionen Jahre alten Geschlechts, das sogar die Dinosaurier überlebte.

Der deutsche Arzt Engelbert Kämpfer, der Ende des 17. Jahrhunderts im Dienst der Niederländer auf Dejima stand und jede Gelegenheit wahrnahm, um Pflanzen in Japan zu sammeln, war der erste Europäer, der nachweislich einen Ginkgobaum sah. Und kein Geringerer als Goethe ließ sich von den zweigeteilten Blättern dieses Baumes gar zu einem Gedicht (*Gingo biloba*) inspirieren.

Diese schönen Bäume wachsen heute in Japan an vielen Tempeln und Gräbern. Sie scheinen beseelt, von Göttern bewohnt, man verehrt sie, bittet sie um Regen für den Reisanbau, um eine gute Ernte, um Schutz vor Taifunen. Jeder Japaner kennt die Geschichten von Ginkgobäumen, die Tsunamis, Feuersbrünste und sogar Atombombenexplosionen überlebten – auch wir staunten in Nagasaki über so einen unverwüstlichen!

Gingkobaum-Oldie hin oder her, zum Mittagessen ist es zu spät. Die kleinen Restaurants in den Dörfern sind geschlossen. Im Hafenstädtchen Hitakatsu-Ko können wir in einer Garküche noch einen fetttriefenden „Burger" bekommen. Selbst Schuld – etwas anderes als Meeresfrüchte sollte man auf Tsushima nicht essen. Drei junge Männer am Nebentisch, die ebenfalls noch etwas bestellt haben, sprechen uns auf Englisch an. Sie stammen aus Korea und sind fürs Wochenende angereist, um „squid" (Tintenfisch) zu fischen. Dafür sei die Insel der ideale Ort, aber sonst sei hier nichts los, lachen sie. Wir sollten nach Busan segeln, dort koche das Leben.

Den Besuch dieser 30 Seemeilen entfernten südkoreanischen Großstadt auf der anderen Seite der Koreastraße erlaubt unser Zeitplan leider nicht. Aber vom Nordzipfel der Insel aus können wir sie gut erkennen. Auch diese Straße war einst ein Kriegsschauplatz: Bei der „Seeschlacht bei Tsushima" (am 27. Mai 1905) ging es um den Einfluss Japans und Russlands in der Mandschurei und Korea. Die japanische Flotte schlug die russische Ostseeflotte vernichtend und mehrere russische Schiffe sanken in unmittelbarer Nähe von Tsushima. Tausende russischer Seeleute wurden getötet oder verletzt, Tausende gerieten in japanische Gefangenschaft. Die japanische Seite hatte kaum Opfer zu beklagen.

Romantisches Abendlicht empfängt uns im Hafen und dazu die beruhigende Nachricht: „Noul" hat sich abgeschwächt zum Tropensturm und zieht nun über Kyushu. Tsushima wird er in der Nacht mit „nur noch" 60 Knoten tangieren. Darüber sind wir erst einmal froh, wobei wir natürlich hoffen, dass er vielleicht noch weiter abnimmt.

Auf Restaurant-Suche in Izuhara sind wir recht befremdet von Schildern, auf denen wir „No Koreans" oder „Koreans not allowed" lesen: Ausdruck alter Ressentiments oder Ablehnung koreanischen Benehmens, das oft etwas ungezwungen und laut ist? Obwohl wir nicht gemeint sind, fühlen wir uns peinlich berührt, weil es viele koreanische Touristen auf Tsushima gibt. Wir wählen ein Restaurant ohne diskriminierendes Schild. Beim Essen loben unsere Mitsegler wieder einmal die japanische Küche und schwärmen von „Geschmacksexplosionen" im Mund. Meinem Geschmackssinn scheint da etwas abzugehen. Mir widersteht langsam der ewige rohe Fisch. Deshalb bestelle ich noch eine heiße Nudelsuppe, in der ich den Fisch ein wenig garen lassen kann. Mit diesem Kompromiss kann ich leben.

In der Nacht schrecken uns Hammerböen auf. Die FREYDIS wird brutal gegen die Pier gestoßen. Die Fender und Fenderbretter können sie kaum davor schützen. Dicht vor und hinter uns rucken die schweren Fischerboote an ihren Leinen. Wenn nur eine einzige reißt, gibt es Schrott an unserem Boot: Die Wassergeneratoren am Heck sind in großer Gefahr. Ich bete, dass es aufhört zu blasen. Morgen müssen wir dringend auslaufen. Schließlich jagt uns schon der nächste Taifun namens „Dolphin". Mit Windgeschwindigkeiten von 260 Kilometern pro Stunde gehört er derzeit noch zur höchsten Taifun-Kategorie. Er soll sich dem Süden Japans nähern. Bevor er uns einholt, müssen wir die südwestlich von Honshu liegenden Oki-Inseln erreichen, wo es einen sicheren Hafen gibt. Immer diese Bedrohung, immer dieser Zeitdruck!

Am Morgen ist der Wind noch zu stark, um auszulaufen. Auch am folgenden Tag ändert sich wenig. Vorsorglich klarieren wir schon mal aus und machen das Boot klar.

Mittwoch, 13. Mai: Super-Taifun „Dolphin“ rast auf Guam zu. Danach soll er sich nach Nordosten wenden und abschwächen. Hoffentlich!

Endlich kommen wir los, mit zwei Tagen Verzögerung. Weil wir in einer äußerst windigen Ecke liegen und noch dazu im Doppelpack mit Fischerbooten, klappt das nur mit „Trick 17“: Dazu laufen wir mit voller Motorkraft in die Spring ein und ziehen uns dann unter Motor rückwärts aus der engen Lücke. Lange haben wir gezögert, weil wir mit Anker am Bug und Wassergeneratoren am Heck kein Risiko eingehen wollten. Aber den Bug konnten wir durch eine Holzpalette, die wir von der Kooperative holten, und mehrere Fender schützen, und der Motor zog das Schiff trotz des auflandigen Starkwindes komplikationslos heraus.

Oki: Gangsterbosse, Krokodilzähne und Hochzeitsromantik

Noch im Hafenbecken reffen wir die Segel. Draußen hatte ich mit einem „Mongolenritt“ gerechnet, doch die See hat sich schon etwas beruhigt. Der Wettergott hat ein Einsehen, denn er schickt uns fast auf der gesamten 240-Seemeilen-Strecke zu den Oki-Inseln herrliche raume Winde, sodass die Freydis unter Groß und ausgebaumter Genua wie auf Schienen durch die Japansee gleitet. Balsam für unsere Seelen: Taifun „Noul“ und die Warterei auf ihn haben Nerven gekostet.

Kurz vor der Ansteuerung dann doch noch ein Wermutstropfen: Dichter Nebel hüllt uns ein. Bei einer Sichtweite von kaum zwei Kabellängen tasten wir uns nach Dogo, der größten Insel des Oki-Archipels, flächenmäßig etwa so groß wie Malta. Toshi über die Insel: *Sie liegt abgeschieden vom Festland im Japanischen Meer und hat deshalb einzigartige kulturelle und religiöse Traditionen bewahrt ... Außerdem ist sie Teil des Oki-Geoparks.*

Dogo ist kreisrund bis auf einen tiefen Einschnitt auf der Südostseite, der nach Port Saigo führt. Am frühen Nachmittag laufen wir in den Hafen ein. Dort winkt man uns an die Pier in der Nähe des Fähranlegers, wo wir bereits von zwei Herren in dunkel gestreiften Anzügen, weißen Hemden, dunkler Krawatte und dunkler Brille erwartet werden. Sie prüfen unsere Papiere, kontrollieren unsere Pässe, fragen kurz auf Englisch, weshalb wir die Insel besuchen, nicken und fahren anschließend mit einem chromblitzenden hellen Lexus davon. „War das Polizei? Die sahen aus wie Gangsterbosse", wundere ich mich.

„Schon möglich, dass das Yakuza-Mitglieder waren, die wissen wollten, was wir hier machen", meint Japan-Kenner Dietmar. „Sie tarnen sich oft als Geschäftsleute und sie sind auch auf japanischen Inseln und im Ausland tätig." Zwar haben sich in den letzten Jahren die vormals enge Beziehung der Yakuza zur Polizei und ihr gesellschaftliches Ansehen deutlich verschlechtert, nach wie vor bilden sie aber eine sehr einflussreiche Gemeinschaft innerhalb der japanischen Gesellschaft.

Dass es Yakuza-Leute waren, wird umso wahrscheinlicher für uns, als die FREYDIS sich anschließend mit den üblichen Offiziellen füllt – fünf Mann von der Küstenwache in voller Montur, zwei von der Einwanderungsbehörde und einer vom Zoll. Die Beamten sind alle, wie gewohnt,

Kontrolle nach dem Anlegen

äußerst freundlich, kontrollieren die Papiere, füllen Stöße von Formularen aus und bitten um Erlaubnis, einen Blick ins Bootsinnere werfen zu dürfen. Dafür ziehen sie am Eingang die Schuhe aus und schauen sich diskret und bewundernd darin um. Alles braucht Ruhe und Zeit, aber nach zwei Stunden sind alle Hürden genommen.

Zunächst sind wir von Port Saigo überrascht: Obwohl die Insel vom Festland recht abgelegen ist, gibt es hier große Einkaufszentren, Hotels und Restaurants. Aber klar, es gibt gute Fähr- und Flugzeugverbindung zum Festland, und der Tourismus ist neben der Squid-Fischerei der einzige Goldesel der Insel. Deshalb lebt die überwiegende Zahl der 16 000 Einwohner auch innerhalb des Stadtgebietes nahe am Hafen.

Am Abend sind Erich und ich uns einig: Wir haben genug von Sushi & Co. Uns zuliebe geht die Mannschaft geschlossen zur einzigen Pizzeria der Insel – Pizza auf Japanisch, versteht sich, aber wenigstens ohne rohen Fisch.

Authentischer ist dabei unser Gespräch mit einem Geologiestudenten aus Tokio, dessen Englischkenntnisse von einem Aufenthalt in Seattle herrühren. Er ist für einige Tage mit der Fähre angereist. Oki sei ein interessanter Archipel, meint er begeistert und zählt uns einige Besonderheiten auf: etwa, dass die Inseln das älteste Gestein Japans beherbergen und dass vor einigen Jahren ein Kommilitone in einer 20 Millionen Jahre alten Gesteinsschicht den versteinerten Zahn eines Alligators fand. Wie er dorthin kam? Eine lange Geschichte, die vor etwa 250 Millionen Jahren begonnen habe, als die Erde von einem einzigen großen Ozean und einer einzigen großen Landmasse, „Pangaea" genannt, bedeckt war. Dort lag auch das Land, das einmal Japan und die Oki-Inseln werden sollte. Durch die Erdkrustenbewegung entfernte sich dieses Ursprungsland Japans und der Oki-Inseln langsam vom eurasischen Superkontinent. In dem Graben dazwischen sammelte sich Wasser und führte zu einer flachen Seenlandschaft, in der Alligatoren und andere Tiere lebten. Als sich der Graben langsam verbreiterte und mit Meerwasser füllte – vor 16 Millionen Jahren –, wurde die Japanische See geboren. Und das Land, aus dem einmal der Oki-Archipel hervorgehen sollte, lag auf dem Grund dieser neu entstandenen See. Heftige vulkanische Eruptionen vor zehn Millionen Jahren hoben es wieder an die Oberfläche, samt den dadurch getöteten Reptilien und Haien. Und das sei noch nicht alles. Denn die Trennung vom japanischen Festland zu den heute bekannten Oki-Inseln sei nicht abrupt erfolgt und noch immer nicht endgültig: Abhängig vom Meeresspiegel während der Eiszeiten und danach hätten die Inseln mehrmals Verbindung zum japanischen Festland gehabt, so auch während der letzten Eiszeit vor 20 000 Jahren. Als der Meeresspiegel danach wieder anstieg, wurden die Inseln erneut zu einer entlegenen Gruppe, wie wir sie heute vorfinden. Das erkläre auch ihren merkwürdigen Bewuchs. Darunter finden sich Pflanzen, die es normalerweise nur auf Hokkaido, und solche, die sonst nur auf Okinawa vorkommen, und sie wachsen in Gemeinschaft mit alpiner und eiszeitlicher Vegetation.

Weil die Erdgeschichte auf den Oki-Inseln so „greifbar begreifbar" ist, wurde ihnen 2013 der Status „Global Geopark" zuerkannt.

Wo wir auch pausieren – in den Bergen, an Stränden und Ufern – zeugen schrundige Klippen und ungewöhnliche Pflanzengemeinschaften von den Gezeiten der Geschichte, die in vergangenen Jahrtausenden über sie hinweg schwappten.

Auch als Hobbymineralogin bin ich gefordert: Im Süden der Insel soll es Obsidian geben – vulkanisches Glas, das bei rascher Abkühlung von Lava entsteht. Peter und ich haben Glück: An einem Hang finden wir tatsächlich einige glänzend dunkle Splitter dieses einst in vielen Regionen der Erde so begehrten Materials. Daraus hergestellte Pfeilspitzen, Klingen und andere archäologische Gegenstände aus uralten Gräbern und Schreinen beweisen, dass die Insel seit Jahrtausenden besiedelt ist.

Trotzdem umgeben uns auf unserer Rundfahrt wundervoll grüne Landschaften mit Reisfeldern, mit nebelverhangenen Zedernwäldern und kleinen, in die Berge eingebetteten Küstendörfern. Die Schreine, die wir darin aufsuchen, sind wie kleine Schatztruhen, in denen das alte Nippon überdauert hat und sich zum Teil zurückverfolgen lässt bis ins frühe Mittelalter. Damals war Dogo ein entlegenes Exil, in das man sogar ungeliebte Kaiser abschob. In einem Schrein soll ein Gott hausen, der das Japanische Meer schützt. „Da sind wir ja genau richtig", findet Matthias. Weniger „richtig" scheinen wir dagegen in der „Bullen-Sumo"-Arena, ganz in der Nähe. Dieser „vergnügliche" Zeitvertreib wurde 1221 von Kaiser Gotoba hier eingeführt, der 18 Jahre im Exil auf der Insel verbrachte, nachdem er in einem Konflikt mit den Samurai unterlegen war: Die Sumo-Bullen – einen dieser Kraftprotze können wir auf der angrenzenden Wiese bewundern – sind hochangesehene, gut gepflegte Tiere. Ihre Eigner führen sie vor dem Kampf zum Schrein und bitten um Glück und Tapferkeit für ihre Lieblinge. In der Arena gilt: Sobald ein Bulle nach einem Kopfduell wegläuft, hat der andere gewonnen.

An einem dieser alten Schreine treffen wir auf einen Koloss anderer Art, und zwar auf eine 1700 Jahre alte Zeder. Wie ein Wachtposten steht sie vor dem zeitentrückten, von Wald umgebenen Holzschrein und verleiht ihm zusätzliche Würde. An ihre schweren, durch Betonpfeiler gestützten Äste sind kleine Zettel mit Glückssprüchen gebunden. Hier dürfen wir, wie auf einer Theaterbühne, unverhofft eine traditionelle Hochzeit miterleben: Die Braut, ganz in Weiß, trägt eine große Seidenhaube und einen Kimono mit langem Gewand darüber, Tabi-Socken und Sandalen: Eine einengende, sichtbehindernde Garderobe, in der sie von den Angehörigen ganz langsam und vorsichtig die Stufen hinaufgeleitet werden muss. Rund 60 Familienmitglieder und Gäste nehmen an der Hochzeit teil. Der Bräutigam und die Väter der Brautleute tragen schwarze Seidenkimonos mit Familienemblemen und einen schwarz-weiß gestreiften Rock, laut Dietmar das „Schwarzemblem-Gewand", dazu weiße Zehensocken und Zehensandalen, die Mütter festliche, bunte Kimonos – ganz wie es die traditionelle japanische Etikette verlangt.

Von der Balustrade, die sich um das alte Holzgebäude zieht, verfolgen wir die Zeremonie im Innern des Schreins: Der Oberpriester schwenkt Zweige eines heiligen Baumes

Das Abschlussfoto der Hochzeitsgesellschaft

Assistentin bei der
Hochzeitszeremonie

und segnet das Brautpaar. Höhepunkt ist das gemeinsame „Sake-(Reiswein-)Trinken" des Paares. Dabei schenken zwei junge Frauen den vom Priester geweihten Sake in kleine Schalen ein, aus denen die Brautleute dann abwechselnd trinken als Symbol der Vereinigung. Zum Schluss verneigen sich das Brautpaar und danach deren Eltern vor dem Shinto-Altar. Nach einer bestimmten Abfolge klatschen sie dabei mit den Händen – ähnlich wie wir das schon einmal vor Jahren in der Marina in Iwaki erlebten. Damals hatte ein Shinto-Priester einen kleinen Altar unter freiem Himmel aufgebaut, und alle Bootsbesitzer – wir eingeschlossen – baten um ein gutes Jahr für ihre schwimmenden Gefährte. Dass die Boote dann alle verloren gingen – nun ja ... Auch den frisch Vermählten kann man nur Glück wünschen.

An die Hochzeit schließt sich eine lange Fotosession an. Bänke werden aufgestellt, Berufsfotografen bauen ihre Stative auf und proben, hochkonzentriert, für den großen Moment. Die Zeremonienmeisterin „Miko" tritt nun in Aktion, verantwortlich für perfektes Arrangement: die richtige Platzierung von Brautleuten, Brauteltern und nächsten Verwandten. Unermüdlich korrigiert sie die Haltung der Brautleute und Brauteltern, den Faltenwurf der Hochzeitsrobe, den Sitz der Brauthaube, die Stellung einer Hand, eines Fußes, eines Fächers, den Fall einer Kordel an einem der Schwarzemblem-Gewänder, bis ihr endlich alles der Etikette entsprechend perfekt erscheint. Nichts ist spontan, nichts dem Zufall überlassen bei einem Familienfoto, das Jahrhunderte überdauern soll.

Ende der Hochzeitsromantik: Supertaifun „Dolphin" hat auf Guam schwere Verwüstungen angerichtet und unzählige Menschen obdachlos zurückgelassen. Seine Spitzenböen liegen bei 260 Kilometern pro Stunde, wobei sich der Taifun selbst mit 19 Kilometern pro Stunde nordwärts auf die japanischen Inseln zubewegt.

Erich bleibt gelassen: „Der ist noch weit weg …"

Kashiwazaki: Geplatzte Schläuche, Verhöre und Zahnschmerzen

Sechs Uhr morgens: Aufstehen, Tasse Kaffee, Ablegen. Nichts wie weg, die Noto-Hanto-Halbinsel im Norden Honshus wollen wir noch bei Helligkeit erreichen. Laut Dietmar, der die Halbinsel kennt, „ist die Küste dort recht wild, es gibt kaum Tourismus, und die Bewohner leben noch in traditioneller Weise." Toshi schwärmt im Brief von frischen Meeresfrüchten und herrlichen Onsen. Aus meinen Recherchen weiß ich von einem schweren Erdbeben, das 2007 die Halbinsel heimsuchte. Zwar treten Tsunamis im Westen Japans nicht so häufig auf und erreichen nicht die Höhe wie im Pazifik, aber es gibt auch hier Tsunami-Katastrophen. Sie halten sogar ungewöhnlich lange an, weil sie in der fast geschlossenen Japansee mehrfach an den Küsten reflektiert werden.

Doch als wir mit raumen Winden an der Nordseite der Halbinsel Noto Hanto entlangzischen, sind wir nicht vor einem Tsunami auf der Flucht, sondern vor Taifun „Dolphin". Weil wir jedoch an dieser Küste keinen geeigneten Hafen finden, laufen wir ums Kap herum auf die Ostseite. Hier legen wir die Freydis in den alten Fischereihafen von Noroshi, wo uns die erfreuliche Nachricht erreicht, dass „Dolphin" nach Nordosten abdreht.

Erleichtert und in bester Stimmung unternehmen wir vor Einbruch der Nacht noch einen Fußmarsch zum Leuchtturm auf dem Kap und zum Riokan „Lamp no Yado" – ein uraltes, zum Gasthaus umgebautes Holzhaus mit heißen Quellen und Freiluft-Onsen –, den Toshi uns so heiß empfahl. Der Riokan liegt tatsächlich wunderschön, unterhalb einer Klippe, direkt am Meer, stellt sich jedoch als äußerst exklusiv heraus: Nur Übernachtungsgästen ist es erlaubt, den Onsen zu benutzen. Schade, doch es gibt Alternativen: ein Ausflug zu den Thermalbädern in Suzu am nächsten Morgen. Vor Ort wird uns allerdings eröffnet, heute sei Frauentag. Die Männer machen lange Gesichter. Sie müssen sich mit dem Innen-Onsen begnügen. Ich dagegen habe den ganzen Freiluft-Onsen samt Sauna und kaltem Becken für mich allein. Dazu einen herrlichen Blick über die See und auf einen kleinen Felsen in Ufernähe, der mit seinem struppig bewachsenen Gipfelplateau ausschaut wie der Kopf eines auftauchenden Riesen.

Müde und zufrieden kehren wir nach Noroshi zurück und lassen uns am Abend in einem kleinen Hafenrestaurant Sashimi, Reis und Tempura-Gemüse schmecken.

Schon früh am Morgen starten wir unter Maschine zur 70 Seemeilen entfernten Stadt Kashiwazaki auf Kyushu. Ursprünglich hatten wir Nigata zum Etappenziel gewählt. Doch weil uns „Noul“ auf Tsushima in Verzug brachte, ist es nun Kashiwazaki.

Der angesagte Westwind lässt auf sich warten, erst ab Mittag bläst er uns mit 20 Knoten dem neuen Ziel entgegen. Vor dem Hafen der 80 000-Einwohner-Stadt überrascht uns ein dröhnender Empfang durch die Coast Guard, indem sie uns mehrmals mit dem Hubschrauber umkreist. Über AIS weiß sie, wer wir sind. Offensichtlich verfolgt sie unsere Route. Zu unserer Verwunderung wurden wir bereits unterwegs mehrmals über AIS auf Englisch aufgefordert, die Fischerei-Schutzzonen zu beachten, d. h. genügend Abstand zum Land zu halten. Außerdem erreichten uns Warnungen vor Untiefen und Kursempfehlungen bei

Tsunami-Warnschild

der Hafeneinfahrt. Diese Art der Betreuung auf See ist uns neu, und ein wenig kommt dabei das Gefühl auf: „Big brother is watching you".

Der Hafen bietet uns kaum Möglichkeiten anzulegen, nur Kaimauern für Fischerboote. Schließlich entdecken wir doch noch eine kleine freie Pier und machen erfreut daran fest. Wie sich jedoch herausstellt, ist sie für Fischerei-Notfälle reserviert. Die Offiziellen wollen, dass wir die Freydis verlegen, aber wohin? Wir sollen in eine Marina in der Nähe, aber auch dort hat man keinen Platz für Boote unserer Länge. Also dürfen wir erst einmal bleiben, wo wir sind.

Um vier Uhr morgens werden wir von Motorgeräuschen geweckt – wie in jedem Hafen Japans läuft die örtliche Armada von Fischerbooten aus. Welche Bedeutung die Fischerei in diesem Land hat, erkennt man in Japans Häfen.

Und davon gibt es unendlich viele, sowohl auf dem Festland als auch auf den Inseln – jedes Stückchen felsfreier Küste ist mit einem Hafen belegt. Als es wieder ruhiger wird, schlafen wir noch ein Stündchen und frühstücken dann in aller Ruhe.

Wo werden wir unsere Abfälle los, die wir in Kunststofftonnen am Heck gesammelt haben? Das ist auch hier, wie überall in Japan, ein großes Problem: Peter und ich versuchen es im Hotel Misaki, ganz in unserer Nähe. Ausnahmsweise dürfen wir sie hier abgeben. Ein Angestellter muss den alten Abfall sortieren, was mir sehr peinlich ist. An der Rezeption ist man trotzdem freundlich zu uns: Wir bekommen einen Plan der 70 000-Einwohner-Stadt und erste Informationen, wo wir Post, Supermarkt, Onsen, Rent a Car etc. finden. Und in der Hotel-Cafeteria haben wir nicht nur einen tollen Blick auf den Hafen mit der roten FREYDIS, sondern auch Internetverbindung. Während ich an einer Tasse heißer Schokolade nippe und unsere E-Mails herunterlade, süffelt Peter an einem Bier und ruft seinen Cousin an, der eine Professur für kreatives Filmen an einer nicht weit entfernten Universität hat und der ihn abholen will.

Nach dem Abschiedsessen an Bord sitzen wir alle noch ein Weilchen plaudernd und die Reise reflektierend im Cockpit und lassen den Abend ganz beschaulich ausklingen.

Die Notfall-Pier scheint nur Notfälle zu dulden. Am Morgen sind wir mit „alle Mann" dabei, das Boot zu reinigen, und werfen zum Schluss noch schnell die Hauptmaschine an, um Strom für den Staubsauger zu erzeugen. Plötzlich heult die Alarmsirene auf, die Öldruckanzeige steht auf Null! Motor stopp. Was ist los?

Im Maschinenraum trifft uns der Schlag! Große Schweinerei: 15 Liter Maschinenöl tropfen von Wänden und Decke in die Bilge! Erich flucht und hält gleich darauf die Ursache in der Hand: Am Hochdruckschlauch, der von der Maschine zum Ölfilter führt, hat sich eine Pressung gelöst. Er schraubt den Schlauch ab. Was jetzt?

Über Internet muss ein Ersatzteil in Deutschland bestellt werden. Was uns aber vor allem beunruhigt, ist der Gedanke, dass die Maschine möglicherweise Schaden genommen hat – bis sie abgeschaltet war, vergingen einige Sekunden –, dann hätten wir tatsächlich ein großes Problem.

In dieser Phase erscheinen plötzlich an die 20 Beamte vor unserem Boot: Hafenbehörde, Polizei, Zoll, Küstenwache, Einwanderungsbehörde. Wir werden ins Hafengebäude zitiert. Dort erwartet uns jedoch nicht, wie bisher in jedem japanischen Hafen, eine zwar umständliche, aber immer freundlich durchgeführte Einklarierungsprozedur. Dieses Mal entpuppt sich das Treffen als ein Verhör mit ernsten Gesichtern und schneidenden Fragen, die von uns so gut wie möglich beantwortet und von unserem Mitsegler Peter so gut wie möglich übersetzt werden, aber nicht zur vollen Zufriedenheit der Beamten, die ein immer ernsteres und verbisseneres Gesicht aufsetzen. Was uns in Jahrzehnten noch nie passiert ist: Erich wird als Skipper aufgefordert, das Logbuch vorzulegen; sie wollen unsere Angaben zur Reiseroute überprüfen. Bei mir kommt Sorge auf, die Angelegenheit könnte eskalieren, denn nun wird auch Erich immer gereizter, wozu auch seine starken Zahnschmerzen beitragen.

Zum Glück trifft in diesem Moment Fumiko ein, um Dietmar abzuholen. Sie rettet nun die Situation. Als Mitglied einer sehr angesehenen Familie in Japan gelingt es ihr, ruhig und sachlich die Wogen zu glätten und alle Ungereimtheiten auszuräumen: Die Beamten hielten uns wohl für Illegale oder Schmuggler wegen unseres längeren Aufenthaltes auf Tsushima – schließlich sind Süd- und Nordkorea und auch Russland und China nur einen Katzensprung davon entfernt.

Die Formalitäten werden nun rasch und sehr höflich erledigt. Und als die Beamten von unseren Problemen im Maschinenraum hören, ist im Nu ein Mechaniker zur Stelle, der sich den Schaden ansieht, vor allem aber, um sicherzustellen, dass kein Öl in den Hafen fließt – was für die Sauberkeit japanischer Häfen spricht.

An Bord begrüßen wir endlich auch Toshi, Fumikos Bruder, aus dessen Brief ich mehrfach zitiert habe. Wir sind überrascht, dass er ein hervorragendes, akzentfreies Englisch spricht, und erfahren, dass er, wie auch Fumiko, die internationale Schule in Tokio besucht hat und weit gereist ist. Auch der betagten Mutter sagen wir „guten Tag“: Die freundliche Dame ist zu gebrechlich, um an Bord zu kommen. Sie bleibt im Wagen, in dem sie in Begleitung

An Bord der Freydis: Takahashi-san

ihrer Kinder auf der Durchreise zu ihrem Landhaus ist. Wir sollten sie dort besuchen, meint sie freundlich, und wünscht uns eine gute Reise nach Hokkaido.

Berühmtester Spross der Familie war übrigens Shinpei Gotō, Fumikos Urgroßvater. Er wurde 1857 in eine Samurai-Familie geboren, nur wenige Jahre nachdem der amerikanische Kommandant Matthew Perry mit seinen „Schwarzen Schiffen" in der Bucht von Edo, dem heutigen Tokio, landete. In Fukushima besuchte er eine Schule nach westlichem Muster, anschließend eine Medizinschule, und später studierte er in Deutschland unter Robert Koch in Berlin und an der LMU in München unter Max von Pettenkofer. Er war ein aktives Mitglied in der Deutschen Gesellschaft für Natur- und Völkerkunde Ostasiens, Präsident des japanisch-deutschen Kulturinstituts und der japanisch-russischen Gesellschaft, und er war Bürgermeister von Tokio. Vor allem aber war er ein bedeutender Staatsmann mit Sitz im Herrenhaus (Oberhaus). 1928 wurde ihm anlässlich der Feierlichkeiten zu Inthronisation des Showa Tenno Hirohito der Rang eines Danshaku (Baron) verliehen, später der eines Hakushaku (Graf). Gotō starb 1929 in Kyoto. In Oshu, seinem Geburtsort, befindet sich sogar ein Museum zu seinen Ehren.

Als Bürgermeister von Tokio war er nach dem gewaltigen Kanto-Erdbeben 1923, bei dem ein Großteil Tokios durch nachfolgende Feuer zerstört wurde, für den Wiederaufbau der Stadt verantwortlich. Unter anderem hatte er, den Automobilverkehr vorausahnend, den Bau breiter Straßen in Auftrag gegeben und war damit richtungsweisend.

Als die Menschen nach dem großen Erdbeben und Tsunami in Fukushima 2011 klagten, dass es mit dem Aufbau der zerstörten Provinz nicht schnell genug vorwärtsgehe, erinnerte die Bürgermeisterin von Tokio, Frau Koike, in ihrer Antrittsrede an ihren berühmten Vorgänger: Sie erklärte, dass es zu dieser großen Aufgabe eines Strategen und Visionärs wie Shinpei Gotō bedürfe.

Nachmittags verabschieden sich unsere Mitsegler und verlassen die FREYDIS mit ihren Freunden oder Angehörigen. Für uns ist das auch immer ein tiefer Einschnitt in unserem Gefühlsleben und muss erst einmal verkraftet werden. Doch für gedankliche Aufarbeitung oder Abschiedsschmerz bleibt wenig Zeit. Wir müssen uns um die Ersatzteile kümmern. Eilig suchen wir das Hotel Misaki auf und Erich bespricht über Skype das Problem mit unserem Freund Thilo in Ostfriesland. Mehrere Fotos des geplatzten Schlauches einschließlich der Verbindungsstücke folgen über „WhatsApp". Thilo will einen Ersatzschlauch besorgen und der nächsten Crew mitgeben. Fraglich ist nur, ob die Zeit dafür reicht.

Wir sind am Beratschlagen, wie wir möglicherweise hier zu einem neuen Schlauch kommen könnten, als plötzlich zwei Männer – Takahashi-san und ein befreundeter Techniker – vor der FREYDIS stehen. Ob wir Hilfe bräuchten?

Sie schauen sich den Schaden an, führen diverse Telefonate und nehmen schließlich den Schlauch samt Verbindungsstück mit. Sie wollen ihn reparieren lassen. Das ist wieder einmal typisch Japan: Man lässt einen Fremden mit seinen Problemen nicht im Stich.

Kaum sind wir mittags wieder an Bord, kehrt Takahashi-san mit dem einwandfrei reparierten Schlauch zurück. Erich montiert ihn sofort, füllt die 15 Liter Öl wieder auf und startet den Motor. Der springt sofort an und surrt wie eine Nähmaschine. Dankbar atmen wir auf. Was für ein Glück im Unglück, dass der Schaden nicht auf See, sondern im Hafen passiert ist, wo wir Hilfe finden konnten!

Eigentlich hätte Erich wegen seiner Schmerzen längst einen Zahnarzt aufsuchen müssen. Stattdessen schluckt er Tabletten und beginnt mit der Säuberung des Motorraums. Und dann kommt es wie es kommen muss: Erichs Backe schwillt an. Vor Schmerzen kann er kaum noch schlafen. Meine Geduld ist zu Ende: Auf zum Zahnarzt!

Es ist Samstag: Um neun Uhr morgens fahren der schmerzgeplagte, übernächtigte Skipper und ich zum zahnärztlichen Wochenend-Notdienst. Mit dem Zahnarzt klappt die Verständigung auch ohne Worte. Er röntgt, bohrt, plombiert und nach einer Stunde wird der Patient mit Schmerztabletten entlassen. Fürs Erste.

Optimisten, die wir sind, buchen wir gleich darauf für die kommenden drei Tage einen Leihwagen. Und nachdem wir am nächsten Morgen den Maschinenraum auf Hochglanz gebracht haben, nehmen wir den Abstecher in die Japanischen Alpen in Angriff, den uns Dietmar empfohlen hat.

Matsumoto, Takayama und Japanische Alpen: Ein Landausflug

Unseren ersten Stopp legen wir in Matsumoto ein, einer hübschen Stadt mit einer wunderschönen Holzburg aus dem 16. Jahrhundert. Da in der Meiji-Ära alles Alte gern „über Bord“ geworfen wurde, war auch ihr Abriss geplant. Nur dem Widerstand einiger Stadtbewohner ist es zu verdanken, dass dieses Juwel erhalten blieb. Schmale, steile Holztreppen führen uns die hohen Türme hinauf, und von Stockwerk zu Stockwerk überraschen uns immer schönere Blicke auf die Stadt und die Japanischen Alpen.

Im Untergeschoss der Burg lagern Waffen und Kanonen aus mehreren Jahrhunderten. Und auf der Burgwiese da-

Samurai-Darsteller auf Burg Matsumoto

vor präsentiert sich, zur Freude der Besucher, ein Samurai in voller Rüstung und mit wilden Grimassen sein Schwert schwingend. Den absoluten Kontrast dazu bietet der Blick auf den Burggraben, auf dem weiße Schwäne langsam und majestätisch unter den roten Brücken hindurchziehen: ideale Kulisse für etliche Hochzeitspaare, die dort ihr Fotoshooting abhalten.

Auch Grundschüler besuchen mit ihren Lehrern die Burg. Sie laufen in blau-weißer Uniform mit großem weißem Kragen herum. Wir haben unsere Freude an den kleinen Matrosen. Dieser Look war Anfang des 20. Jahrhunderts auch in Europa üblich, und weil die Lehrerinnen damals oft aus England kamen, wurde diese Mode in Japan übernommen und bisher nicht verändert. Meist nähern sich die Kinder in kleinen Gruppen und fragen uns artig auf Englisch. „Where do you come from? Do you like Japan? Do you like Soba Noodles (Buchweizen-Nudeln)?" Sie schreiben unsere Antworten auf kleine Papierblocks und bedanken sich höflich. Mit diesen Aktionen sollen sie wohl ihre Scheu vor Fremden verlieren und die Sprache anwenden. Als wir auch von ihnen einiges wissen wollen, sind sie darauf nicht vorbereitet. Eifrig stecken sie die Köpfe zusammen und suchen nach geeigneten Vokabeln, um uns zu antworten. Als sie dann aber bemerken, dass wir sie verstehen, freuen sie sich sehr. Zum Schluss zücken sie ihre Fotoapparate und lassen sich mit uns zusammen von Mitschülern ablichten – natürlich nicht ohne mit den Fingern das in Japan so beliebt „Victory"-Zeichen zu formen.

Durch viele Tunnels hindurch rücken die Berge näher und umringen uns schließlich in der Stadt Takayama, wo es ausgerechnet bei unserer Ankunft in Strömen regnet, sodass wir kaum die Straße erkennen. „Backpacker Hostel" ist die erste Unterkunft, die wir entziffern können. Nichts wie hinein. Ein freundlicher junger Hong-Kong-Chinese, der hier für ein Jahr jobbt, weist uns – zu einem annehmbaren Preis – ein geräumiges, mit Reisstrohmatten (Tatami) ausgelegtes Zimmer zu. Und was wir an Sehenswürdigkeiten in der Stadt auf keinen Fall versäumen dürfen, erfahren wir am Abend in der Gemeinschaftsküche von malaysischen und australischen Touristen.

Am nächsten Morgen schönster Sonnenschein! Das hatte uns der freundliche Chinese schon am Abend prophezeit. Er lächelt zufrieden. Das Frühstück nehmen wir in einem kleinen „Bistró" ein: nicht Misosuppe und Reisbällchen, sondern Kaffee und „Apfeltarte". Globalisierung auf Japanisch! Und doch können wir gerade hier das alte Japan aus der Zeit der Tokugawa-Shogune noch finden – der längsten Friedenszeit (1603 bis 1868) von mehr als 250 Jahren in der japanischen Geschichte. Das historische Viertel Sanmachi-suji, jenseits des Flusses, ist vollständig erhalten.

Bereits früh am Morgen – eine Empfehlung unserer Hostel-Mitbewohner – erreichen wir die Altstadt über eine hübsche rote Brücke. Ihre engen Gassen sind, so früh, fast menschenleer. Außer ein paar Schulkindern in Uniform und einem jungen Paar mit Kinderwagen – darin ein kleiner Hund mit gefärbten Ohren – sehen wir nur eine alte Anwohnerin, die ihre Blumen gießt. Üppig begrünte und mit Blumen bewachsene Töpfe und Holzkästen vor den Hauseingängen oder von den Dächern hängend kontrastieren in der Morgensonne wunderschön mit dem dunklen Holz der Häuser. Diese sind so dicht aneinandergebaut, dass sie fast eine geschlossene Front bilden. Die Fenster sind mit Holz vergittert und das obere Stockwerk ist so niedrig, dass man kaum aufrecht stehen kann. Alle Häuser mussten tiefer gebaut sein als das Tordach des „Jinya“ – keiner sollte auf den Regierungssitz herabschauen können.

Nach und nach öffnen die Geschäfte, Restaurants und Sake-Brauereien, die sich in etlichen dieser historischen Häuser niedergelassen oder seit Jahrhunderten schon ihren Sitz darin haben. Die Architektur der Geschäftsräume ist oft ebenso originell wie die Waren, die man darin anbietet: vor allem Speisen, Biere, Souvenirs und Süßigkeiten.

Ab 11 Uhr füllt sich das Viertel schlagartig mit Touristengruppen, vorwiegend aus den asiatischen Nachbarstaaten oder anderen Teilen Japans. Diese werden von Fähnchen schwingenden Führerinnen in Höchstgeschwindigkeit durch die Gassen gelotst, wobei es oft laut und lustig zugeht: Im Schnellmodus wird alles per Handy oder iPad fotografiert und Souvenirs werden eingekauft, und schon ist die Karawane weitergezogen. Die großen alten Glückskatzen an den Eingängen und die kleineren in den Läden winken ihnen mit traurigen Minen hinterher.

Nach dem Trubel in der Altstadt umfängt uns am Berghang des Stadtteils Teramachi mit seinen bis ins frühe 17. Jahrhundert zurückreichenden Tempeln, Schreinen und Friedhöfen eine Ewigkeit atmende Ruhe und zeitentrückte Stimmung. Wir fühlen uns in eine andere Zeit, eine andere Welt versetzt. Das Areal ist so weitläufig, dass wir niemandem begegnen. Stumm hängen wir unseren Gedanken nach, als wir uns an verwitterten Grabmalen vorbei den Hang hocharbeiten. Plötzlich schreckt uns lautes Poltern auf. Nicht weit von uns entfernt bemerken wir ein dunkles Tier mit Hörnern hinter einer Grabplatte. Wieder kurzes Getrampel und weg ist es – wie vom Erdboden verschluckt.

„Was war *das* denn für ein Poltergeist?“, frage ich verdutzt.

Oben: Auf einem Friedhof von Takayama
Unten: Familie mit Hund in der Altstadt

Erich: „Sah aus wie der Leibhaftige!“

Auf Friedhöfen sieht man öfter mal Katzen, aber ein Huftier? Vorsichtig schaue ich unter dem kleinen Schrein in der Nähe nach, der auf Pfählen steht, und entdecke Hufe. Das Tier hat sich hier versteckt. Geheuer ist mir das nicht. Wer weiß, mit wem wir es da zu tun haben? Erst später, am Eingang zum Friedhof, erscheint uns der „Leibhaftige“ erneut: Ein ganz normaler schwarzer Ziegenbock! Ein „Yagi“ sei das, erfahren wir von einem Priester.

Tags darauf pilgern wir – ebenfalls auf Empfehlung unserer Hostel-Mitbewohner – zum Takayama-Jinya, einer von Mauern und Toren umgebenen Anlage, die bis zur Rückgabe der Macht an den Tenno (Meiji-Restauration ab 1868) Verwaltungssitz der Shogunatsregierung war. In der abgelegenen Bergstadt entging das Jinya zum Glück der Modernisierungswut und wurde in den letzten Jahrzehnten liebevoll restauriert.

Mit ein paar asiatischen Touristen zusammen machen wir uns im wahrsten Sinn des Wortes im Jinya „auf die Socken“ durch die Tatami-Räume der beiden Stockwerke. Da gab es Repräsentations-, Konferenz-, Gerichts-, Verhörräume und Büros, aber auch Zimmer für Gäste, für die Frauen höherer Beamter, für Bedienstete, und nicht zu vergessen: Teeraum, Küche, Badezimmer und einfache Sitztoiletten. Das ganze Bauwerk ist hell und schön und besitzt so gar nichts von der düsteren Schwere europäischer Amtsgebäude. Doch wie alle traditionellen japanischen Häuser ist es nicht unterkellert und schlecht isoliert. Hier im Winter zu arbeiten, muss recht ungemütlich gewesen sein. Im ganzen Gebäude gab es nur einen einzigen „Hibachi“ (Feuerstelle), an der man sich aufwärmen konnte. Die Glut musste ständig im Auge behalten werden, weil Reisstrohmatten,

Holzwände und Papierfenster (Shoji) leicht entflammbar waren.

Die Anlage beherbergt aber auch einen Garten und Lager für Dokumente und Waren wie etwa Reis, denn Steuern wurde mit Säcken voll Reis bezahlt. Und wer sich etwas zu Schulden kommen ließ, wurde einer „peinlichen Befragung" unterzogen. Aus dem Instrumentarium der Folterkammer und den bebilderten Erklärungen der ausgeklügelten Techniken ist ersichtlich, dass das Shogunat mit seinen Sträflingen nicht zimperlich umging.

Fast einen ganzen Tag verbringen wir im etwas abgelegenen Freilichtmuseum Hida no Sato, einem 14 Fußballfelder (99 000 Quadratmeter) großen Gelände, auf das man 30 alte Häuser aus der Region versetzt hat, um sie der Nachwelt zu erhalten. Hier wird uns das tägliche harte Leben in früherer Zeit in einem Dorf in den Hida-Bergen vor Augen geführt, einschließlich einer Life-Demonstration traditionellen Handwerks. Danach sitzen wir im Schatten am See, füttern die verschiedenfarbigen Kois mit dem an einem Stand erhältlichen Zierfischfutter oder genießen einfach die Gegend und den Blick auf die Berge.

Krönender Abschluss unseres Ausfluges in die Japanischen Alpen ist Kamikochi, ein Ort, umgeben von schneebedeckten Gipfeln. Der ideale Ausgangspunkt für eine längere Bergtour, doch die Zeit drängt. Unsere Mitsegler reisen schon in wenigen Tagen an. Also beschränken wir uns – zusammen mit vielen japanischen Besuchern – auf eine mehrstündige Wanderung bei schönstem Wetter an rauschenden Gebirgsbächen entlang, über Wiesen voller Wildblumen und durch dichten Wald zu einem Rastplatz am See und beenden damit unseren Ausflug in die Japanischen Alpen.

In den Japanischen Alpen

Sado: Im Goldrausch auf der „Todesinsel"

Ach, du dicke Backe! Kaum sind wir von unserem Abstecher in die Japanischen Alpen wieder zurück in Kashiwazaki, da macht Erichs Zahn wieder Probleme. Penicillin und Entzündungshemmer sind die Rettung. Und dann trifft auch schon die neue Crew ein: Erhard, Klaus und Gerda. Erhard, 75 Jahre, hat auf der FREYDIS sozusagen Wurzeln geschlagen: Brasilien, Feuerland, Antarktis, Südindik, Südsee – auf allen Ozeanen war er seit 25 Jahren abschnittsweise mit uns unterwegs und hat noch immer nicht genug vom Segeln. Er will sogar noch zu den Aleuten mitkommen. Auch der alte Segel-Routinier Klaus, Zahnarzt im Ruhestand, kennt uns und unser Boot. Außer auf Törns mit der zweiten FREYDIS in Alaska, Kanada und Kalifornien war er mit der neuen schon über den Atlantik an Bord. Nur Gerda, 60 Jahre, ist ein Neuling an Bord und noch nicht sehr segelerfahren. Doch sie ist begeistert dabei und von Anfang an für alles offen.

Als erstes Ziel auf unserer Reise nach Hokkaido wollen wir die Insel Sado vor der Westküste von Honshu aufsuchen. Wir sind klar zum Auslaufen. Aber wohin wieder mal mit dem Abfall, der sich jetzt bereits an Bord angesammelt hat? Auf See wollen wir ihn nicht mitnehmen. Weder im Hafen noch in der Stadt gibt es öffentliche Abfalltonnen, und im Hotel Misaki können wir ihn auch nicht noch einmal loswerden. Unser japanischer Freund Takahashi-san zeigt Erbarmen, nachdem der Skipper in Kashiwazaki alles, wie vorgeschrieben, noch einmal in brennbar, nicht brennbar und recyclebar durchsortiert hat, allerdings mit der Einschränkung: „Ich muss erst meine Frau fragen!" Schließlich nimmt er sich der brennbaren Abfälle an. Der Plastikmüll würde erst zu einem späteren Zeitpunkt abgeholt, entschuldigt er sich. Also nehmen wir ihn wieder mit auf Reisen. Die Blechdosen wollen wir draußen im Meer versenken.

Bereits vor Sonnenaufgang legen wir ab und sind noch nicht aus dem Hafen, da tönt wieder die Alarmsirene. Wieder sinkt der Öldruck auf Null. Wieder der Schlauch abgeplatzt?

Diesmal hat sich die Pressung vom zweiten Schlauch gelöst, der reparierte ist unversehrt. Manövrierunfähig wie wir sind, rammen wir die hohe Betonpier an der Innenseite der Mole mit unserem Bug. Schon kurz darauf sehen wir Menschen auf der Pier. Wir werfen ihnen die Leinen zu. Auch der freundliche Mann vom Fahrkartenbüro der Fähre, der unserem Mitsegler Erhard kürzlich eine Dose „Mr. Pepper" schenkte, ist darunter. Über Handy informiert er unseren Freund Takahashi-san. Als dieser auf der Mole erscheint und von unserem Missgeschick hört, ist er erleichtert, dass nicht der von ihm in Reparatur gegebene Schlauch es verursacht hat, und eilt dann mit dem eilig ausgebauten defekten Teil davon. Doch die Werkstatt öffnet erst um 9 Uhr. Notdürftig an der Pier mit langen Leinen fixiert, warten wir auf die Rückkehr von Takahashi-san.

Die Küstenwache meldet sich über UKW. Wir schildern den Schaden. Daraufhin rückt sie mit vier Mann an und kontrolliert, ob Öl aus der FREYDIS ins Wasser gelangt ist. Die Männer finden kein Öl, lassen uns aber wieder einen Stoß Formulare ausfüllen, die wir an Endlos-Leinen von der hohen Pier zu uns hinunter und wieder hinauf befördern. Um 10 Uhr ist das erledigt, die Beamten ziehen zufrieden ab, und Takahashi-san erscheint mit dem reparierten Teil. Ruckzuck baut Erich es ein und gleich darauf schnurrt der

Brücke in Sadoshima

Motor wie eine zufriedene Katze. Soweit erkennbar, hat er auch diesen Trockenlauf schadlos überstanden.

Verspätet, gestresst und doch froh, dass kein größerer Schaden entstanden ist, setzen wir Groß und Genua und nehmen Kurs auf die 80 Seemeilen entfernte Insel Sado.

Rasante Fahrt bei raumen Winden, oft bis zehn Knoten, bringt uns trotz der Verzögerung noch bei Helligkeit zur Insel. Das erweist sich vor allem von Vorteil, weil uns die Küstenwache kurz davor über AIS warnt, das Kap zu eng zu nehmen. Drei Meilen sollen wir Abstand halten und dann senkrecht auf die Einfahrt zulaufen. Den Grund dafür teilt man uns nicht mit, aber wir halten uns an die Vorgaben.

Punkt 19 Uhr liegen wir gut vertäut im Zentrum von Ryotsu, dem Fährhafen auf Sado, an der Pier. Vor uns ein Boot der Küstenwache, aus dem eine Schar freundlicher junger Beamter an Bord kommt und die Formalitäten ungewöhnlich zügig erledigt.

Und nun kann das Abenteuer auf Sado beginnen, zunächst mit den Spezialitäten der Inselküche. Doch Klaus kehrt mit langem Gesicht zurück: „Alle Restaurants geschlossen!“ Bleibt nur das Bordrestaurant FREYDIS mit eigener Insel-Kreation: „Spaghetti Sadonese“ (mit Tofu und Tintenfisch).

Tags darauf folgt die Erkundung der Insel, die an Größe und Einwohnerzahl in etwa der Ostseeinsel Rügen entspricht. Wie Dogo (Oki-Archipel) war auch Sado über Jahrhunderte hinweg ein Ort der Verbannung für politisch Verfolgte. Was mich hier jedoch ganz besonders interessiert, sind die Goldminen. Das Gold im dem über tausend Meter hohen „Kinpoku-san“ (Goldnordberg) wurde im 16. Jahrhundert von dem Feldherrn und Politiker Toyotomi Hideyoshi entdeckt, einem der bemerkenswertesten Männer der japanischen Geschichte – unter anderem ordnete er als Erster die Ausweisung der Jesuiten an, weil er sie für die Türöffner westlicher Kolonisatoren hielt, was durchaus der Realität entsprach. Für ihn war das Edelmetall ein willkommenes Mittel, um seine Macht zu sichern und auszubauen, was ihm auch gelang: Ab 1590 herrschte er als Reichseiniger über ganz Japan. Und nach ihm half das Gold den Tokugawa-Shogunen, ihre Herrschaft und ihre Kriege zu finanzieren. Beträchtliche Mengen davon mussten vor allem unter Tage von Strafgefangenen gefördert werden, oft unter unmenschlichen Bedingungen, weshalb man Sado auch „Todesinsel" nannte.

Die Länge der Stollen in der einst so berüchtigten Mine betrug bei ihrer Schließung vor 25 Jahren insgesamt 400 (!) Kilometer. Letztlich waren es 78 Tonnen Gold, die hier geschürft wurden, wobei erst die Modernisierung der Technik nach der Meiji-Restauration eine Verbesserung der Arbeitssituation brachte. Einige Stollen sind zur Besichtigung freigegeben und zu einer Art Museum ausgebaut, um den Besuchern durch animierte, wirklichkeitsgetreue Modelle das schwere Los der Minenarbeiter vor Augen zu führen.

Man kann sogar selbst nach Gold schürfen! Seit ich in Alaska einen Gold-Nugget in den Händen hielt – es war der zweitgrößte jemals dort gefundene – träume ich davon, so einen Klumpen selbst zu finden. Nun ergibt sich die Gelegenheit. Endlich kann ich mich als erfolgreiche Goldwäscherin beweisen, indem ich sage und schreibe acht Nuggets aus dem Bergwasser fische! Über Größe oder Gewicht will ich mich nicht näher äußern, nur so viel: Mit der Freydis werden wir es wohl schaffen, die „Goldklumpen" unauffällig außer Landes zu bringen.

Trotzdem schade, dass uns so wenig Zeit für diese außergewöhnliche Insel bleibt, die noch viele weitere Attraktionen

Heide an einer Lore im Goldbergwerk bei Sado

birgt – auch in Form äußerst interessanter Fossilien. Denn wie uns ein japanischer Archäologe beim Besuch der Goldmine berichtet, hat man auf Sado nicht nur die weit verbreiteten gigantischen Haizähne, Mollusken und Ammoniten entdeckt, sondern auch Blätter ausgestorbener Bäume, die an Seen wuchsen, bevor die Japanische See entstand. Außerdem wurde auch der Kiefer eines Ur-Seelöwen (Allodesmus) und der Backenzahn einer Ur-Seekuh (Paleoparadoxia) gefunden – Knochen und Zähne von Tieren also, die vor etwa zehn Millionen Jahren zusammen mit den Ur-Haien lebten und die man auf diese Weise identifizieren konnte.

Erstaunliches aus neuester Zeit entdecken wir am Abend auf der Speisekarte des einzig geöffneten Restaurants: „Bayrischer Leberkäs", „Nürnberger Rostbratwurst" und „Hamburger". Auf der Insel arbeite ein deutscher Metzger, verblüfft uns die Bedienung. Von Heimatgefühlen überwältigt, bestellen wir drauflos. Was dann serviert wird, ist zwar nicht das, was wir uns vorgestellt haben, aber alles schmeckt vorzüglich japanisch – selbst der „Leberkäs".

Hokkaido

Hakodate: Eine ganz besondere Stadt

„Leinen los!“ Bis zu unserem ersten Stopp auf Hokkaido sind es 260 Seemeilen. Laut Vorhersage im Internet soll es umso stärker wehen, je näher wir Hokkaido kommen. Aber erst einmal sorgen mäßige raume Winde aus Südwest für einen angenehmen Törn. Um 19 Uhr ist es stockdunkel. Wir haben Neumond und Springtide. Mit drei Reffs im Groß, um das Tempo zu drosseln, laufen wir in die schmale Tsugaru-Straße ein, die Hokkaido von Honshu trennt und das Japanische Meer mit dem Pazifik verbindet. An Bord wird es ungemütlich, steile Stromseen werfen uns hin und her. Dazu herrscht reger Schiffsverkehr. Mehrfach müssen wir Frachtern und Fischtrawlern eilig ausweichen.

Den südlichen Küstenabschnitt Hokkaidos kennen wir bereits von unserer Reise durch den Norden Japans vor fünf Jahren. Damals hatten wir die FREYDIS in Iwaki/Fukushima zurückgelassen und waren mit der Fähre von Honshu nach Hokkaido gereist. Unsere Hoffnung, dort einen Fischereihafen mit Kran oder Slipanlage zu finden, in dem unser Boot an Land gesetzt werden konnte, erfüllte sich nicht. Zurück nach Honshu ging es nicht mehr per Schiff, sondern im Zug durch den über 50 Kilometer langen Seikan-Tunnel.

Es ist schon ein seltsamer Gedanke, dass vielleicht gerade ein Zug unter uns die Tsugaru-Straße quert. An der engsten Stelle beträgt die Entfernung zwischen Hokkaido und Honshu knapp zwanzig Kilometer. Das ist nur ein Katzensprung, und doch trennt die Meerenge gewissermaßen zwei Kontinente voneinander. Denn sie markiert die Grenzlinie („Blakiston Linie“) zwischen sibirischer Flora und Fauna im Norden und tropischer in Süden. Eine Erkenntnis, die dem englischen Naturforscher Blakiston zu verdanken ist, der nach der Öffnung Japans über 20 Jahre auf Hokkaido lebte. Er bemerkte als Erster, dass Bären und Wölfe auf Hokkaido zu einer asiatischen Spezies gehören, die denen in Sibirien ähneln, während die Bären und Wölfe auf Honshu sich im Aussehen deutlich von ihnen unterscheiden. Außerdem fiel ihm auf, dass es auf Hokkaido im Gegensatz zu Honshu keine Affen gibt.

Seine Theorie erklärte er mit der Lage der japanischen Inseln in der Eiszeit – vor 30 000 bis 40 000 Jahren –, als Hokkaido durch Sachalin und die Kurilen mit dem Norden des asiatischen Kontinents verbunden und durch die Japansee von den Hauptinseln Japans getrennt war. Als das Eis schmolz und Sachalin und Hokkaido zu Inseln wurden, blieben die Tiere und Pflanzen auf den Inseln heimisch und sorgten für den Fortbestand ihrer Arten. Durch moderne DNA-Untersuchungen wurde seine Theorie bestätigt und nachgewiesen, dass die Tsugaru-Straße für diese Tiere bis heute unüberwindlich blieb.

Für die Reise durch den Süden Hokkaidos haben wir uns damals viel Zeit genommen und werden nun auf vertrautem Terrain wandeln.

In einem ruhigen Winkel der Tsugaru-Straße, außerhalb von Strom und Schiffsverkehr, drehen wir um zwei Uhr nachts für ein paar Stunden bei und laufen am frühen Morgen in die große Hakodate-Bucht ein.

Ich kann es kaum erwarten, Hakodate wiederzusehen – eine Stadt, die ebenso schön ist wie historisch interessant und in dieser Hinsicht für uns auf einer Stufe mit Nagasaki steht.

Im kleinen Hafen des Stadtteils Motomachi („die alte Stadt“) sind die wenigen Plätze alle belegt. Deshalb verholen wir die FREYDIS ins Fischereihafenbecken am Hauptbahnhof. Auch kein schlechter Platz, denn von dort sind es nur ein paar Schritte zum „Morgenmarkt“, dem großen Fischmarkt von Hakodate. Dicht aneinander gedrängte kleine Geschäfte und Stände offerieren hier eine schier unglaubliche Vielfalt an Meerestieren, aber auch an Gemüse, Obst und landestypischen Spezialitäten. In einem Café im zweiten Stock, das mit „free WLAN“ wirbt, lassen wir uns eine Schale Reis mit Krebsfleisch zum Frühstück schmecken und laden die Wettervorhersage und unsere E-Mails herunter. Anschließend lassen sich unsere Mitsegler in den Yachigashira-Onsen am Fuß des Hakodate-Berges weichkochen, während wir auf dem Trail zu seinem 350 Meter hohen Gipfel schwitzen. Er führt uns durch Wald und blühendes Gebüsch, begleitet von sehr japanisch klingenden Vogelstimmen. „Hörst du den da?“, fragt Erich. „Er wiederholt sein Lied mehrmals schnell, wird aber dann immer langsamer und hört plötzlich mittendrin auf.“

„Ja", antworte ich, „das muss der ‚Mister Aufziehvogel' sein, von dem Murakami schreibt" (*Mister Aufziehvogel* ist ein Roman des japanischen Autors Haruki Murakami).

Oben auf dem Gipfel entdecken wir unsere „schlapp-geonsten" Mitsegler vor der Drahtseilbahn. Gemeinsam genießen wir den grandiosen Blick auf die sonnenbeschienene Stadt, die sich über die gesamte Halbinsel ausbreitet.

Unten am Hang empfängt uns die „alte Stadt", Motomachi, in der die Geschichte Japans nach der Öffnung noch erlebbar präsent ist: Auf kleinstem Raum konkurrieren hier russisch-orthodoxe und andere christliche Kirchen mit buddhistischen Tempeln und Shinto-Schreinen um die Seelen der Bewohner, und die Straßen sind gesäumt von historischen Bauwerken, Bürgerhäusern und Ziergärten unterschiedlichster Kulturen.

Aus den geöffneten Flügeltüren des alten Gemeindehauses dringen zarte Klänge klassischer Musik an unser Ohr. Ein Konzert im Rahmen eines offiziellen Empfangs? Einst bezogen Mitglieder der Kaiserfamilie, wenn sie Hakodate besuchten, Quartier in diesem schönen und ersten Haus am Ort. Nicht weit entfernt treffen wir auf das ehemalige britische Konsulat. Den Rundgang durch seine gediegen ausgestatteten Räume überlassen wir unseren Mitseglern und genießen dieses Mal stattdessen – ganz im Stil von „merry old England" – auf seiner Terrasse mit Blick auf den Rosengarten eine Tasse Tee.

Im Park vis-à-vis hält Matthew Calbraith Perry, Kommandant der „Schwarzen Schiffe", mit denen er 1854 die Öffnung Japans gegenüber dem Westen erzwang, als lebensgroße Statue noch immer die Stellung. Die Identität der „zugeknöpften" und „behüteten" Lady auf einer der steinernen Parkbänke in der Nähe ist uns noch unbekannt. Ein freundlicher Bildhauer muss sie als Pendant zum

Junge Japanerinnen posieren auf dem Berg Hakodate

Kommandanten erschaffen haben – damit dieser sich im Wandel der Zeiten nicht zu einsam fühlt? War sie etwa die Gemahlin eines Botschafters, eines Missionars, eines Kapitäns? Erich setzt sich zu ihr und versucht mit ihr zu flirten. Doch sie hat nur ein steinernes Lächeln für ihn übrig.

Die westlichen und östlichen Kulturgüter auf so begrenzten Raum zu erleben, erscheint mir wie ein Theaterstück. Doch sie sind das Ergebnis sehr realer und dramatischer Ereignisse der Geschichte. Denn es war Japans Öffnung für fremde Nationen, die vor rund 150 Jahren den Boden für dieses ungewöhnliche Ambiente schuf.

Am Fuß des Berges erreichen wir die Uferpromenade mit dem alten Hafen, in dem wir vor wenigen Tagen vergeblich einen Liegeplatz für die Freydis suchten. Er war einer der ersten, die sich dem Handel mit der Außenwelt zu öffnen hatten. Dann die alte Brücke über den Kanal, auf dem die Waren verschifft wurden. Laut Meyers Großem Konversations-Lexikon von 1884 war Hakodate damals *eine kleine Seestadt mit 41307 Einwohnern, darunter 41 Europäer und 40 Chinesen.* Heute zählt die Stadt knapp 300000 Einwohner mit deutlicher Abwärtstendenz infolge demographischen Wandels. Die roten Backsteinhallen waren Lager für Handelswaren und wurden erst vor kurzem restauriert. Nun beherbergen sie moderne Restaurants, Boutiquen und Souvenirläden – entsprechend belebt ist auch das Viertel.

Im Hafenbecken entdecken wir die RAPSODIE mit ihrem australischen Skipper und Karin, seiner deutschen Freundin, die wir in Nagasaki kurz kennenlernten, und neben ihr die QUICKSILVER mit dem Iren Mike und seiner deutschen Frau Hilde. Beide Yachten haben, wie wir, Alaska zum Ziel.

Die vierte Yacht im Bunde der Alaska-Segler, die deutsche Yacht SUAN mit Gabi und Lutz, wollte ebenfalls Hakodate anlaufen, kollidierte jedoch in Japan mit einem Fischer und liegt nun entmastet in der Bayside-Marina von Yokohama.

Die beiden anderen Boote wollen schon morgen auslaufen, um das angekündigte Wetterfenster für die kommenden zwei Tage zu nutzen, denn das nächste Tief ist bereits im Anmarsch. Bevor wir uns verabschieden, will Mike uns noch den Inhaber eines Juweliergeschäfts in den Backsteinhallen vorstellen, der ihnen in so vielen Dingen behilflich war.

Wie sich herausstellt, ist es Akira Ishikawa-san, der Direktor des „South Hokkaido Ocean Racing Clubs“, der uns vor vier Jahren einen Liegeplatz für unsere damalige FREYDIS angeboten hatte.

Der Club-Direktor erinnert sich gut an uns. Und ja, der Tsunami kam am 11. März 2011 auch hier an, zum Glück aber nicht als Monsterwelle, sondern als ein Heben und

Oben: Fischmarkt

Unten: An der Uferpromenade von Hakodate

Senken des Wasserspiegels um etwas mehr als zwei Meter. Obwohl man die Backsteinhallen verriegelt hatte, drang Wasser ein – auch in seinem Geschäft stand es 20 Zentimeter hoch.

Ob wir die FREYDIS nicht zum Segelclub verholen wollten?

Wir überlegen: Dort lägen wir zweifellos viel geschützter als im Fischereibecken, wo das Boot jede Nacht von Windböen und einlaufender Dünung unsanft gegen die Pier gestoßen wird. Trotzdem müssen wir ablehnen: Schon in zwei Tagen werden wir Hakodate verlassen. Die Reise nach Alaska setzt uns unter Zeitdruck.

Als wir am Abend auf unserem Weg zum Hafen im Restaurant „Meeresfrüchte“ einkehren, sind wir am Eingang dem durchdringenden Blick eines auffällig rot gefärbten Riesenkraken ausgesetzt, der in einem Glastank hockt. Eine „Meeresfrucht“ die, wie vom Koch bestätigt, etwa 50 Kilogramm schwer und mit abgespreizten Armen mehrere Meter groß ist. Die rote Farbe rührt, wie ich später erfahre, von speziellen Farbzellen in der Haut her, mit der sich das Tier in der Tiefsee vor Feinden tarnt, weil diese meist kein Rot erkennen können. Der Mensch ist dabei nicht berücksichtigt worden.

Wir bekommen einen Platz am Fenster, durch das uns der Krake, der sich in seinem relativ kleinen Behälter kaum bewegen kann, ständig mit großen Augen fixiert. Ich mag gar nicht mehr hinschauen und schon gar nicht darüber nachdenken, welches Schicksal ihn erwartet. Gerda und ich bekommen kaum einen Bissen hinunter, und auch den Männern will es nicht mehr so recht schmecken. Anschließend machen wir jedes Mal einen Bogen um das Restaurant.

Matsumae: Auf der Suche nach dem Skipper

Bei unserem ersten Besuch in Hakodate 2011 war ein Abstecher nach Matsumae auf unserer Wunschliste offengeblieben. Nun holen wir das nach: Eine zweistündige Busfahrt bringt uns an die Südwestspitze der Insel, wo wir endlich vor dieser ältesten und einzigen Burgenstadt Hokkaidos stehen. Lange vor der Meiji-Restauration (1868) gegründet, gehört sie, zusammen mit ihrem Hinterland, seit dem 15. Jahrhundert zu Japan. So richtig begann ihre Geschichte jedoch erst unter Toyotomi Hideyoshi, dem Landeiniger, der das Gold auf Sado entdeckt hatte. Er gab die Halbinsel einem Clan, dem er für die Unterstützung bei der Unterwerfung eines Gegners verpflichtet war, als Lehen. Die Auszeichnung verband er allerdings mit der Auflage, das Land gegen die „Barbaren“ aus dem Norden zu verteidigen. Auf diese Weise wurde die Ortschaft zum Vorposten der japanischen Besiedlungspolitik auf Hokkaido, das damals Ezo oder Yezo hieß.

Das Lehen wurde später vom Tokugawa-Shogun bestätigt, und mit der Zeit schufen die Lehnsherren eine befestigte Stadt mit Burg, Tempeln, Schreinen und einem Hafen. Ihr Wachstum verdankte sie hauptsächlich dem Handel mit der Urbevölkerung Hokkaidos, den Ainu, denn diese „Barbaren“ hatten weitreichende Handelsbeziehungen mit nördlichen Völkern, die wiederum in Kontakt standen mit dem Norden Chinas und mit Sibirien.

Für uns und unsere Mitsegler sind die Ainu von besonderem Interesse. Über ihre Geschichte und Kultur hatten wir bereits im „Museum der Völker des Nordens“ in Hakodate einiges in Erfahrung bringen können, obwohl nur wenige Exponate dort mit englischen Erklärungen versehen sind. Und auch hier in der Burg Matsumae müssen wir uns damit begnügen, einige der damals in Japan sehr gefragten und von den Ainu eingetauschten Handelsgüter zu bewundern: aufwändige Brokat-Kleidung aus China, Felle aus Sibirien etc. Weil die Ainu für ihre wertvollen Waren meist nur Tabak, Sake (Reiswein) und billige Gebrauchsgegenstände erhielten, fühlten sie sich oft übervorteilt. Besonders hinterhältig war jedoch, dass der Matsumae-Clan vom Handel mit den Ainu zwar profitierte, aber gleichzeitig eine entscheidende Rolle spielte bei der Kriegsführung gegen sie und bei der Enteignung ihres Landes. Die Ainu wehrten sich zwar, wurden aber besiegt, verdrängt, dezimiert und diskriminiert – eine Geschichte, die sie mit vielen Naturvölkern in anderen Regionen der Erde teilen.

Die Matsumae-Burg ist im Vergleich zu anderen japanischen Burgen, die wir besuchten, recht klein, das angrenzende Parkgelände aber umso weitläufiger und ein wahrer Irrgarten aus Tempeln, Schreinen und Friedhöfen mit uraltem Baumbestand. Während ich einige Zeit damit verbringe, die Grabstätten der lokalen Herrscher (Daimyo) zu identifizieren, verliere ich Erich und dann den Rest der Mannschaft aus den Augen.

Erst als ich nach Stunden im Gehöft des Matsumae-Clans oben auf dem Hügel Zuflucht vor der Mittagshitze suche, treffe ich wieder auf unsere Mitsegler. Vom Käpt'n keine Spur, auch nicht außerhalb des Parks, in der Ortschaft oder im Restaurant, in dem wir uns alle zum Mittagessen verabredet haben. Wo bleibt er nur? Die Busfahrt lässt sich nicht verschieben.

Vom Nachbartisch bricht die japanische Familie mit den zwei lustigen Töchtern auf und nickt uns freundlich zu. Eine Viertelstunde später kehren die beiden jungen Damen lachend ins Restaurant zurück – begleitet von einem wie ein Honigkuchenpferd grinsenden Skipper. Sie zeigen auf

Die Matsumae-Burg

ihn, soll heißen: „Ist er das?", und freuen sich, als ich nicke, über ihren gelungenen Coup. Von der Straße aus winken uns die Eltern zu – Japan eben.

Erich war auf der Suche nach mir noch einmal alle Wege abgelaufen, als ihm die Mädchen plötzlich gestikulierend entgegenkamen. Sie hatten meine Sorge mitbekommen, und, weil zurzeit nur wenige ausländische Touristen hier herumspazieren, angenommen, dass er der Gesuchte ist.

Ende gut alles gut: Schnell noch eine Suppe und ab zum Bus.

Mit der Ortschaft Matsumae ist das Thema „Ainu" für uns aber noch nicht beendet: Mit unseren Mitseglern planen wir von Kushiro aus einen Besuch in Anan-Ko, einer Ainu-Hochburg auf Hokkaido.

Kap Erimo: Schweres Wetter und heiteres Wiedersehen

8. Juni 2015: Schon um fünf Uhr morgens legen wir ab. Die Wettervorhersage hat für unseren Weg nach Kushiro guten Schiebewind prophezeit. Doch in der Tsugaru-Straße herrscht Flaute und dann bläst es ordentlich von vorn. Über AIS und UKW treffen Anweisungen der Coast Guard ein: Wir sollen das vor uns liegende Gebiet weiträumig umfahren, weil dort militärische Übungen durchgeführt werden. Gegenwind und nun auch noch Umwege!

Wassertemperatur 11 °C. Eine Robbe gleitet in Rückenlage auf Gegenkurs an uns vorbei. Sie hat geschlafen und blickt nun erschrocken zu uns auf, ändert aber nicht ihren Kurs. Aufgrund ihrer dunkle Flecken und Ringe auf dem hellen Bauch kann ich sie als Kurilenrobbe identifizieren. Eine kleine Kolonie dieser Tiere konnten wir bei unserem letzten Besuch auf den Felsen um Kap Erimo beobachten. Durch die Fischerei gelten sie als sehr gefährdet.

Auch mittags noch Wind aus Ost, später sogar noch ungünstiger aus Südost, 25 Knoten. Wir können den Kurs auf Kap Erimo nicht mehr halten, werden immer weiter nach Norden versetzt. Wie sollen wir da überhaupt noch einen Hafen erreichen? Zu allem Übel zieht auch noch Nebel auf. Hoffentlich sind hier keine Fischer unterwegs, zumindest nicht ohne AIS. Vorsichtshalber schalte ich das Radar dazu.

Am Abend pottendichter Nebel. Wir drehen bei, notieren die Position. Die Abdrift beträgt 1,2 Knoten in Richtung 240°, also rückwärts. Keine gute Option! Nach einem eiligen Abendessen laufen wir weiter auf die Küste zu. Insgesamt haben wir schon 30 Seemeilen an Höhe verloren. Vier Seemeilen vor der Westküste binden wir ein zweites Reff in Groß und Fock, gehen über Stag und preschen mit

Maschinenunterstützung gegen den Wind an der Westküste entlang nach Süden.

Um acht Uhr früh ist es soweit: Wir tasten uns in den „closed port“ von Erimo, einem verschlafenen kleinen Fischerdorf. Er ist voll belegt, kein Fischer ist bei dem Wetter ausgelaufen. Die FREYDIS muss sich mit der Kaimauer, vis á vis der Einfahrt, begnügen. Dort ist sie der einlaufenden Dünung ungeschützt ausgesetzt und geht heftig zur Kehr. Zum Glück lässt der Wind langsam nach, die See beruhigt sich und – niemand fragt uns nach einem Permit!

Müde nach der durchwachten Nacht holen wir ein paar Stunden Schlaf nach. Dann ein Blick nach draußen. Weiterhin Nebel und Nieselregen, ein Wetter, bei dem man sich gleich wieder in die Koje verkriechen möchte. Aber dazu ist die Zeit zu schade. Die Mannschaft rafft sich auf zu einem Erkundungsgang. Während unsere Mitsegler im einzigen Café und Teesalon am Ort hängenbleiben, zieht es uns ans zehn Kilometer entfernte Kap Erimo, das südlichste Kap Hokkaidos. Es gibt sogar ein Taxi am Ort – aber bei *dem* Nebel? Erst als die Englisch sprechende Fahrerin uns mit den Worten beruhigt, etwas anderes als Nebel kenne sie um diese Jahreszeit gar nicht, steigen wir ein.

Ziel ist die ehemalige Jugendherberge am Kap, in der wir auf unserer ersten Reise so gastfreundlich aufgenommen wurden. Und tatsächlich erkennen sie uns sofort wieder und schließen uns in die Arme. Sie – das sind Semba Kayoko, eine 70-jährige, zupackende, spontane Frau mit außerordentlich positiver Ausstrahlung und viel Humor, und der ruhige und sympathische Mitinhaber Yoshihiro Shibahara (56), der Semba bei ihrer Arbeit zur Seite steht. Yoshi spreizt die fünf Finger seiner Hand – soll heißen – fünf Jahre ist es her!

Wir trinken grünen Tee, kauderwelschen zusammen und zeigen uns gegenseitig Fotos. „Das bin ja ich!“, stöhnt Semba lachend auf, als sie sich auf einem Foto in meinem Buch entdeckt, das ich ihr mitgebracht habe.

Der Nachmittag vergeht wie im Flug, es ist schon stockdunkel, als uns Yoshihiro im dichten Nebel mit seinem Wagen zurück zur FREYDIS fährt.

Am darauffolgenden Nachmittag erwarten wir Semba und Yoshihiro zum Tee. Im Teesalon lasse ich eine Auswahl hübscher Tortenstücke zusammenstellen. Kaum zurück an Bord, fängt es wieder an Bindfäden zu regnen. Die Mitsegler haben es sich in den Kojen gemütlich gemacht, lesen oder schlafen. Nachdem ich meinen Einkauf kühl und vor Regen geschützt unters Vordach gestellt habe, beschließe ich, auch noch ein wenig die Beine hochzulegen, und schlafe prompt ein.

Sonnenschein und lautes Krakeelen wecken mich. Ich haste ins Cockpit. Natürlich! Wohl ein Dutzend Raben haben sich über die Konditorware hergemacht. Überall Krümel und Papierfetzen. „Saubande!“ Mit mit Sahne beschmierten Schnäbeln ziehen sie widerwillig ab und hocken krächzend auf dem Nachbarschiff, als ich mich eilig auf den Weg mache, um Ersatz zu besorgen.

Als hätten die Raben geahnt, dass wir gar keine Konditorware europäischer Art brauchen, treffen Semba und Yoshi mit einem Korb voll japanischer Leckereien ein. Es sind Spezialitäten aus süßem Reis und süßen Bohnen, die wir natürlich alle probieren müssen. Bei unseren Gästen erweist sich dagegen Ostfriesentee mit Kluntjes und Sahne als Renner. Für unsere Mitsegler ist das alles neu und sie genießen diese Stunden sehr, zumal auch für die Verständigung gesorgt ist: Semba und Yoshi haben die junge Juko als Dolmetscherin mitgebracht, die während eines

Yoshi, Dolmetscherin Juko & Semba

Auslandjahres in Neuseeland gute Englischkenntnisse erworben hat.

Bevor sie uns verlassen, schauen sich unsere Gäste auch noch im Bootsinneren um. Mit Ausrufen und Gesten des Erstaunens und der Bewunderung fotografieren sie alles mit ihren Handys. „So ein Boot wie die Freydis hat man in Erimo noch nie gesehen“, meint Yoshi.

Zum Abschied drückt mir Semba ein „present“ in die Arme: Es ist der Bär, der von einem Ainu geschnitzt wurde und seit 50 Jahren das Maskottchen der Herberge ist. „Now he guards Freydis! (Nun schützt er Freydis!)“, übersetzt Juko. Dann singt Semba für uns noch ein altes, lustiges Hokkaido-Lied auf der Pier und tanzt dazu, während Yoshi mit den Händen den Takt klatscht. Wir applaudieren, lachen und weinen zugleich, tief berührt. Was für ein Tag!

Der Skipper schaut prüfend zum Himmel: Der Regen hat aufgehört, der Wind auf Nord gedreht und nachgelassen. „Fertigmachen zum Auslaufen!“

Unter Großsegel und Genua runden wir Kap Erimo, die windigste Ecke Japans (Windstärke 10 soll keine Seltenheit sein). Wir dagegen müssen uns mit umlaufenden Winden begnügen, und die halten sogar an bis Kushiro. Für die nächsten zehn Tage legen wir die FREYDIS im Kushiro River an die Betonpier vor „Fisherman's Wharf", einen Gebäudekomplex mit Restaurants, Läden, Informationsständen, freiem WiFi, Wasseranschluss und Tankmöglichkeit – kurz mit allem, was wir brauchen.

Schon eine Stunde später sind wir auf dem Weg zum Bahnhof und organisieren einen geräumigen Leihwagen. Nun sind wir startbereit für unsere Fahrt zum Akan-Nationalpark, mit der wir Abschied von Japan nehmen wollen. Für Erich und mich wird es gleichzeitig ein Wiedersehen mit einem Gebiet, an dessen grandiose Natur und Wildnis – Vulkane, Kraterseen, heiße Quellen und dichte Wälder – und an dessen malerisches Ainu-Dorf wir viele einzigartige Erinnerungen knüpfen.

Nördlich von Kushiro erreichen wir zunächst den Shizugen-Nationalpark, das größte Feuchtgebiet Japans und Brutstätte vieler seltener Vögel. Hier verbrachten wir vor fünf Jahren einen Tag in der Jungendherberge mit begeisterten japanischen „bird watchern" und Fotografen. Sie waren auf der Suche nach dem Mandschuren-Kranich – Symbol für Japan und für ein langes Leben.

Zu unserer Freude steht noch immer „Jugendherberge" auf dem Schild. Und obwohl die Saison noch gar nicht begonnen hat, öffnet Herbergsmutter Sumiko Tashibana die Pforte für uns. Mit dem Kaffee bringt sie auch gleich das Herbergsalbum mit dem Foto, das uns vor fünf Jahren zusammen mit anderen Gästen zeigt. Denn in kleinen Her-

IM GESPRÄCH MIT „PURE AINU“ YURIKO

bergen geht es oft recht persönlich zu, und Abschiedsfotos sind ein Muss und ein Spaß für alle Beteiligten. Gestärkt und bester Laune setzen wir die Fahrt fort.

Vom Kalender her ist es im Juni schon Frühling im Nationalpark. Aber die Luft ist bitterkalt, und an den Wegrändern finden wir noch bis zu drei Meter hohe Schneeverwehungen. Nun ja, Sibirien liegt vor der Haustür: Von Hokkaido nach Sachalin ist es wieder nur ein Katzensprung.

Auch im Dorf Akan Kohan, in dem sich die kleinen Ainu-Werkstätten und -Läden für Kunsthandwerk drängen, geht es noch ruhig zu. Wir sehen kaum Touristen und wenn, dann nur japanische. Für unseren Aufenthalt wählen wir ein kleines Minshuko (privates Gästehaus) mit hübschen Tatami-Zimmern. Es besitzt sogar einen vulkanisch beheizten Onsen – ein abendlicher Hochgenuss und eine Wohltat für meinen schmerzgeplagten Rücken.

Während sich unsere Mitsegler auf eigene Faust in dem Dorf umsehen und sich mit den bärtigen Ainu-Bewohnern anfreunden, die ihre Schnitzwerke anbieten, gibt es für uns ein fröhliches Wiedersehen mit dem gehörlosen Meisterschnitzer Masamitsu Takiguchi und dessen Frau Yuriko. Vor vier Jahren hatte unser japanischer Freund Ko uns mit den beiden bekanntgemacht und hatte gedolmetscht, als ich Yuriko, die „pure Ainu" ist, über ihr Leben befragte. Sie hatte über das Schicksal ihrer Familie ein Buch geschrieben, aber das konnte ich aus verständlichen Gründen nicht lesen. Und nun geht es den beiden nicht anders mit meinem Buch, in dem ich das Gespräch mit Yuriko aufgezeichnet habe. Über das Foto von Masamitsu beim Schnitzen, das sie darin finden, freuen sie sich jedoch sehr.

Yuriko bereitet Tee zu und Masamitsu zeigt uns seine neuesten Werke, die er auf künftigen Ausstellungen präsentieren wird. Seine Darstellungen von Menschen und Tieren sind berührend, wunderschön und bei Sammlern weltweit begehrt.

Im Akan-Nationalpark ist der alte Riokan mit dem Nonaka-Onsen am Fuß des aktiven Vulkans Meakan ein ganz besonderer Ort für uns: Nie werde ich vergessen, wie wir nach Besteigung des Vulkans kräftemäßig verausgabt und hungrig in den Mietwagen steigen wollten, aber den Wagenschlüssel – wir hatten nur einen bekommen und Kushiro war weit weg – nicht mehr fanden.

Im Riokan, den wir damals aufsuchten, sprach die Inhaberin, Yuko Nonaka, zum Glück recht gut Englisch. Sie verstand unsere Situation und wollte gerade den Autoverleih in Kushiro anrufen, als plötzlich ein japanischer Bergsteiger an der Rezeption einen Autoschlüssel abgab: Er hatte ihn am Gipfel in der Nähe des qualmenden Vulkanschlots gefunden. Voller Freude umarmten wir ihn! Und wir blieben zwei Tage im Riokan und entspannten uns in seinem herrlichen Onsen in freier Natur, in dem wir nachts unter dem Sternenhimmel baden konnten. Seitdem stehen wir mit Yuko Nonaka, einer begeisterten Fotografin, über

E-Mail in Kontakt und tauschen Fotos aus. Ehrensache, dass wir auch diesmal bei ihr vorbeischauen!

Und wie beste Freunde werden wir nun auch aufgenommen. Nach den Wochen anstrengender Segelei empfinden wir den Kurzaufenthalt in Yukos Riokan mit dem herrlichen Freiluft-Onsen als besonders erholsam und anregend. Auch unsere Mitsegler sind überrascht von der liebenswürdigen und familiären Atmosphäre. Übrigens eine Atmosphäre, in der man alt werden kann: Denn Yukos Großvater, Masazo Nanoka, der hier lebt, ist schon über hundert Jahre alt (geb. am 25. Juli 1905). Vor Fertigstellung dieses Buches erreicht uns sogar die Nachricht, dass er mit 112 Jahren und 259 Tagen als ältester Mann der Welt ins Guinness-Buch der Rekorde aufgenommen wurde. Er soll einer von etwa 67 800 Hundertjährigen in Japan sein, dem Land mit der höchsten Lebenserwartung.

Ob im Onsen eines Riokan, in heißen Quellen unter freiem Himmel oder durch andere vulkanische Phänomene – im Akan-Nationalpark wird uns auf Schritt und Tritt „eingeheizt“. In dieser Beziehung hat es auch der nur 500 Meter hohe Vulkan Io-Zan in sich: An seinem Fuß erstreckt sich ein großes helles Aschefeld, auf dem wir uns zwischen blubbernd-heißen Quellen, schwefelgelben Hügeln und zischenden Fumarolen bewegen und uns fühlen wie auf einem anderen Planeten; oder im Wakoto-Onsen an einem durch Eruption entstandenen See, wo das Eintauchen ins heiße Nass bei kühlem Wind umso köstlicher ist – und dazu noch kostenfrei.

Die Tage in diesem abenteuerlichen Nationalpark haben wir sehr genossen: Japan von seiner schönsten Seite! Spontan beschließen Erich und ich, das Gebiet noch einmal mit der demnächst anrückenden, neuen Crew zu besuchen, bevor wir endgültig nach Alaska aufbrechen.

Freydis vor Gletscher

Teil II – Aleuten und Golf von Alaska

Von Japan nach Alaska

Auf Biegen und Brechen

Auf der vor uns liegenden Strecke – 1400 Seemeilen von Japan über den Nordpazifik zur westlichsten Aleuten-Insel Attu – werden wir Taifune nicht mehr zu fürchten haben. Auf ihr werden ganz andere Herausforderung auf uns zukommen, die den Törn zum bisher anspruchsvollsten werden lassen. Denn im Gebiet der vorherrschenden Westwinde müssen wir nicht nur mit Stürmen rechnen, sondern auch mit Kälte und Nebel. Außerdem werden wir in den 12 bis 14 Tagen, die wir für diese Strecke angesetzt haben, keine Buchten oder Häfen anlaufen können.

Unseren zunächst eingeplanten Abstecher nach Kamtschatka müssen wir streichen. Zu unsicher erscheinen uns dort die politischen Verhältnisse: Moskau ist weit – 7000 km Luftlinie –, und in dem „gesetzesfreien" Raum soll die Mafia operieren. Das stört weniger den Normaltouristen, der die sibirische Halbinsel mit dem Flieger oder Kreuzfahrtschiff besucht, als uns auf der Freydis, mit der wir erpressbar sind. Verzögerungen, Schikanen und das Risiko, dass unser Boot, aus welchen Gründen auch immer, an die Kette gelegt werden könnte, wollen wir tunlichst vermeiden. Dazu kommt, dass wir keine Ausnahmegenehmigung für die Bering-Insel erhielten, auf der wir gerne das Grab von Vitus Bering besucht hätten. Wir werden also – wohl oder übel – ein zweites Mal an Sibirien vorbeisegeln: 2007 schon einmal an der Halbinsel Tschukotka im Beringmeer, weil einer unserer Mitsegler keine Einreisegenehmigung mitgebracht hatte. Das war damals bitter und ist es diesmal wieder, aber der sicherste Weg.

Haben wir Attu erreicht, wollen wir uns in kleinen Schritten an der Aleuten-Kette – etwa 200 Inseln auf etwa 850 Seemeilen verteilt – nach Osten hangeln bis Dutch Harbor auf Unalaska. Erfreulicherweise stehen wir dabei nicht unter Zeitdruck, können daher etliche Stopps einlegen und schlechte Wetterbedingungen auf sicheren Ankerplätzen aussitzen, zumindest hoffen wir das.

Vorsichtshalber haben wir in Kushiro schon das Trysegel auf der separaten Schiene am Mast angeschlagen und erstmalig auch den neuen Jordan-Drogue-Treibanker am Heck montiert. Wir sind vorbereitet!

Es war gut, dass die Japan-Etappen vorangingen, denn sie haben uns bereits hart gefordert. Dazu besteht die neue Crew aus erfahrenen Hochseeseglern. Drei von ihnen – Erhard, Jochen und Udo – sind bereits mit uns ums Kap Hoorn und auf anderen stürmischen Törns gesegelt. Neu an Bord ist lediglich Ulrike, aber sie war ebenfalls schon auf einem Segelboot in Feuerland und in der Antarktis unterwegs.

Als die Crew ohne Ulrike – sie hat in Berlin ihren Flieger verpasst – in Kushiro eintrifft, haben wir die Verproviantierung und die restlichen Arbeiten am Schiff für die fünfwöchige Reise bereits abgeschlossen und dadurch zwei Tage eingespart. Die wollen wir nun mit den „Neuen" im Nationalpark verbringen, damit sie wenigstens noch ein Zipfelchen von Japan mitbekommen. Außerdem kann Ul-

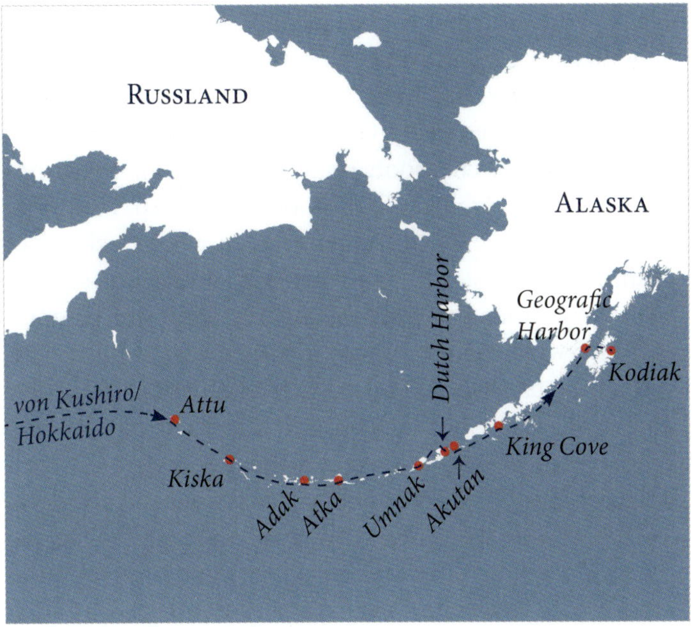

rike dann, trotz Verspätung, noch an der Reise nach Alaska teilnehmen.

Einen Tag vor dem Auslaufen erhalten wir, wie mit „WetterWelt“ in Kiel vereinbart, eine 7-Tage-Törnberatung für den anstehenden Abschnitt. Denn das Wetter spielt, wie so oft in den letzten vier Jahren, wieder einmal verrückt: Statt der erwarteten Westwinde mit gelegentlichen Stürmen hat sich über dem Beringmeer ein starkes Hoch entwickelt, das die Tiefs weit nach Süden drängt und uns über viele Tage nordöstliche Winde zwischen 4 und 7 Bft bescheren wird. Das bedeutet Gegenanbolzen – Tag für Tag und Nacht für Nacht.

Kaum haben wir Hokkaido achteraus, empfängt uns der kalte Kurilenstrom (um 5° C), der aus dem Ochotskischen

Meer an den Kurilen vorbei nach Süden fließt; entsprechend kalt ist die Luft und es herrscht dichter Nebel. Wir schalten den Blitz im Masttopp ein. Doch die Birne gibt nach zehn Stunden ihren Geist auf. Wir können nur hoffen, dass keine Fischerboote ohne AIS durch die Nebelsuppe geistern. Das Schicksal der SUAN mit Gabi und Lutz, die vor wenigen Wochen mit einem japanischen Fischerboot zusammenstieß, ist uns eine Warnung.

Trotz mitlaufender Maschine kommen wir nur langsam gegen den Kurilenstrom voran, wir treten fast auf der Stelle. Nach einer Woche sind wir ziemlich frustriert. Über Iridium-Handy beratschlagen wir mehrfach mit WetterWelt, wie wir unsere Lage verbessern könnten. Laut Sven Taxwedel ist ein Ausbrechen nach Osten nicht möglich, weil der Wind dort stark zunimmt. Auch Beidrehen auf unserer derzeitigen Position ergibt keinen Sinn, weil der Wind in den nächsten Tagen auch hier zulegt. Das Boot würde durch Wind und Strom nach Südosten driften, also 90 Grad weg von unserem Ziel, der Insel Attu. Deshalb rät er zu einem Befreiungsschlag nach Norden.

Bei der knochenbrechenden Bolzerei hart an der Kreuz haben vor allem Erich und ich in den Vorschiffskojen zu leiden, was sich letztlich in Rückenschmerzen äußert, von den vielen blauen Flecken will ich gar nicht reden. In der ruppigsten Phase unseres Ritts auf die Küste Kamtschatkas zu wechselt Erich zum Schlafen auf die Backbordbank im Deckshaus und ich von meiner Oberkoje, aus der ich hinunterklettern muss, in seine nun freie Unterkoje, in der es auch nicht ganz so holperig ist.

Die Arbeit in der Kombüse, die ich übernommen habe, ist eine ganz besondere Qual. Deshalb drehen wir zu den Mahlzeiten bei. Diese Ruhepausen sind für alle eine Entspannung.

Raue See auf unserem Weg zu den Aleuten

Dass wir trotz der harten Bedingungen guten Mutes und bei Kräften bleiben, liegt aber auch daran, dass das Wachsystem funktioniert. Nach vier Stunden Wache gibt es acht Stunden Freiwache, also genug Zeit, um sich zu erholen. Außerdem versieht die automatische Steuerung unermüdlich ihren Dienst. Dadurch kann der Wachgänger, statt bei eiskaltem Gegenwind am Ruder zu stehen, im Cockpit im Schutz des Deckshauses sitzen, von dort Ausguck halten und Segelstellung, Windex, Windanzeige, Geschwindigkeit und Kompass kontrollieren. Der zweite Wachgänger kann sich sogar im Deckshaus aufhalten und Kartenplotter, AIS und gegebenenfalls Radar im Auge behalten. Außerdem sind wir froh, dass die Kreuzeigenschaften der neuen Freydis mit heruntergelassenem Kielschwert deutlich besser sind als bei der alten und, vor allem, dass sie an der Kreuz wesentlich trockener segelt. Noch dazu sorgen zwei Warmluft-Dieselheizungen von Zeit zu Zeit dafür, dass die Temperaturen im Schiff erträglich bleiben und Kleidung und Decken nicht klamm werden.

In der Hoffnung auf die angekündigte Winddrehung kämpfen wir uns an die Zwölf-Meilen-Grenze von Kamtschatkas Südspitze heran und beginnen dann mit dem Kreuzschlag auf Steuerbordbug nach Osten. Für den Fall, dass wir durch widrige Wetterbedingungen in russische Gewässer und dort in Schwierigkeiten geraten, hat Jochen, unser Freund und Mitsegler auf dieser Etappe, vorsorglich beim MRCC Bremen die Daten der FREYDIS und die Liste der Crew hinterlegt mit der Bitte, gegebenenfalls das Auswärtige Amt einzuschalten. Diese Absprache war möglich, weil Jochen aktives Mitglied der DGzRS ist; und natürlich würde diese im Seenotfall auch die Kommunikation und Koordination vereinfachen, aber das ist zum Glück noch nicht notwendig.

Wie man den Skipper „auf die Palme" bringt

Wie von WetterWelt vorausgesagt, lässt der Wind langsam nach und dreht über Nord nach Nordwest. Alles scheint in Ordnung. Doch dann fragt Erhard: „Was ist das?" In seiner Hand hält er eine selbstsichernde 12-mm-Mutter, er hat sie auf dem Vordeck in der Nähe des Mastfußes gefunden.

Bei uns schrillen die Alarmglocken. Der Skipper flucht leise, denn nach der langen Bolzerei deutet der Fund auf einen Schaden im Rigg hin – oder gar auf einen sich anbahnenden Mastbruch?

Zunächst wird das ganze Boot abgesucht, doch ohne Ergebnis. „Wer kontrolliert die Schrauben im Rigg und am Mastkopf?" Der Skipper blickt in die Runde. Bei dem hohen Seegang trifft er auf wenig Begeisterung und be-

Fehlersuche in schwindelnder Höhe

schließt, es selbst zu machen. Damit das Schiff nicht zu sehr durch die Seen stampft, drehen wir bei, während er mit dem Bootsmannsstuhl, an einem Reservefall gesichert, den Mast hinaufklettert. Sorgfältig kontrolliert er dort alle Beschläge, aber nirgends fehlt eine Mutter.

Am Abend kommt mir der Gedanke, dass die Verriegelungen an der Vorpiek-Luke mit solchen Muttern gesichert sind. Dem Blick entzogen, liegen sie unter einer schweren Gummimatte. Tatsächlich – da fehlt eine! Nach einem ganzen Tag Grübeln und Suchen ist das Problem gelöst. Erhards Resümee daraus: „Nun wissen wir, wie man den Skipper auf die Palme bringt!"

Und schon kündigt sich das nächste Problem an: Ein fremder Geruch steigt mir in die Nase. „Es riecht nach verbranntem Gummi und der Geruch kommt aus der Achterpiek", alarmiere ich den Skipper. Wie schon auf der vorangegangenen Reise durch Melanesien sind die Montageplatten im Innern des feuerfesten Trafokastens samt Kabel und Regler verschmort. Nun ist sich Erich sicher, dass der Trafokasten nicht ausreichend belüftet ist. „Die Batterien knallvoll und zusätzlich arbeiten Wind- und Wassergeneratoren auf Hochtouren – das produziert Wärme, und weil die nicht abgeleitet werden kann, haben wir nun wieder den Salat!" Reparieren können wir den Schaden frühestens auf der Insel Kodiak, und bis dorthin ist es noch weit.

Vier Jahre hatten wir an unserer alternativen Energieversorgung getüftelt: Seit Nagasaki funktionierten nicht nur die Windgeneratoren zu unserer Zufriedenheit, sondern auch die Wassergeneratoren. Ihre kreischenden Geräusche, die weder durch Überprüfung vom englischen Hersteller noch durch gummigepufferte Halterungen vollständig gedämpft werden konnten, haben wir der Vorteile wegen hingenommen. Doch nun stehen uns kostspielige Reparaturen bevor, und die Energieversorgung muss wieder größtenteils von Motor und Lichtmaschine übernommen werden. Wäre ja auch zu schön gewesen!

Nach zehn Tagen können wir direkt auf Attu zuhalten – endlich! Unter Groß und ausgebauter Genua laufen wir, sage und schreibe, mit acht bis neun Knoten raumschots vor dem Wind.

Aleuten

Attu: West Side Story – „I want to be in America!"

„I want to be in America" – das Lied aus dem Film *West Side Story* drängt sich mir auf, als sich am 14. Tag unserer Reise nach genau 1543 Seemeilen seit Kushiro unser heißersehntes Ziel aus dem zähen Nebel schält – die Insel Attu. Nicht größer als die Ostseeinsel Rügen liegt sie am weitesten entfernt vom Festland Alaskas, an seinem westlichen Schwanzende sozusagen, und nur 200 Seemeilen weiter westlich beginnt bereits die Kette der russischen Kommandeur-Inseln.

Im Südosten der Insel biegen wir in die „Massacre Bay" ein. Der makabre Name dieser Bucht erinnert an den Zweiten Weltkrieg, als die Amerikaner in einer der erbittersten Schlachten des Pazifiks die Japaner hier auf dieser kleinen Insel schlugen. Wir haben sie ausgesucht, weil in der neuesten Seekarte mehrere Landungsstege eingezeichnet sind und wir hoffen, hier geschützt anlanden zu können. Tatsächlich gab es hier eine grandiose Landungsbrücke, von der aber nur noch morsche Holzpfeiler aus dem Wasser ragen. Also legen wir uns in der Nähe vor Anker.

Die Natur scheint den Frevel des Krieges verkraftet zu haben, wenigstens auf den ersten Blick. Von den sanften grünen Hügeln um die Bucht herum fühle ich mich geradezu umarmt, willkommen geheißen. Wir sind in Amerika! Wir haben die südliche Grenze zum Beringmeer erreicht. Wir sind in der Arktis angekommen!

Was uns wohl auf der Insel erwartet? Still und geheimnisvoll liegt sie da. Sie scheint verwaist, weder Schiffe noch

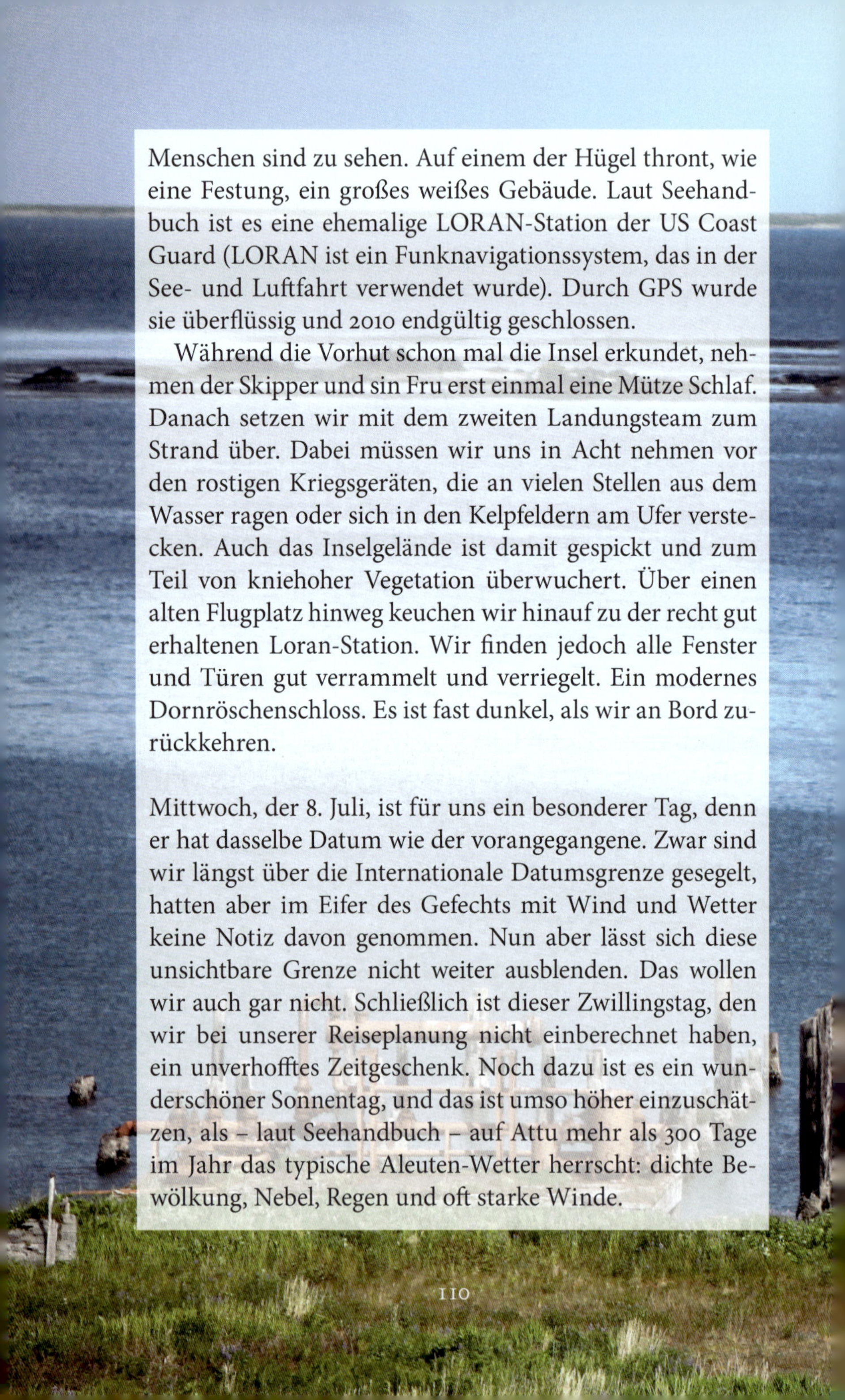

Menschen sind zu sehen. Auf einem der Hügel thront, wie eine Festung, ein großes weißes Gebäude. Laut Seehandbuch ist es eine ehemalige LORAN-Station der US Coast Guard (LORAN ist ein Funknavigationssystem, das in der See- und Luftfahrt verwendet wurde). Durch GPS wurde sie überflüssig und 2010 endgültig geschlossen.

Während die Vorhut schon mal die Insel erkundet, nehmen der Skipper und sin Fru erst einmal eine Mütze Schlaf. Danach setzen wir mit dem zweiten Landungsteam zum Strand über. Dabei müssen wir uns in Acht nehmen vor den rostigen Kriegsgeräten, die an vielen Stellen aus dem Wasser ragen oder sich in den Kelpfeldern am Ufer verstecken. Auch das Inselgelände ist damit gespickt und zum Teil von kniehoher Vegetation überwuchert. Über einen alten Flugplatz hinweg keuchen wir hinauf zu der recht gut erhaltenen Loran-Station. Wir finden jedoch alle Fenster und Türen gut verrammelt und verriegelt. Ein modernes Dornröschenschloss. Es ist fast dunkel, als wir an Bord zurückkehren.

Mittwoch, der 8. Juli, ist für uns ein besonderer Tag, denn er hat dasselbe Datum wie der vorangegangene. Zwar sind wir längst über die Internationale Datumsgrenze gesegelt, hatten aber im Eifer des Gefechts mit Wind und Wetter keine Notiz davon genommen. Nun aber lässt sich diese unsichtbare Grenze nicht weiter ausblenden. Das wollen wir auch gar nicht. Schließlich ist dieser Zwillingstag, den wir bei unserer Reiseplanung nicht einberechnet haben, ein unverhofftes Zeitgeschenk. Noch dazu ist es ein wunderschöner Sonnentag, und das ist umso höher einzuschätzen, als – laut Seehandbuch – auf Attu mehr als 300 Tage im Jahr das typische Aleuten-Wetter herrscht: dichte Bewölkung, Nebel, Regen und oft starke Winde.

Zerstörte
Pier auf Attu

Bergschuhe an, Sonnenbrille auf, belegte Brote und Schokolade in den Rucksack und los geht's bergauf und bergab vor der Schneebergkulisse über die Hügel und die herrlich wilden Tundra-Wiesen, auf die der rostige Kriegsschrott, der überall herumliegt, so gar nicht passen will. Wegen meines lädierten Rückens kann ich nur mit Pausen hinterherzockeln; dafür entschädigt mich der Anblick der wunderschönen Tundra-Blumen – Lupinen, Wilde Iris, Angelika und viele andere Arten. Wildgänse ducken sich im hohen Gras und ab und zu gesellen sich neugierige kleine Landvögel so nah zu mir, dass ich sie greifen könnte.

Auf der Insel gab es vor dem Krieg ein kleines Aleuten-Dorf (den Namen „Aleuten" bekamen die Ureinwohner der Inseln im 18. Jahrhundert von den Russen; sie selbst nennen sich „Unangan"), das neun Häuser und eine orthodoxe Kirche hatte. Als die Japaner am 7. Juni 1942 – fast auf den Tag genau vor 73 Jahren – Attu (und die benachbarten Insel Kiska) besetzten, nahmen sie die Dorfbewohner gefangen, brachten sie nach Hokkaido und internierten sie dort. Viele starben dabei, aber auch die Überlebenden sahen ihre Heimatinsel niemals wieder. Während ihrer Gefangenschaft war ihr Dorf von US-Bomben in eine Mondlandschaft verwandelt worden.

Nach der verheerenden Attacke auf Pearl Harbor hatten die US-Amerikaner eine japanische Invasion auf dem Festland der Vereinigten Staaten befürchtet. Doch die Invasion fand hier statt. Warum die Japaner dieses kahle, gebirgige Gelände mit widrigen Wetterbedingungen gewählt hatten, ist nicht bekannt. Entweder wollten sie einer amerikanischen Invasion Japans via Aleuten vorbeugen oder die US-Streitkräfte von der zur selben Zeit geplanten japanischen Attacke auf Midway (Hawaii-Kette) ablenken. Wie auch immer – erst im Jahr darauf landeten 12 500 US-Sol-

KRIEGSSCHROTT AUF ATTU

daten auf Attu. Es waren vor allem kalifornische Truppen mit wüstentauglicher Ausrüstung. Man ging davon aus, die zahlenmäßig weit unterlegenen japanischen Angreifer in zwei oder drei Tagen verscheuchen zu können. Aber das scheiterte nicht nur an den ungewöhnlich rauen klimatischen Bedingungen, die hier herrschten, sondern auch am erbitterten Widerstand der Japaner.

Genau hier, in der Massaker Bay, fand am 30. Mai 1943 die entscheidende Auseinandersetzung statt – die „Schlacht von Attu" – ein brutaler und blutiger Nahkampf, wobei 2635 japanische Soldaten zusammen mit ihrem Befehlshaber getötet wurden und nur 27 Soldaten in Kriegsgefangenschaft kamen. Die Amerikaner zählten 600 Tote und 1200 Verletzte, und sie gewannen Attu und wenige Monate später auch Kiska zurück. Geschichte.

Oben: Verlassene LORAN-Station auf Attu
Unten: Kriegsschrott

Kiska: Strahlende, geschundene Wildnis

Vor dem Start noch ein Iridium-Telefonat mit WetterWelt: Voraussichtlich sind keine bösen Überraschungen zu erwarten. Also hangeln wir uns weiter an der Aleuten-Kette entlang nach Osten. Zunächst dicht an der kleinen Insel Shemya vorbei, die „in Weltraumschrott-Forscherkreisen eine gewisse Berühmtheit erlangt hat", wie uns Kalle Bunte mailte, ein befreundeter Raumfahrt-Ingenieur und ehemaliger Mitsegler, „weil dort ein Radar steht, das anfliegende Interkontinentalraketen frühzeitig erkennen soll. Der Nachteil ist, dass es einen sehr empfindlichen Sensor hat, der auch auslöst, wenn Weltraumschrott (staubkorngroße Partikel) über Kamtschatka fliegt. Das sieht dann so aus, als ob es dort immer an der gleichen Stelle Einschläge gibt (was sehr unwahrscheinlich wäre). Es hat einige Mühe gekostet, den Zusammenhang mit dem Radar auf Shemya herzustellen, weil die Amerikaner über diese militärische Einrichtung natürlich keine Auskunft geben wollten …"

Wir streifen die Vogelinsel Buldir, unter Vogelkundlern weltberühmt wegen der großen Seevogelkolonien, die in ihren Steilwänden brüten, und in Paläontologen-Kreisen, weil dort gut erhaltene Knochen der seit 1768 ausgestorbenen „Steller'schen Seekuh" gefunden wurden. Aber das nur nebenbei.

Und dann kommt schon die Nordspitze von Kiska mit ihrem schneebedeckten gleichnamigen Vulkan in Sicht und ist gleich darauf wieder unter einer dichten Nebelkappe verschwunden. Eine Orientierung ist nur noch mit Radar und Kartenplotter möglich.

Entdeckt wurde Kiska bei besserer Sicht auf der *Großen Nordischen Expedition* von Vitus Bering (1733–1743). Daran nahm auch Wilhelm Steller teil, der deutsche Naturwis-

Freydis ankert in einer Bucht von Kiska.

senschaftler – derselbe, der die genannte Seekuh erstmals beschrieb. In seinem Tagebuch notierte er: *Den 25sten October hatten wir sehr klares Wetter mit Sonnenschein. Dennoch hagelte es nachmittags zu verschiednen Malen. Am Morgen erblickten wir mit Verwunderung eine große hohe Insel auf 51 Graden von uns im Norden […].* Betreten konnte er die Insel nicht. Bering wollte möglichst schnell zurück nach Russland.

Wir haben mehr Glück als Steller, der sich oft bitter beklagte über die seltenen und viel zu kurzen Aufenthalte auf den neu entdeckten Inseln. Wir dürfen uns auf einen Landgang freuen. In der Bucht schwimmen Otter und an den Felshängen hocken Papageientaucher. Doch freuen? Nachdem wir in Kiska Harbor geankert haben – auch hier sind die hölzernen Landungsstege über die Jahrzehnte durch Seegang und Eis weitgehend zerstört –, empfängt uns am pechschwarzen Aschenstrand ein großes Warnschild: *Danger! Unexploded Bombs, Shells, Grenades, Mortars, and Similar Items Are Hazardous. Items May Explode if Moved or Handled.*

Landhungrig und neugierig, wie wir sind, riskieren wir trotzdem einen Marsch über das unwegsame Terrain, durch das sich einige Schotterpisten ziehen. Die Insel Attu ist recht ähnlich, sowohl hinsichtlich seiner dichten Tundravegetation als auch seiner rostigen Hinterlassenschaften des Krieges, auf die wir allerorts stoßen. Wie diese hat auch Kiska seit 2008 den Status einer „Nationalen Gedenkstätte", worauf auch einige aufgestellte Tafeln hinweisen.

Als uns später, auf Adak, der Chef des Munitionsräumungskommandos versichert: „Auf Kiska werde ich demnächst alles absperren. Denn dort liegen noch sehr viele japanische Sprengfallen und andere nicht entschärfte Munition herum. In Zukunft darf keiner mehr auf die Insel", da werden mir nachträglich noch die Knie weich: Wie konnten wir nur so unvorsichtig sein!

Aber das ist noch lange nicht alles, was die Aleuten an Todbringendem zu bieten haben. Zwar verspricht die Karte in Konstantin Harbor auf der Insel Amchitka einen gut geschützten Ankerplatz. Doch wir können sie nicht anlaufen: Laut Amerikanischem Seehandbuch wurden die Insel und die sie umgebenden Gewässer bereits 1986 gesperrt. Die Amerikaner hatten dort Atombombenversuche durchgeführt. Die Gegend ist radioaktiv verseucht.

Delfin-Schulen begleiten die FREYDIS, auch ein paar hohe Rückenflossen von Orcas preschen vorbei, und in der Ferne blasen Wale. Sechs Windstärken aus West schieben uns bei hohem Seegang und schlechten Sichtverhältnissen im Dämmerlicht mit bis zu neun Knoten auf die Insel Adak zu. Auch über diese dritte Aleuten-Insel, die wir aufsuchen, konnten wir keine aktuellen Informationen finden. Wir wissen nicht einmal, ob hier noch Menschen leben oder ob dieses Eiland genauso verwaist ist wie Attu und Kiska.

Adak: „Schöne" Überraschungen

Um 20 Uhr Bordzeit biegen wir um Kap Adak und segeln im Lee der Insel nach Süden. Zwei Stunden später tasten wir uns in tiefster Dunkelheit gegen Wind und Regen mithilfe von Radar und elektronischer Seekarte in die Kuluk Bay hinein. Nach einigen Anläufen gelingt es uns, an einem alten Versorger anzulegen, der hier als Schwimmponton noch einen guten Dienst leistet.

Weil wir so gut wie nichts über die Insel wissen, trifft uns das, was wir am frühen Morgen entdecken, völlig überraschend: Vor uns liegt eine großzügig angelegte, moderne Stadt mit breiten Straßen, einer großen, relativ gut erhaltenen Bungalow-Siedlung, zahlreichen mehrstöckigen Hochhäusern und öffentlichen Gebäuden – Elementary School, High School, Rathaus, Klinik, Tennisplätzen, Bowlingbahnen, Flugplatz und nicht zu vergessen McDonald's, Pizza Hut und anderen Restaurants. Und das alles mit gerade mal 120 Einwohnern! Eine Mega-Geisterstadt, die tatsächlich einmal für kurze Zeit Zehntausende Menschen beherbergte, so Justin Peach, Chef des Munitionsräumungskommandos. Wir treffen Justin in dem täglich nur kurz geöffneten Mini-Supermarkt, von dem er uns samt Einkäufen – die ersten und ziemlich teuren seit drei Wochen – mit seinem Pick-up zum Boot bringt.

Schmerzen im linken Bein führen mich zur großen Inselklinik. Aber auch dieses imposante Gebäude mit langen Fluren und Zimmerfluchten scheint zunächst gähnend leer. In einem der Behandlungsräume finde ich dann aber doch eine Kollegin. Sie könne hier nichts für mich tun, meint sie bedauernd und rät mir, über Dutch Harbor nach Anchorage zu fliegen, wo es eine orthopädische Abteilung gibt. Doch dazu kann ich mich nicht durchringen und hoffe weiterhin auf Besserung durch Medikamente und Bewegung.

Unser neuer Freund Justin bewohnt einen der verlassenen Bungalows. Bei ihm darf die ganze Mannschaft der FREYDIS heiß duschen. Auf der Insel gibt es Süßwasser und Generatorstrom im Überfluss – wunderbar! Außerdem können wir hier das Wetter für die kommenden Tage über Internet abrufen: Ein Taifun („Halola") der Kategorie 4–5 über Japan ist auf dem Weg zu den Aleuten. In der kommenden Woche soll er sie erreichen, immerhin noch mit Sturmstärke. „Ich kann's nicht glauben", stöhne ich. „Wollen die Taifune uns auch noch bis in die Arktis verfolgen?"

Die Restaurants der Stadt werden nicht mehr bewirtschaftet. Aber in einem der Bungalows hat ein gastfreundliches Paar – eine Philippinin und ein Amerikaner – in seiner „guten Stube" ein Café namens „Blue Bird" eröffnet. Es wird gern besucht und wir bekommen ein gut gewürztes Abendessen. „Endlich wieder amerikanische Portionen", freut sich unser Skipper in Erinnerung an karge Tage in Japan.

Was wir aber auf der Pick-up-Tour erleben, zu der uns Justin mitnimmt, erscheint mir wie aus einem Science-Fiction-Film: ein Haus am Rande der Stadt mit seltsam weißem Antennenwald, von dem Justin behauptet: „Hier suchen Leute im Äther nach Aliens." Später verrät er uns, dass Wissenschaftler der Uni Fairbanks dort „Space-Listening" (Abhören des Weltalls) betreiben. Die „barracks" – ein gewaltiger Komplex aus Hochhäusern auf dem Hügel über der Stadt – sind unterhöhlt mit weitläufigen Tunnelsystemen, in denen unter anderem sogar ein Schwimmbad und ein Kino untergebracht sind, die früher gern benutzt wurden. Seit einem Erdbeben im vergangenen Jahr (im Juli 2014) mit der Stärke 7,9 der Richter-Skala sollen sie nicht mehr ganz sicher sein. Zusätzlich gibt es im bewohnten Teil der Insel aber auch noch Hunderte unterirdische Bunker, sogenannte „shelter" (Unterschlüpfe), gedacht für je 40 Personen bei Bomben- und Gasangriffen oder radioaktiver Verseuchung. Dank Jochens Handyleuchte wird eine schwere Eisentür für uns sichtbar, dann eine Duschkabine, eine Küche, ein großer Schlafraum mit Haken für Hängematten – kurz mit allem, was Menschen für wochenlanges Überleben benötigt hätten.

Kalte Schauer jagt mir der Besuch der „spy city" über den Rücken – ein Hochsicherheitstrakt, weit abgelegen und umgeben von einem doppelten Stacheldrahtverhau. In seinem Innern erinnern gesichtslose Gebäudekomplexe mit winzigen, hochgelegenen Fenstern an ein Strafgefangenenlager. Doch es war ein Ghetto für Spione: Sie durften weder ihre Familien zu sich auf die Insel holen noch telefonischen Kontakt zu ihnen oder zu sonst jemandem aufnehmen und nicht einmal in die Stadt gehen. Jeder Kontakt mit anderen war unzulässig.

„Ein Wahnsinn! Wer hat das alles zu verantworten?", fragt Erich. „Die Regierung Reagan." Erich nickt: „Mit diesem Wettrüsten hat er die Sowjetunion in den Bankrott getrieben." Apropos: Ein Gruß aus dem Russland des 18. Jahrhunderts ist die zerfallende orthodoxe Holzkirche am Rande der Stadt; an anderer Stelle steht nun ein modernes, gesichtsloses Gotteshaus.

Lachen können wir erst wieder, als Justin vor einem Fleckchen von wenigen Quadratmetern Wald anhält und auf das Schild zeigt mit der Aufschrift: *You are now Entering and Leaving Adak National Forest.*

Bei all dem Rüstungsirrsinn habe ich fast vergessen zu erwähnen, wie wunderschön die Landschaft der Insel ist, durch die wir fuhren: die saftig-grünen Hügel, die große Lagune, die Buchten und steilen Klippen am Ufer, die einsamen Strände. Justin schwärmt von seiner Besteigung des Mt. Adagdak, des 600 Meter hohen Vulkans an der Nordostspitze der Insel, der sich vor uns leider fast vollständig im Nebel verbirgt.

Atka: Traurige Idylle an Land, Tohuwabohu an Bord

Wegen angekündigten schlechten Wetters wollten wir auf schnellstem Weg zur 300 Seemeilen entfernten Insel Umnak und es dort in der gut geschützten Nikolski Bay vor An-

Oben: Geisterstadt auf Adak

Unten: Der Adak-Wald in ganzer Pracht

ker abwarten. Doch erste Orkanböen und heftigste Strudel in der Inside Passage der Adrianof-Inseln zwingen uns zu einem Zwischenstopp auf Atka in der Nazan Bay. Darüber sind wir alles andere als traurig, denn auf der Insel soll es ein kleines Unangan-Dorf geben. Wir sind gespannt, was uns dort erwartet. Denn wir hatten auf dieser Reise noch kaum Kontakt zu den Ureinwohnern – auf Adak begegneten wir vor allem weißen Amerikanern und Philippinern.

Am Hang der kleinen malerischen Bucht, in der wir ankern, gruppieren sich ein paar Häuser um ein weißes orthodoxes Kirchlein. Diese Glaubensrichtung wurde von russischen Pelzjägern Anfang des 18. Jahrhunderts bei den Unangan eingeführt. Sie ging, wie auf anderen Teilen der Erde auch, mit der Zerstörung des traditionellen Kulturgutes auf den Inseln einher. Auch die Zahl der Unangan sank in den ersten Jahrzehnten russischer Besetzung auf der Inselkette dramatisch: Von der ursprünglich 12–15 000 Menschen umfassenden Bevölkerung leben heute als direkte Nachfahren weniger als 2000 in kleinen Gemeinschaften auf den Aleuten und auf den Pribilof-Inseln und etwa 1500 anderswo in Alaska oder anderen Staaten der USA.

Von den ca. 50 Unangan, die derzeit das Dorf bewohnen und ihre eigene Sprache sprechen, sehen wir allerdings wenig. Wir sind ein bisschen enttäuscht, aber diese Erfahrung werden wir auf unserer Reise durch Alaska noch häufiger machen. Kontakt pflegen sie lediglich mit ihren weißen Arbeitgebern – hier mit den Betreibern einer kleinen Fischverarbeitungsanlage. Von diesen hören wir, dass sie unter sich bleiben wollen. Und ja, das alte Dorf habe auch schon an dieser Stelle gelegen, es sei aber im Zweiten Weltkrieg von der US Navy, in Erwartung einer Invasion durch die Japaner, samt seiner Kirche mit Ikonen, religiösen Gegenständen und Aufzeichnungen niedergebrannt worden.

Orthodoxe Kirche auf Atka

Die Bewohner wurden wie auf den anderen Aleuten-Inseln evakuiert und in Elendsquartieren in Südost-Alaska gesteckt, wo zwei Drittel von ihnen an Krankheiten und Entbehrungen starben.

Kurz vor Einbruch der Dunkelheit lichten wir den Anker und setzen Segel. Wie so oft auf dieser Reise wird der Skipper auch nach der Wache, die um Mitternacht endet, noch gefordert – diesmal am frühen Morgen um halb vier durch das Starten der Maschine und heftige Schiffsbewegungen. Der Skipper spurtet hoch, ich hinterher. An Deck finden wir ein wildes Tohuwabohu: Eine Patenthalse hat die Freydis aus dem Kurs geworfen, der Bulle, der den Großbaum sicherte, war daraufhin losgeworfen worden, wodurch der sechs Meter lange Großbaum nun von einer Seite zur anderen hin und her knallt. Wegen Starkwind

ANSTEUERUNG
ATKAS

Notreparaturen an Bord

und schlechter Sicht war die Selbststeueranlage zuvor ausgeschaltet worden und der Rudergänger hatte das Steuern übernommen. Nun sitzt er geduckt und mit eingezogenem Kopf hinter dem Kompass, den er aber nicht ablesen kann, weil die Wache das Kompasslicht nicht eingeschaltet hat. In der brodelnden See fährt die Freydis wilde Kreise.

Es dauert zehn Minuten, bis wir wieder auf Kurs sind, der Großbaum gesichert ist und im Boot einigermaßen Ruhe einkehrt. Wegen ihrer Unaufmerksamkeit bekommt die Wache noch einen „Anschiss“ vom Skipper, der wieder abtaucht. Aber an Schlaf ist nicht mehr zu denken.

Bei Starkwind und rauer See laufen wir dicht an der nebelverhangenen Vogelinsel Chagulak vorbei, die zu den „Islands of Four Mountains“ gehört. Hunderttausende von Seevögeln an den schroffen Vulkanwänden, im Wasser und in der Luft und ihr ohrenbetäubendes Geschrei sind ein aufrüttelndes und ergreifendes Naturerlebnis für uns alle. Dazu die Stromschnellen und Stromwirbel in der Amukta-Passage, die einen hoch konzentrierten Rudergänger verlangen und das Boot oft trotzdem um 30–40 Grad aus der Bahn werfen.

Über Nacht hat sich der Nebel verzogen und in der Morgendämmerung haben wir einen grandiosen Blick auf die Inselgruppe mit den „Four Mountains" – Mount Cleveland, Mount Carlisle, Mount Kagami und Mount Herbert, gletscherbedeckte Vulkane in makelloser Kegelform – geradezu überirdisch schön!

Umnak: Nach einer Ewigkeit die Herrlichkeit

Als wir schließlich die Mueller's Cove von Umnak erreichen und vor dem Dorf Nikolski ankern, notiert Erich im Logbuch: „Vor neun Jahren waren wir schon einmal, von Midway aus, auf dieser Insel gelandet. Damit schließt sich unser Kreis um den Nordpazifik."

Ein Ereignis, das auf der FREYDIS mit einem großartigen Heilbutt-Abendessen gefeiert wird. Den Fisch dazu bekommen wir von dem weißen Amerikaner Scott und seiner Unangan-Frau Agrippina geschenkt. Die beiden erinnern sich noch gut an unseren Besuch und an die alte FREYDIS. Durch Scott und Agrafina finden wir auch rasch Kontakt zu den übrigen Mitgliedern der kleinen Dorfgemeinschaft.

Der für die Insel zuständige Priester und seine Frau sind aus Dutch Harbor angereist. Denn in der russisch-orthodoxen Kirche steht eine Trauung an. Sie laden uns ein, daran teilzunehmen. Und das Brautpaar, Andrew und Maria, bittet uns sogar zum anschließenden Fest im Gemeindesaal. Dass Unangan den Weißen gegenüber meist sehr reserviert sind, habe ich erwähnt. Doch hier lernen wir sie von einer

Als würden sie aus dem Meer wachsen:
Berge vor Nikolsky Bay / Umnak

ganz anderen Seite kennen: Nicht nur in der Kirche, sondern auch auf der Feier bei ihren Ritualen sind sie ungewöhnlich freundlich und erlauben uns ausdrücklich zu fotografieren. Dazu hat Scott als Weißer sicher beigetragen. Vor 27 Jahren ist er mit einem kleinen Segelboot hier angekommen, hat sich in Agrafina verliebt und lebt seitdem mit ihr zusammen auf dieser Insel. „Ich habe noch nie einen Computer angerührt", erklärt er lächelnd. „Meine Zeit verbringe ich mit Fischen, Jagen und dem Leben hier in der Gemeinde. Und dieses Leben gefällt mir immer noch sehr."

Während ich Speisen und Hochzeitstorte probiere, müssen Erich und Jochen das Fest schon bald wieder verlassen. Ausgerechnet jetzt holt uns Taifun „Halola" (Kategorie 4–5) mit seinem angekündigten, immer noch kräftigen Ausläufer ein, lässt unseren Anker slippen und droht die FREYDIS mit seinen Hammerböen auf die Felsen zu treiben. Nach mehreren missglückten Ankermanövern ist am Abend alles wieder unter Kontrolle – die FREYDIS liegt in Ufernähe vor Anker mit zusätzlicher Leinenverbindung zu Scotts Muringtonne. Auch in der Nacht heftige Sturmböen, doch die Anker- und Muring-Wache hat keine Probleme mehr.

30 Seemeilen weiter östlich auf derselben Insel soll uns ein Bad in den heißen Quellen der Inanudak Bay für die Unannehmlichkeiten von „Halola" entschädigen und zu einem letzten Höhepunkt dieses Reiseabschnitts werden. Eine nasse Landung in der flachen Hot Springs Cove und das unebene, unwegsame Gelände lassen die Suche danach zu einer kleinen Herausforderung werden. „Da sind sie, da sind sie!", jubelt Erich schließlich und deutet auf eine etwa drei Kilometer entfernte Stelle im Inneren der Insel, von der erkennbar weißer Dampf aufsteigt. Unseren Mitseglern erscheint der Marsch zu anstrengend, sie treten den Rückzug an.

Scott und Erich in Nikolski

Doch der Skipper will mal wieder nicht aufgeben – ich eigentlich auch nicht. Wie ein Elch trabt er durch die Landschaft in Richtung seiner Entdeckung. Schmerzgeplagt haste ich hinterher wie ein flügellahmes Huhn, plumpse von einem Schilfloch ins nächste, versinke fast im Sumpf und wanke todesmutig auf glitschigen Steinen durch eiskalte Gebirgsbäche. Die Fumarolen winken mir aufmunternd zu. Und dann – nach einer Ewigkeit – die Herrlichkeit: Wohlig entspannt liegen wir im heißen Wasser eines kleinen Pools. Das Leben ist schön! Wir haben es uns verdient.

Unter ausgebaumter Genua und zwei Reffs im Groß rauschen wir mit achterlichen Winden durch die Nacht, unserem Etappenziel entgegen: Dutch Harbor auf der Insel Unalaska.

Oben: Hochzeit in Nikolski

Unten: Entspannen im Naturpool

Viereinhalb Wochen sind wir nun schon seit Japan unterwegs, knapp 2500 Seemeilen liegen in unserem Kielwasser – 1500 davon nonstop über See und 1000 durch die Aleuten-Kette. Für unsere neue FREYDIS war es die erste Reise in einem extremen Seegebiet. Sie hat alle Hürden bravourös genommen und die Crew hat ihr Bestes gegeben.

Dutch Harbor: Erinnerungen und neue Eindrücke

Endlich liegt Dutch Harbor – Einklarierungshafen für den Westteil des Golfs von Alaska – wieder vor uns, wenn auch mit vierjähriger Verzögerung. Auf dem Weg nach Neuseeland 2009 hatten wir uns in San Diego spontan zu einer Kehrtwende entschlossen und erneut Kurs auf Alaska genommen. Plötzlich war uns klar geworden, dass wir nach drei Jahren Segelaufenthalt in Alaska noch immer nicht genug hatten von diesem so unwirtlichen wie kostbaren Teil der Erde.

Aber der Tsunami in Japan hatte uns das Schiff genommen und uns schachmatt gesetzt. Dann kamen der Neubau und wieder die lange Anreise von Deutschland über Japan nach Alaska.

Allen Widrigkeiten zum Trotz: Wir haben es geschafft. Und wir haben erstmalig die westlichsten Inseln der Aleutenkette besucht. Was wir vorfanden, war eine Inselwelt, die zwar zu Alaska gehört, aber nicht das Alaska ist, das wir in Erinnerung hatten. Tatsächlich ist es eine Inselwelt, die im Zweiten Weltkrieg vorübergehend Kriegsschauplatz war, auf der blutigste Kämpfe tobten, oft Mann gegen Mann und mit Tausenden von Toten, und die uns mit monströsen Relikten des Kalten Krieges im Zuge beispiellosen Wettrüstens schockierte. Seitdem liegt diese Welt in traurigem Dornröschenschlaf – durch Giftmüll, nicht explodierte Sprengfallen und Munition zum Minenfeld geworden sowie durch Atombombenversuche radioaktiv verstrahlt. Eine große Gefahr für ahnungslose Besucher.

Abgesehen von einigen kleinen Vogelinseln kann man diese Landflecken wahrlich nicht mehr als Naturparadiese bezeichnen. Wir empfanden sie eher als geschändete Wildnis, zurückgelassen im Chaos, zum Teil sehr interessant, aber insgesamt eher grotesk und abstoßend. Wenig versöhnlich stimmte uns auch das Wetter in diesem westlichen Teil der Aleuten-Kette. Nebel und Stürme herrschen vor – kein Grund, um an einem unserer Ankerplätze länger zu verweilen.

Aber was an Alaska hatte uns ursprünglich so unwiderstehlich angezogen? Es war die Wildnis, die Stille, die Einsamkeit, die atemberaubende Natur, die Tierwelt mit Bären, Wölfen, Lachsen, Füchsen, Vögeln! Und es waren die aufgeschlossenen, freundlichen Menschen. Kurz – es war all das, was uns auf dem weiten Weg von Dutch Harbor an der Alaska-Halbinsel entlang und im Golf von Alaska so sehr ans Herz gewachsen war.

Nun hoffen wir inständig, von Duch Harbor wieder an diese schönen Erlebnisse und Erfahrungen anknüpfen zu können. Neues Spiel, neues Glück also? Seit unserem letzten Alaska-Besuch sind sieben Jahre vergangen. Sieben Jahre sind eine Ewigkeit in Zeiten des Internets, des Klimawandels und des globalen Tourismus. Da kann sich vieles verändern, vor allem in der Einstellung der Menschen.

Es kann durchaus sein, dass die „Natives" nicht mehr so freundlich zu uns sind, weil sie die Weißen verantwortlich machen für die Umweltsünden und den daraus resultie-

DUTCH HARBOR

renden Klimawandel, der für sie besonders bitter ist. Das haben wir damals schon auf der Diomede-Insel im Beringmeer erlebt.

Wir befürchten auch, dass wegen des zunehmenden Tourismus möglicherweise Teile der großen Naturparks gesperrt sein könnten und wir die Buchten und Orte, die wir damals aufsuchten, nicht mehr anlaufen dürfen. In den vier Jahren, die wir in Alaska und Kanada segelten, waren wir nur einem halben Dutzend Yachten begegnet. Wie viele werden es diesmal sein? Bereits in Hokkaido trafen wir drei europäische Yachten, die auch Alaska zum Ziel hatten. Vielleicht hat es sich inzwischen herumgesprochen, dass Alaska ein tolles Segelrevier ist.

Waren nicht auch die Inseln an der Barfußroute – Karibik und Südsee – einmal exotische Ziele und sind heute touristisch erschlossen? Zugegeben, die wahre Wildnis lag schon immer woanders. Sie lag – zum Beispiel in Alaska. In diesem Teil der Erde sind Klima und Lebensbedingungen zwar oft lebensfeindlich, aber es gibt noch weite, kaum je von Menschen betretene Regionen: Es gibt hohe Berge, aktive Vulkane, donnernd kalbende Gletscher und eine faszinierende Tierwelt. Man kann Bären, Wölfe, Robben, Otter und Fischadler beobachten, auf Husky-Schlitten durch tief verschneite, weite Landschaften ziehen, Lachse angeln und sogar Gold finden. Außer in den wenigen Siedlungen, trifft man allenfalls vereinzelt auf Rucksacktouristen oder auf Wissenschaftler. Alaska ist so etwas wie das letzte Paradies – „the last frontier" nennen die Bewohner ihr Land.

Und heute? Gibt es sie noch, diese Wildnis wie aus Jack Londons Romanen? Oder droht ihr das gleiche Schicksal wie den anderen Exotenzielen, eine Art Uniformität? Dann wäre verloren, was den Reiz ausmacht: Einsamkeit und unverfälschte Natur.

In Dutch Harbor weicht all das Bedrückende, das wir auf den Aleuten empfanden. Hier liegen wir an unserem alten Platz im Small Boat Harbor mit Sicht auf die blauen Wellblechhallen der geschäftigen Fischverarbeitungsanlage. Ihre Kühlaggregate laufen rund um die Uhr, entsprechen laut ist es auch nachts. Dafür bekommen wir dort Internetanschluss und zu den beiden Supermärkten im Ort ist es auch nicht weit. Es mögen ein paar Yachten mehr hier liegen als früher, aber es sind doch nur wenige, kein halbes Dutzend zugleich – darunter auch die RAPSODIE und QUICKSILVER, die wir in Hakodate trafen. Sie bleiben nicht lange, die meisten werden nicht, wie wir, in Kodiak überwintern.

Überall lungern Seeadler herum, sogar auf unserem Deckshaus haben sie Posten bezogen. Sie hinterlassen dabei nicht nur unschöne Markierungen, sondern verbiegen auch die Antennen auf der Mastspitze. Die wahren geflü-

Oben: Im Hafen von Dutch Harbor

Unten: Weisskopfseeadler lieben es, Masten als Ansitz zu nutzen.

gelten Herren des Hafens sind aber die Krähen, die auf allen Booten herumstöbern und herumstolzieren, als seien sie die rechtmäßigen Eigner.

Gleich am nächsten Morgen treten unsere Mitsegler die Heimreise an. Bis die neue Crew eintrifft, bleibt uns nur eine Woche, um die nächste Etappe vorzubereiten. Neben den üblichen Reinigungs- und Wartungsarbeiten stehen dabei erst einmal die Proviant-Einkäufe an. Und weil es zwischen Dutch Harbor und Kodiak keine Möglichkeit für uns gibt, noch etwas hinzuzukaufen, muss für die dreiwöchige Reise mit acht Leuten wieder eine Menge Zeug an Bord geschleppt und verstaut werden. Aber wir hoffen, dass uns unterwegs auch mal ein fetter Lachs oder Heilbutt an die Angel geht.

Reife „Salmonberries" aus der Familie der Brombeeren locken mich auf die grünen Hänge, zumal wir hier noch keine Bärenkonkurrenz haben. Schon Cooks Mannschaft der RESOLUTION wusste die Beeren auf Unalaska als willkommene Erweiterung der Schiffskost und probates Mittel gegen Skorbut zu schätzen.

Beim Pflücken komme ich ins Gespräch mit einer jungen Familie aus dem Volk der Unangan. Sie stammen aus St. Paul, einer der Pribilof-Inseln im Beringmeer.

Ich frage, ob sie hier Verwandte besuchen.

„Nein, wir sind nur Touristen", lächelt die Frau. „Wir schauen uns ein paar Tage auf der Insel um."

„Was ist das für ein Gefühl auf den Inseln eurer Ahnen?", erkundige ich mich. Von unserem Besuch mit der FREYDIS auf den Pribilofs ist mir bekannt, dass die größte Unangan-Gemeinde Alaskas auf diesen Inseln lebt – Anfang des 19. Jahrhunderts hatten russische Robbenjäger viele Bewohner der Aleuten-Kette dorthin zwangsumgesiedelt. „Kein Problem", meint sie. „Wir lieben die Pribilofs. Wir sind zufrieden, so wie es ist. Mein Sohn geht in die Schule, und wir beide haben gute Jobs, mein Mann arbeitet im Kindergarten und ich in der Touristikbranche. Wir können verreisen, das ist doch toll." Der Mann nickt zustimmend.

Fazit: Nach so vielen Jahren fühlen sie sich nicht mehr als Vertriebene und haben keine Ressentiments, sehen sich als Touristen.

Aber als Indiz für Besucherströme taugen sie nicht. Das hält sich hier nach wie vor in Grenzen. Abgesehen von Saisonarbeitern aus sämtlicher Herren Länder, die in der Fischerei und in Fischverarbeitung jobben, entdecken wir lediglich ein paar Rucksacktouristen, die für kurze Zeit mit der Fähre oder dem Flieger aus Anchorage anreisen.

Entsprechend freundlich und aufgeschlossen werden wir allseits aufgenommen: Ob beim Hafenkapitän, der uns mit Wasser und Strom versorgt und immer da ist, wenn man ihn braucht, bei den Fischern, die uns frischen Fisch schenken und uns von ihren oft schweren Arbeitseinsätzen berichten; im Supermarkt, wo uns der deutschstämmige Manager nach Feierabend noch bei der Verproviantierung mit seinem Pick-up hilft, oder im Elektrogeschäft, wo der Chef viel Zeit opfert bei dem Versuch, über unsere europäischen UKW-Geräte amerikanische Wetterkanäle zu empfangen. Denn bei dem wechselhaften Wetter im Golf kann das Abhören der Wettervorhersagen, die in Endlosschleife gesendet und stündlich aktualisiert werden, für uns lebenswichtig sein. Kaum zu glauben, aber unter den fünf UKW-Geräten, die wir an Bord haben, befindet sich keines, auf dem die amerikanischen Wetterkanäle einprogrammiert sind. An Bord ist man nie sicher vor bösen Überraschungen. Vorsichtshalber haben wir eine Mitseglerin auf der nächsten Etappe nach Kodiak gebeten, eine vom Hersteller neu programmierte Zentraleinheit aus Deutschland mitzubringen.

Die Tage in Dutch Harbor vergehen wie im Flug. Abschied feiern wir an Bord mit dem Elektroniker vor Ort und seinen Leuten, die das Wetterkanal-Problem mit der neuen Zentraleinheit für uns in letzter Minute noch lösen, mit Pauline und Mark von der amerikanischen Yacht SARI TIMUR, die wir in Guam kennenlernten, sowie mit der nun vollzähligen neuen Crew. Sie besteht aus guten Freunden, die schon häufig und in allen Teilen der Welt mit uns gesegelt sind. Deshalb bedarf es keiner langen Einweisung. Nur einen Punkt sprechen wir stets an: die Seekrankheit. Weil aber alle dafür Anfälligen die entsprechenden Medikamente dabeihaben und sie vorbeugend oder bei den ersten Symptomen einnehmen wollen, erwarten wir auch in dieser Hinsicht keine Probleme oder Ausfälle.

Just am Tag unserer Abreise (Sonntag, 30. Juni) werden die Aleuten von einem Erdbeben der Stärke 6,9 und zahlreichen Nachbeben heimgesucht. Das Epizentrum lag in der Nähe der „Four Mountains Islands" – nur 70 Meilen entfernt von Nikolski! Dort muss es ordentlich zur Sache gegangen sein. Ob Menschen zu Schaden kamen, können wir nicht in Erfahrung bringen. In Dutch Harbor, fast 200 km davon entfernt, merkten wir nichts davon.

Akutan: Geschäftige Hightech-Maschinerie und verschlafenes Aleuten-Dorf

Unser nächstes Ziel ist die 60 Meilen entfernte Insel Akutan. Wir wählen die nördliche Route, bleiben also im Beringmeer, wo uns bis zuletzt Starkwind um die Ohren pfeift.

Und dann sind wir total überrascht: Denn was sich uns im Inneren des angesteuerten Fjords erwartet, ist alles andere als eine idyllische Eskimo-Siedlung am Ende der

Welt – hinter einer langen, hohen Kaimauer, an der wir gerade noch vor Dunkelheit festmachen, thronen riesige, hell erleuchtete Werkshallen und wahre Gebirge aus Containern.

Tatsächlich sind wir an der mit über 1000 Angestellten größten Fischverarbeitungsmaschinerie ganz Nordamerikas gelandet!

Es herrscht ein ständiges Kommen und Gehen von Schleppern, Schuten, Containerschiffen und Fischdampfern. An der Pier müssen wir die FREYDIS hin und her verholen und fühlen uns wie ein Zwerg unter Riesen. Und dann ist für die nächsten zwei Tage auch noch schwerer Sturm angesagt. Der Manager hat ein Herz und erlaubt uns, im Schutz der hohen Pier liegen zu bleiben. Weniger erfreulich ist, dass die FREYDIS während des Sturms geradezu paniert wird mit Sand und Zementstaub, den ein riesiger Kran aufwirbelt. Wie eine Monsterkrabbe packt er von früh bis spät die einzelnen Container in seine Zangen und transportiert sie von einem Ort zum anderen. Zu unserer Freude dürfen wir uns jedoch die hergestellten Produkte aus verschiedenen Fischarten, Königs- und Schneekrabben im betriebseigenen Casino schmecken lassen.

Nur ein paar hundert Meter fjordauswärts sieht die Welt ganz anders aus. Das kleine, abgeschiedene Dorf Akutan bietet das absolute Kontrastprogramm: ein verschlafenes Nest von 89 Bewohnern, alles Unangan, unter deren Vorfahren sich meist Russen und Skandinavier gemischt haben. Es hat ein orthodoxes Kirchlein, eine Schule und ein kleines Hospital, das seit vielen Jahren von einer erfahrenen Krankenschwester geleitet wird. Sie liebe ihren Beruf und die Menschen hier, sagt sie. Als problematisch empfinde sie nur den ausgeprägten Hang zum Alkohol, 80 % der

Die Kirche mit Friedhof von Akutan

Urbevölkerung sei abhängig. Die Schwester meint, das sei durchaus typisch für derartige Dörfer, in denen viele Arbeitslose leben, die sich in dem aktiven, hochtechnisierten Umfeld unsicher, unnütz und unverstanden fühlen.

Manche Einwohner lehnen deshalb Weiße ab. Sie wollen nicht, dass wir fotografieren oder mit Jugendlichen sprechen, die in der Schule gerade traditionelle Tänze einüben. Aber diese negative Einstellung tritt offensichtlich umso mehr in den Hintergrund, je weiter wir nach Osten segeln.

Akutan: Windgeschützter
Liegeplatz hinter Container-Bergen

„Warnungen“ in Alaska

Alaska-Halbinsel

King Cove: Böse Winde und nette Menschen

Wir verlassen das Beringmeer durch den nur wenige Kabellängen breiten Akun-Pass. Dazu ist genaues „timing“ erforderlich wegen starken Tidenstroms – die Fischer haben uns gewarnt: „Ihr habt nur eine halbe Stunde Zeit.“

Wir erreichen den Eingang etwas zu früh: Aus dem Pass laufen uns meterhohe Stromseen entgegen – furchterregend! Nachts oder zur falschen Zeit ein Selbstmordkommando! Zum Glück haben wir schon Tageslicht und können uns am Rande der Stromschnellen entlangmogeln. Die Luken sind geschlossen, am Übergang vom Cockpit ins Deckshaus erschweren Steckschotten den Wassereintritt ins Boot und die Mannschaft ist angeleint. Mitseglerin Lore schreibt ins Tagebuch: *In der Akun Strait tobt*

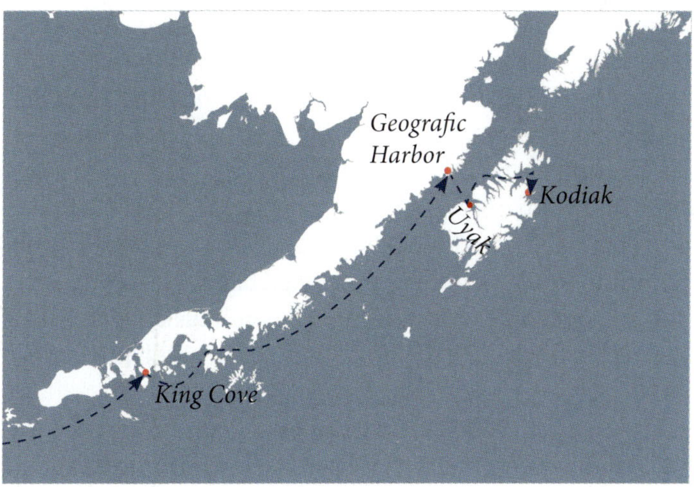

die Hölle, obwohl wir fast bei Stauwasser durchgehen. Erich steht voll konzentriert am Ruder, Heide dirigiert uns durchs Nadelöhr. Was muss hier los sein, wenn der Wind erst gegen den Strom steht!

Unter doppelt gerefftem Groß prügelt die FREYDIS anschließend durch die See an der Südküste der Krenitzin-Inseln entlang, während der Wind immer weiter zulegt. Ein Schlepperkapitän warnt uns über UKW: „Sobald ihr Tigalda passiert habt, erwarten euch 60 Knoten Wind!"

Wir binden das dritte Reff ein.

Gerade haben wir die Sturmfock geborgen, da geht es auch schon los. Mit solcher Macht stürzen sich die Winde auf uns, dass wir fürchten, das Groß könnte aus den Lieken reißen. Aber für einen Wechsel auf das Trysegel ist es zu spät. Die Maschine läuft nun mit. Hoffentlich hält sie durch! Nur mühsam machen wir noch Meilen nach Nordosten gut. Es ist eine nervtötende Bolzerei auch danach, in den stürmischen Abwinden der über 3000 Meter hohen Vulkane Shishaldin, Isanotski und Pogromi.

Ziemlich gebeutelt erreichen wir King Cove. Selbst im Schutz des Hafens bläst der Wind noch mit solcher Kraft, dass wir mehrere Anläufe zum Steg nehmen müssen. Dort kommt uns die Crew eines Schleppers zu Hilfe, und mit vereinten Kräften gelingt es, die FREYDIS festzulegen. Erleichterung bei uns allen. Für die Crew sind es Bewährungsproben, Erfahrungen, die zusammenschweißen! Nach den wenigen Tagen sind die Abläufe an Bord eingespielt, jeder hat seine Rolle gefunden. Ein ausgiebiges Frühstück sorgt für Entspannung, und ein paar ungestörte Stunden Schlaf liefern auch wieder Lust und Kraft auf neue Abenteuer.

King Cove ist die letzte Ortschaft ganz am Ende der Alaska-Halbinsel. Wir kennen sie bereits. Hier hat die damalige

Schietwetter

Freydis ihren zweiten Winter hoch und trocken an Land verbracht. Zunächst suchen wir unsere alten Freunde auf, das Eskimo-Ehepaar Buddy und Roxy. Zu unserer Freude finden wir sie gesund und munter. Buddy hat gerade seinen 90. gefeiert.

„Was gibt's Neues in King Cove?", wollen wir wissen.

„Der Lachs ist zurück! Habt ihr den Creek [Bach] am Ortsende noch nicht gesehen?"

Und schon sind wir in seinem Wagen unterwegs dorthin: ein ganzer Gebirgsbach voller zappelnder und springender Buckellachse, die nach oben zu ihren Laichplätzen streben. Nach wie vor ein großartiges Schauspiel.

Am nächsten Morgen taucht am Boot Margie Gould auf, eine freundliche Aleutin um die sechzig. Mit den bunten Perlenketten um den Hals, ihrer Schirmmütze, dem Sweatshirt, das sie an den tätowierten Armen hochgekrempelt hat, den Jeans und den hohen Stiefeln macht sie einen kontaktfreudigen und selbstsicheren Eindruck; sie scheint uns alles andere als eine typische Unangan zu sein. Ihre Scheu habe sie schon lange abgelegt, sagt sie. Sie freue sich über Besucher und wolle deren Geschichten hören. Im Gegenzug überlässt sie uns ihren Pick-up und lädt uns zum Mittagessen ein. Solch eine bedingunslose Gastlichkeit ist immer wieder umwerfend.

Die Warnschilder vor Bären sind nicht zu übersehen. Unsere Mitsegler haben sich im örtlichen Supermarkt deshalb mit Pfefferspraydosen eingedeckt und Horst hat aus Deutschland ein ganzes Orchester von Radaumachern mitgebracht: Glöckchen, Rasseln, Pfeifen und Knarren. Wir sind also gewappnet.

Bären lassen sich nicht blicken, die einzige Überraschung ist die Straße selbst, die nach etwa zehn Kilometern

Oben: Lachse im Fluss in Formation

Unten: Im Wohnzimmer von Margie Gould

durch die Wildnis urplötzlich im Nirgendwo endet: Sie sollte eine Verbindung zum Flugplatz von Cold Bay sein, einer kleinen Siedlung auf der anderen Seite des gleichnamigen Fjords, auf dem kleinere Passagiermaschinen von Anchorage nach Dutch Harbor zwischenlanden. Wie wir später hören, scheiterte der Weiterbau am Einspruch von Naturschützern.

Wir holen Margie vom Babysitting bei ihrer Tochter ab und fahren gemeinsam zu ihrem Haus am anderen Ende des Sees mitten im Gebüsch.

„So abseits vom Dorf – lockt das nicht die Bären an?“, fragt Hilke.

„Sometimes, yes“, nickt Daniel, Margies Mann. „Bevor unsere Enkel zu Besuch kommen, machen wir ein kleines Feuerwerk, um die Bären und Wölfe zu vertreiben.“ Am Eingang des Hauses hängt ein Wolfsfell. „Den habe ich im letzten Winter geschossen. Aber Wölfe kommen nur selten hierher. Ihr müsst also keine Angst haben.“

Weil die Sonne scheint, wird im Freien gegessen. Es gibt Lachs aus dem eigenen Räucherhaus, selbst gebackenes Brot und heißen Tee. Zum Nachtisch pflücken wir Salmonberries. Warum sie so anders ist als viele Frauen ihres Volksstammes, erklärt Margie damit, dass sie eine Geschäftsfrau mit eigenem Einkommen sei. Eine Verwandte in Anchorage wollte dort in der Gemeinde Räucherfisch anbieten. Sie habe ihr eine Kiste voll mit dem selbst geräuchertem Lachs geschickt. Er sei im Nu verkauft worden und sie musste Nachschub liefern. Und nun sei sie gut im Geschäft: „Ein tolles Gefühl für mich.“

Bei der Rückkehr zur Freydis liegt ein frischer Lachs im Cockpit. Wie sich später herausstellt, eine Spende des deutschstämmigen Bürgermeisters des Orts, Henry Mack.

Er zeigt uns das Dorf, die Ausstellung der traditionellen Handarbeiten im Community Center und die russisch-orthodoxe Kirche. Als wir das letzte Mal hier waren, machte sie einen etwas heruntergekommenen Eindruck. Nun ist sie frisch gestrichen und sieht recht schmuck aus. Der Priester Andrés Trepper lädt uns zu einem Rundgang ein. Er ist erst seit zwei Jahren im Amt. Davor sei die Pfarrstelle verwaist gewesen und das Gemeindeleben entsprechend vernachlässigt.

„Für mich ist es eine große Herausforderung, die Gemeinde zu betreuen und die Kirche zu restaurieren", sagt er. „Zwar ist sie frisch gestrichen, aber es muss viel mehr geschehen. Ein neuer Glockenturm muss her, das ganze Gebäude muss erdbebensicher fundiert, vor allem aber müssen die Wände isoliert werden, damit die kostbaren Ikonen nicht weiterhin der Feuchtigkeit ausgesetzt sind."

Im Inneren entpuppt sich die Kirche als eine Schatztruhe antiker sakraler Malerei. Die Wände sind geradezu tapeziert mit Ikonen und düsteren Gemälden biblischer Szenen.

Andrés nimmt ein kleines Bild von der Wand: „Sehen Sie sich das an: es ist mit Eigelb auf Holz gemalt. Damals gab es noch keine Ölfarben. Ein Jammer, wenn es für immer verloren wäre. Oder diese geschnitzten und vergoldeten Kerzenständer …"

Er kennt die Geschichte und Odyssee jeder einzelnen Preziose im Raum. Als zum Beispiel das alte Aleuten-Dorf Belkofski 1980 aufgegeben worden sei, habe man unter anderem auch die bemalten Altarwände und -türen der dortigen Kirche, die erheblich größer war, hierher gebracht und mehr schlecht als recht angepasst. Der engagierte Priester zeigt auf die unvollkommenen Teile und ein tiefer Seufzer verrät seine Trauer darüber.

Der Priester Andres Treppers zeigt uns die Kirchenschätze.

In den zwei Tagen in King Cove erfahren wir unglaublich viel Herzlichkeit. Zu gern würden wir noch bleiben, aber wir müssen weiter. Günstige Winde schieben uns rasch in die Vulcano Bay am Fuß des Vulkans Pavlof. Hier lagen wir schon mehrmals vor Anker. Alles ist unverändert, als sei die Zeit stehengeblieben. Und hier passiert es – der Moment, auf den wir gewartet haben: Bären in freier Wildbahn. Horst erspäht sie zuerst: eine Grizzly-Mama mit drei Jungen! Dann kommen noch mehr an die fischreichen Bäche, die hier münden – wir beobachten und staunen stundenlang.

Wo sind die Bären geblieben?

Die Südwestbrise hat sich stabilisiert. Für die kommenden Tage ist schönstes Wetter angesagt. Also nutzen wir die Gunst der Stunde, Wetterglück ist hier meist von kurzer Dauer. 400 Seemeilen sind es bis Geographic Harbor.

Die Freydis läuft wie geschmiert, unter Groß und ausgebaumter Genua rauschen wir mit acht bis neun Knoten durchs Wasser. Selten hatten wir an dieser Küste so gute Bedingungen! Da muss sogar die Chignik-Lagune, eine Hochburg des Lachsfangs, links liegen bleiben, viel zu kostbar ist der herrliche Segelwind.

Beim Anblick der Küste und der hohen Bergketten dahinter bekommt man eine Ahnung von der gewaltigen Größe dieses 49. Bundesstaates, der etwa 20 % der Fläche der Vereinigten Staaten einnimmt und fünfmal so groß ist wie Deutschland. „The great land“ bedeutet Alaska in der Sprache der Unangan.

Nach zwei Tagen und zwei Nächten stehen wir am Eingang von Geographic Harbor und ankern dort in einer kleinen, geschützten Bucht, sehr gespannt darauf, was uns diesmal im Inneren des Fjords erwartet. Es ist warm, zum ersten Mal seit Japan tragen wir keine Thermowäsche mehr, nur Jeans und Shirts mit kurzen Ärmeln.

Geographic Harbor: Im wilden Bärenland

Mit auflaufendem Wasser geht es am nächsten Morgen mit der FREYDIS tief in den Fjord hinein, wo sich vor uns ein immer neues, unübersichtliches Gewirr aus Büschen, felsigen Ufern und verzweigten Wasseradern auftut. Auch diesmal fühlen wir uns wie Eindringlinge in eine unberührte, fremde Welt. Nicht anders muss es den ersten Weißen ergangen sein, die „Geographic Harbor" entdeckten – es war eine Gruppe amerikanischer Wissenschaftler, die im Auftrag von *National Geographic* nach dem Jahrhundertausbruch des Novarupta 1912 in dieses fantastische Fjordgebiet eindrangen.

Wir steuern unsere kleine, hinter einem hohen Felsen verborgene Lieblingsbucht an. Sie ist so flach, dass wir nur bei Hochwasser mit hochgekurbelten Kiel einlaufen können. Bei Niedrigwasser hatten wir dort stets Bären gesehen – dicht ans Boot kamen sie und gruben Muscheln aus, die sie geschickt mit den krallenbesetzten Pranken öffneten, um sie dann auszuschlürfen. Aber heute tut sich nichts. Merkwürdig.

Am frühen Nachmittag ist das Wasser abgelaufen, die FREYDIS sitzt auf dem Sand und kein Bär lässt sich blicken. Ganz sicher sind sie im Endteil des Fjords beim Lachsfang am Fluss. Was nun? Ulrichs Vorschlag, Horst mit Honig einzureiben und an Land zu schicken, um sie anzulocken, wird lauthals begrüßt – Horst heißt an Bord seitdem „Honigbär". Doch der Skipper hat eine Alternative zum Bärenprogramm: Das Unterwasserschiff schrubben! Lore schreibt ins Notizbuch: *Die vier Frauen schnappen sich Eimer und Bürsten und widmen sich mit Inbrunst der Arbeit. Man kann eben nicht aus seiner Haut! Und die Männer? Lachen und fotografieren!*

Doch die Männer lachen nicht lange: Das letzte Hochwasser hat das Boot zu hoch auf den Strand gesetzt. Nun müssen sie den Heckanker an der schweren Kette ausbringen, damit es beim nächtlichen Aufschwimmen in tieferes Wasser gezogen werden kann.

Sobald die FREYDIS am nächsten Morgen aufschwimmt, verholen wir sie auf die Sandbank vor der Mündung des Flusses im Endteil des Fjords. Ulrich wagt sich hinein ins 15 Grad kalte Wasser und schwimmt eine Runde ums Boot. Es gibt auch noch andere, die sich ins Wasser trauen: Denn was uns da, nicht lange danach, entgegenschwimmt, ist kein Baumstamm, sondern ein ausgewachsener Grizzly! Schwimmend überquert er die ganze Bucht, also mindestens einen Kilometer. Kaum an Land, spurtet er noch im Dauerlauf den Strand entlang. Pure Lebenslust?

Wir wollen gerade zu unserem ersten Landgang aufbrechen, als plötzlich zwei junge Frauen zu Besuch kommen, Naturschützerinnen im Katmai-Nationalpark und auf einem ihrer üblichen Rundgänge durch die Bucht.

Sie verraten uns, wo wir die Bären am besten beobachten können – und wie. Keinesfalls verstecken, sagen sie. Im Gegenteil, die Tiere sollen uns schon von weitem erkennen können. Deshalb sei eine kleine, etwas höher gelegene Insel mitten im Fluss der ideale Ort für unser Vorhaben. Das Risiko, von den Tieren angegriffen zu werden, sei zurzeit gering: Mit Ausnahme weiblicher Exemplare mit ihren Jungen sind Bären zwar Einzelgänger, aber während der Zeit der Lachswanderung dulden sie ihre Artgenossen, weil sie

Freydis auf dem Trockenen

Kein Teddy-Bär

nicht durch Streitigkeiten oder Kämpfe vom Fressen abgehalten werden wollen. Sie sind dann weniger aggressiv.

Zwei Mal am Tag läuft das Wasser ab und das Boot liegt hoch und trocken auf dem Schwemmsand. Dann sammeln sich nicht nur die Bären an der Flussmündung, wo die Lachse springen. Auch wir können trockenen Fußes dorthin. Das Paradies müssen wir uns allerdings teilen mit kleinen Touristengruppen, die von den Wasserflugzeugen aus Kodiak für ein kurzes Bär-Gucken herübergeflogen werden – zum stolzen Preis von 500 Dollar pro Person. Aber das Areal ist so groß, dass wir uns nicht ins Gehege kommen.

Auf zum Landgang mit Pfefferspray und allerlei Radau-Gerät – ich mit der Nebeltröte um den Hals – durch Schlamm und Sand, Pfützen und Priele hinter unserem Skipper her – und immer mit aufmerksamen Blicken zu den von allen Seiten ebenfalls zur Mündungsstelle antrottenden Bären. Auf dem empfohlenen Sandinselchen zwischen den Lachsbächen beziehen wir Posten, als könnte uns hier kein Bär der Welt etwas anhaben, als befänden wir uns im Bärenland in einem Reservat für Menschen. Aber ob das auch die planschenden, durchs Wasser preschenden Allesfresser so sehen? Einige sind kaum zehn Meter entfernt! Aber sie haben anderes im Kopf als Zweibeiner aus Deutschland – sie sind völlig fixiert auf den Lachs. Nach und nach treten immer mehr von ihnen aus dem hohen Gras am Ufer, in dem sie nachts ruhen. An den Schlafstellen ist das Gras niedergewalzt, auch auf unserem Inselchen gibt es solche Stellen. Andrea auf Zehenspitzen: „Liegt da etwa noch einer drin?" Aber nein, sie sind alle schon bei der Arbeit. Im Gegensatz zu vielen anderen Raubtieren sind sie tagaktiv. Nur deshalb können wir sie so gut beobachten.

Zeitweise bewegen sich 12 bis 15 Grizzlys um uns herum, die aber beachten uns nicht, als seien wir für sie unsichtbar. Etwas mulmig ist uns schon beim Anblick der schweren Jungs – sie können über drei Meter hoch und bis 700 kg schwer werden. Und immer noch: Es sind wilde Tiere. Mehrmals taste ich nach der Nebeltröte, wenn plötzlich wieder einer auf uns losstürmt. Doch nein, nicht *wir* sind gemeint! Verbissen jagen sie dem Fisch hinterher. Die meisten Bären sind geschickt und haben Erfolg beim Fischen. Aber wir sehen auch einige, die sich abmühen und kaum etwas fangen. Wie sollen diese armen Teufel durch den Winter kommen? Einer von ihnen hat tiefe Wunden am Kopf und an der Schulter, ein zweiter kann sich nur hinkend fortbewegen. Unsere Befürchtung, sie könnten ihren Frust an uns auslassen, bestätigt sich nicht: Auch sie scheinen nur den Fisch im Kopf zu haben.

Nur zwei Mal werden wir Zeugen brutaler Gewalt: Einmal prügeln und beißen sich zwei Kontrahenten und gehen dann wieder ihrer Wege; das andere Mal versucht einer den anderen im Fluss zu ertränken, was aber keinem gelingt. Einen Sieg erringt nur eine Bärenmutter von drei Jungen, die sich zähnebleckend und mit lautem Gebrüll auf einen Verfolger stürzt und ihn rückwärts ins Flussbett und schließlich in die Flucht treibt. Danach holt die wehrhafte Mama ihre drei Sprösslinge, die sie auch während der „Friedenszeit“ vor den Machos schützen muss und die sie in sicherem Abstand am Strand zurückgelassen hat, wieder ab. Es wird ein wenig geschmust und dann geht's … na, wohin? Endlich zum Lachsefangen! Bevor der Winter kommt, müssen die Kleinen noch eine gehörige Portion Fett ansetzen.

Zu unserer Überraschung sehen wir eines Morgens von Bord aus einen Wolf am Strand zum Lachsfluss laufen.

Wir fragen uns, ob auch er auf die Lachse aus ist und wie sich wohl die Bären ihm gegenüber verhalten. Gespannt beobachten wir, was passiert. Doch der Wolf hat anderes im Sinn. Er nähert sich der gerade in Stellung gegangenen Touristengruppe, schnappt sich einen roten Rucksack und trägt ihn im Maul davon. Doch die Gruppe hat den Dieb bemerkt. Ihr Guide greift sich am Ufer einen Stock und läuft dem Wolf hinterher. Der lässt den Rucksack fallen, startet aber eine Scheinattacke auf den Guide, als er den Rucksack aufnehmen will. Als dieser ihn mit dem Stock droht, zerrt der Wolf blitzschnell eine Kamera aus dem Rucksack, der noch immer auf dem Boden liegt, läuft damit außer Reichweite und beißt darauf herum, lässt sie dann aber liegen. Der Guide holt die Kamera und der Wolf haut ab. Bei uns bleiben Rotkäppchen-Gefühle.

Später, als die Gruppe vom Fluss zurückkommt, bestätigt uns der Guide, dass es tatsächlich ein Wolf war und nicht etwa ein wolfsähnlicher Hund. Die Kamera sei leider hin. Der Wolf käme sicher wieder, meint er, und er sei schlauer und gefährlicher als die Bären. Wir sollten uns in Acht nehmen.

Wir fotografieren zwei Tage lang um die Wette, aber aus dem tollsten Foto wird nichts. Das Objekt steht plötzlich direkt vor der Kameralinse des versteinerten Skippers. Der war vom Bären im Rausch der Nahrungssuche wohl nicht wahrgenommen worden. Er scheint verdutzt und unschlüssig. Ich bin dicht hinter Erich und habe nach einigen bangen Augenblicken das Gefühl, dem zögerlichen Bären zu einer – hoffentlich richtigen – Entscheidung verhelfen zu müssen. Deshalb blase ich kurz und nicht zu laut in die Tröte, worauf er tatsächlich abdreht. Erleichtert atmen wir auf. Plötzlich ist uns das Risiko, das wir hier eingehen, sehr bewusst.

Fotosafari in Alaska: nicht immer ungefährlich!

Es wird kühler, ich fröstle. Die Sonne versinkt langsam hinter den Bergspitzen. Auf meinem Weg zurück zum Boot genieße ich die abendliche Ruhe in der Bucht. Nur die klagenden Schreie der Möwen und das leise Knistern des auflaufenden Wassers sind zu hören. Auch einige Bären in Sichtweite streben zu ihren Ruhestätten. Am Himmel kreist ein Adlerpaar. Ich fühle mich zurückversetzt in eine von Menschen noch unberührte Welt, in der auch fremdes Leben seinen Wert hat.

Es gibt sie also noch, die Wildnis, die Jack London in seinen Romanen beschrieb. Wir dürfen sie noch erleben, und doch ist sie schon angezählt.

Kodiak: Amerikanische Freunde und russische Eremiten

Nur 40 Seemeilen entfernt liegt die Uyak Bay, wo wir Freunde haben, die zwar in Kodiak zu Hause sind, während der dreimonatigen Lachssaison aber als einzige Bewohner dort auf der kleinen Insel Harvester leben. Vor sieben Jahren haben wir die Familie Fields das letzte Mal gesehen.

Auch hier: Alles dreht sich um den Fisch. Duncan, der Hausherr, und Tochter Naphtalie überreichen uns zur Begrüßung zwei gerade aus den Stellnetzen geholte Rotlachse. Es war ihre letzte Fahrt für den Tag und sie lassen sich deshalb auch nicht lange bitten und steigen zu einem kleinen Imbiss und zu einem Schwätzchen an Bord.

Tags darauf sind wir zu Gast bei unseren Freuden im weiß geplankten Farmhaus, das die Familie vor mehr als zwei Jahrzehnten gebaut hat. Duncan und seine Frau Leslie hatten die Insel damals als ihren Sommer- und Fischereisitz gewählt, um zusammen mit Duncans Brüdern und deren Frauen – sie leben auf dem benachbarten Bear Island – ein kommerzielles Lachsfischereiunternehmen zu betreiben.

Duncan ist Rechtanwalt und muss deshalb während der Zeit, die er hier verbringt, gelegentlich nach Kodiak reisen. Seine Frau Leslie bereitet gerade den „Workshop für kreatives Schreiben" vor, den sie hier ins Leben gerufen hat und der bald wieder stattfinden wird. Denn Leslie weiß: Diese wilde, entlegene Insel ist äußerst anregend und erleichtert das Schreiben. Die meisten ihrer Bücher – mehrere Romane und autobiografische Bücher – hat sie hier auf der Insel verfasst. Volontärin Susan aus Texas hat deshalb das Kochen übernommen – zur Auswahl stehen mehrere texanische Spezialitäten. Es riecht so verführerisch wie es anschließend schmeckt. Unseren Verdauungsschlaf halten wir auf einer Wiese voller Wildblumen in der Nähe des Hauses.

Die anschließende Wanderung auf der Insel führt durch dichte grüne Wildnis. Wege gibt es nicht. Es geht den Berg hinauf, Schweiß fließt in Strömen, aber es lohnt sich. Der

Familie Fields fährt zum Lachsfischen.

Blick hinunter auf Wasserwege, Buchten, Fjorde, Inseln ist grandios – *die ganze wunderbare Welt zu unseren Füßen.*

Am Ufer der kleinen Nachbarinsel, Bear Island, begrüßen uns zahme Rehe und ein neugieriger kleiner Fuchs. Und bald danach sitzen wir mit Duncans Bruder Weston gemütlich im Wohnzimmer seines neuen, noch im Bau befindlichen Farmhauses am Hang. Und weil er Experte ist für uralte biblische Schriften, erfahren wir dabei das Neueste aus seinem Spezialgebiet – den Papyrusrollen aus den Höhlen am Toten Meer. Ihre Entzifferung liefere weitere interessante Erkenntnisse, sei aber auch den Grund für jede Menge Ärger, unter anderem deshalb, weil ihre muslimischen Besitzer sie nicht als kulturelles Erbe wertschätzten, sondern in kleine Stücke zerteilten und an meistbietende Interessenten verkaufen. Das alles beschäftigt Weston sehr und er ist deshalb viel in der Welt unterwegs. Doch das alles sei hier weit weg. Hier sorge man sich um die Fische und Netze und auch er sei gefordert: „Vor kurzem hat sich ein Finnwal mit seinem Schwanz in einem unserer Stellnetze verfangen. Gott weiß, wie der das angestellt hat, aber er kam nicht mehr frei. Wir mussten ihn herausschneiden …"

„Verfangen sich auch Seelöwen darin?", frage ich Naphtali, als sie uns mit dem Skiff wieder abholt. Sie zieht eine Grimasse: „Die Steller'schen Seelöwen klauen unsere Lachse aus den Netzen und fressen sie nicht einmal", entrüstet sie sich. „Sie werfen sie vor unseren Augen in die Luft und lachen über uns. Ich hasse sie!"

„Und die Otter?"

„Die sind genügsam, knabbern ein bisschen am Schwanz oder beißen ein Stückchen aus dem Kopf. Das legen sie dann auf ihren Bauch und paddeln schmatzend davon. Sie machen keinen großen Schaden. Das ist ok."

„Ich habe die Banya für euch angeheizt“, begrüßt uns Duncan am Abend auf Harvester und deutet auf das separate Badehäuschen mit der holzbeheizten russischen Sauna. Da lässt sich keiner lange bitten.

Und dann ist es auch schon wieder Zeit zum Abschiednehmen – für Erich und mich allerdings nur bis zum nächsten Jahr.

Auf dem Weg nach Kodiak City lassen wir uns dicht an der kleinen Felsinsel vor Kap Ugat vorbeitreiben. Sie scheint sich zu bewegen, so viel Leben ist darauf: Steller'sche Seelöwen, benannt nach dem bereits erwähnten deutschen Arzt und Naturforscher Georg Wilhelm Steller. Auch im Wasser davor drängen, brüllen, prusten und rülpsen die Tiere um die Wette.

Nicht weit davon entfernt liegt ein ganzes Geschwader von Fischerbooten. Sie haben es auf die Lachse abgesehen, die auf ihrem Weg in die Flüsse am Kap vorbeiziehen. Im Zickzack-Kurs manövrieren wir zwischen ihren ausgelegten Netzen hindurch. Vor dem Einholen werden sie von kleinen, stark motorisierten Beibooten zu gewaltigen Beuteln zusammengezogen, sodass kein Fisch entkommt – zum Nachteil der Seelöwen. Alaska wird vom Fischfang dominiert, und die Fischer sehen in den Seelöwen Konkurrenten und Netz-Zerstörer. „Zuweilen schießen wir auf sie“, gestand uns ein Kapitän in Akutan.

Und dann geht es durch die „Whale Passage“, einem schmalen Meeresarm an der Insel Kodiak – ein Nadelöhr. Größeren Schiffen bleibt nur der Weg um die Nord- oder Südspitze dieser immerhin zweitgrößten Insel Amerikas.

Zum Zwischenstopp für die Nacht laufen wir Port Lions an. Die kleine Siedlung wurde angelegt, nachdem 1964 ein Tsunami das Dorf auf der Nachbarinsel zerstört hatte. Der

Hafenmeister erkennt uns prompt wieder, und das nach sieben Jahren! „Yachten kommen so gut wie nie hierher", erklärt er und knöpft uns ein saftiges Liegegeld ab. Schließlich muss doch jemand seine Dienste bezahlen.

Ein spontaner Entschluss am Morgen ist der Besuch des Dorfes Ouzinkie auf Spruce Island, das nur per Boot oder Flugzeug zu erreichen ist. Schon mehrmals sind wir mit anderen Zielen an seinem hübschen Kirchlein vorbeigesegelt. Diesmal wollen wir das dazugehörige Dorf endlich kennenlernen. Im kleinen Hafen liegen einige Fischerboote in tiefster Ruhe, als seien sie schon lange nicht mehr in Gebrauch.

Mit einem Dorfbewohner, der am Hafen herumhängt und die FREYDIS in Augenschein nimmt, kommen wir ins Gespräch. Er berichtet von früheren Zeiten, als er noch in Kind war und auf den Ufersteinen des Hafens herumturnte. Damals habe es dort nur so gewimmelt von Königskrab-

ben. Heute sähe man keine einzige mehr. Irgendwie sei alles aus der Balance geraten, die Natur und die Menschen. Er stamme aus einer russischen Familie der ersten Einwanderungswelle. Die russischen Männer hätten oft Unangan-Frauen geheiratet und viele seien später, als Russland das Land 1867 an die USA verkaufte, mit ihren Familien in Alaska geblieben. Die meisten der 200 Bewohner, die heute hier lebten, hätten deshalb nicht nur „alutiiq" – indigener Stamm auf Kodiak –, sondern auch russische Vorfahren.

Wir gehen auf Spurensuche in dem Ort, der vor über 150 Jahren für die Angestellten der Russisch-Amerikanischen Kompanie gegründet wurde. Doch wie in vielen Gemeinden Alaskas finden wir auch hier keinen echten Ortskern, das Herz scheint allein das Kirchlein, die Häuser liegen weit verstreut im kalten Regenwald. Wir überlegen, ob das schon Zivilisation oder noch Halbwildnis ist. Schwer zu sagen, jedenfalls kein Ort, an dem wir länger verweilen möchten.

Wir setzen die Segel, uns lockt der Süden von Spruce Island, ein seit Jahrhunderten von Eremiten besiedeltes Gebiet. Die Frage ist nur, ob wir dort auch anlanden können. Dem Wetter ist nicht zu trauen: Zwar ist die Kaltfront durchgezogen und die Sonne scheint, aber nun bläst ein steifer Südwestwind.

In der Monks Lagoon arbeiten wir uns erst einmal durch einen dichten Kelpteppich in Ufernähe. Dass wir dabei das älteste Schiffswrack überqueren, das je in Alaska gefunden wurde, und dass es sich dabei um die Reste der 1851 in Lübeck gebauten 132-Fuß-Bark KADIAK handelt, erfahren wir erst in Kodiak. Sie sank 1860 direkt vor der kleinen Uferkapelle „Meeting of the Lord".

Wir ankern auf vier Metern Wassertiefe in Sichtweite der Kapelle. An Land dehnt sich ein endloser Märchenwald, darin immer wieder solche Kapellen, heilige Orte und Behausungen der Eremiten. Welche Wonne, auf den weichen Pfaden zu wandern durch dieses umfassende Smaragdgrün aus uralten moos- und flechtenbewachsenen Sitka-Fichten. Es ist ein alter Weg der Pilger. Tatsächlich mutet die feierliche Stille nach dem Rauschen der Wellen andächtig an, eine Oase der Ruhe und der Besinnung.

Am Weg liegen kleine, Ballonkuppeln tragende, religiöse Bauwerke, von den Eremiten geschaffen oder später zu ihren Ehren errichtet. Mit ihren wertvollen Decken- und Wandgemälden, Dioramen und Ikonen sind sie wahre Schätze alter Kunst. Mönche des nahen Klosters halten Gebäude und Kunstwerke liebevoll in Stand. Und das beeindruckt uns ebenso wie die Kunstschätze selbst: dass es noch Menschen gibt, die derart langwierige, diffizile Arbeiten für Gotteslohn ausführen. Aber vielleicht ist das gerade an einem so entlegenen und einsamen Ort möglich wie auf dieser Insel, auf der Zeit noch keine Handelsware ist.

Gar nicht so leicht, sich vom Bann dieser heilen und heiligen Welt zu lösen und in den Bordalltag zurückzukehren. Das empfinden unsere Freunde ganz ähnlich wie wir. Zumal es diese Erlebnisse sind, die nachdenklich machen. Denn sie stellen das Leben, wie wir es führen, in Frage und hinterlassen Spuren. Auf unseren Reisen gibt es solche Momente nicht oft, aber doch ab und an, und wir behalten sie als etwas ganz Besonderes in Erinnerung.

Kodiak City: Die Freydis hoch und trocken

Nach dem Frühstück laufen wir bei viel Sonne und wenig Wind nach Kodiak City. Wir sind angekommen! Im Büro des Small Boat Harbor erkennt uns nach acht Jahren nicht nur der Computer wieder, in dem „Freydis“ noch gespei-

Aufslippen der Freydis in Kodiak City

chert ist, auch die Bürodamen begrüßen uns wie alte Bekannte. Es ist, als wären wir gar nicht weg gewesen.

Im „Kodiak Inn" nehmen wir Abschied von unseren Mitseglern, mit denen wir in den letzten drei Wochen so viele Abenteuer und Erlebnisse geteilt haben. Für uns bedeutet das Etappenende aber auch, dass wir nun, nach fünf Monaten, das erste Mal wieder allein an Bord sind, und das ist auch schön! Einsam wird es nicht, denn wir finden schnell neue Freunde: Da kommt ein wildfremder Tom aus Juneau ans Boot, der uns mal eben sein Ferienhaus und seinen Pick-up für die restlichen zehn Tage zur Verfügung stellt und uns obendrein beim Aufslippen hilft; da lernen wir die deutsche Meeresbiologin Switgard kennen, „Assistent Professor" in „Marine Biology". Von ihr hören wir auch, wie sehr der Klimawandel die Menschen hier als unmittelbar Betroffene beschäftigt. Und weil wir aus den Erfahrungen unserer Reisen mit der FREYDIS in den letzten Jahren viele Beispiele zur Klimaveränderung anführen können, schreibt Switgard einen Artikel darüber in den *Kodiak News*. Und der bringt uns wiederum viele interessierte Leser ans Boot.

Ein paar Tage turnen wir noch auf „Fuller's Shipyard" in luftiger Höhe herum und bereiten die FREYDIS auf einen harten Winter vor. Das letzte Mal verbrachte sie ihn in Nagasaki, wo wir sie durch mehr als 30 Festmacher-Leinen und -Ketten vor den Taifunen schützten. Nun sind es die tiefen Temperaturen, vor allem aber die Stürme aus dem Nordpolarmeer, die uns Sorgen bereiten.

Und mit den Stürmen geht's schon los: Kaum ist die FREYDIS an Land gesetzt, fängt es an zu blasen – tagelang ohne Unterbrechung. In der ersten Nacht sind, laut Vorhersage, 40 Knoten Wind mit Böen von 50 Knoten zu erwarten. Tatsächlich werden es 65 Knoten, was uns zusätzlich schwarzen Asche-Regen beschert. Zwar liegt die Novarupta-Eruption bereits über 100 Jahre zurück, doch sobald es aus Nordwest bläst, wird die Asche vom „Valley of 10 000 Smokes“ über die Schelichow-Straße hinweg zur Insel Kodiak geblasen. Und natürlich bekommt auch die FREYDIS ihren Teil davon ab.

Es ist der vierte Herbst, den wir in Alaska erleben, und immer wieder machen wir die gleiche Erfahrung: Ende August wird es ungemütlich, dann lässt die Kraft der Sonne nach, das stabile Hoch über dem Beringmeer bricht zusammen und die Tiefs rücken näher.

Aber der nächste Sommer kommt bestimmt. Und dann wollen wir noch einmal zu unseren Bärenbuchten, Lachsflüssen, Gletscherfjorden und rauchenden Vulkanen. Und sollte die Segelsaison unter einem guten Stern stehen, nehmen wir uns vielleicht noch das Beringmeer vor, das wir schon 2007 auf unserer Reise nach Kotzebue überquert haben, und dann die Nordwestpassage.

Aufgewühltes Meer
vor St. George

Teil III – Von Kodiak zur Beringsee

Sinneswandel

Hunderte Male sind wir in den letzten Jahrzehnten gefragt worden, ob wir nicht durch die Nordwestpassage segeln wollen. Stets haben wir abgewehrt mit dem Argument: Segeln durch Packeis ist ein Vabanque-Spiel und zu riskant für uns. Plötzlich und unvorhersehbar kann die Yacht eingeschlossen werden. Dann gibt es kein Entrinnen mehr. Sobald der Wind das Eis einmal zusammenschiebt, wird das Boot unweigerlich zerdrückt, egal, aus welchem Material und wie stabil es gebaut ist.

An Eis-Erfahrung mangelt es uns wahrlich nicht, seit wir 1981/82 unsere erste Reise in die Antarktis unternommen haben. An der Antarktischen Halbinsel hatten wir auf dem Weg von Deception Island zur amerikanischen Forschungsstation auf Anvers Island mit gewaltigen Eismassen im Neumayer-Kanal zu kämpfen; ins Eis gerieten wir auch 1986 an der grönländischen West-, Süd- und vor allem Ostküste und nördlich von Spitzbergen an der Packeisgrenze (79° 50' N). Auch 1987 bei der Umrundung von Spitzbergen bekamen wir es in der Hinlopen-Straße und im Norden von Nordostland mit viel Packeis zu tun.

Lebensbedrohliche Situationen im Eis erlebten wir bei unserer Strandung im Kratersee der Antarktis-Insel Deception, als die FREYDIS im Orkan durch die fliegende Gischt vereiste, strandete, leckschlug, volllief und während unserer Überwinterung von vier Meter dickem Eis eingemauert wurde. Unseren letzten kritischen Eiskontakt hatten wir 1996 im Rossmeer während unserer siebenjährigen Antarktis-Umsegelung, als wir trotz aller Vorsichtsmaßnahmen in einem 90 Seemeilen breiten Packeisgürtel eingeschlossen wurden.

Manchmal hatte ich große Angst und mir geschworen, mich nie wieder solchen Gefahren auszusetzen. Aus all diesen Situationen sind wir zwar wieder herausgekommen, zuweilen mit einem blauen Auge, wie etwa nach der Strandung auf Deception. Damals war die Außenhaut zwischen den Spanten durch die Eispressung eingedrückt worden. Makel, mit denen die FREYDIS fortan leben musste, denn die Schäden waren irreparabel. Doch Ruder, Welle und Schraube waren heil geblieben. Wir hatten Glück im Unglück gehabt, konnten die mit Seewasser und Eis vollgelaufene FREYDIS lenzen, notdürftig reparieren und nach einem langen Winter im Eis auf eigenem Kiel zurück nach Südamerika segeln, um von dort die Reise um die Antarktis fortzusetzen.

Sich auf sein Glück zu verlassen klappt nicht immer. Da muss man gar nicht bei John Franklin und den vielen Tragödien beginnen, die sich im Laufe von 300 Jahren in der Nordwestpassage abgespielt haben. Ich denke nur daran, was Seglern widerfahren ist, die wir kennen oder kannten, und will nur einige wenige Beispiele nennen:

1977 verlor der eiserfahrene Norweger Carl Emil Petersen mit Familie seinen Colin Archer RUNDÖ beim Verlassen des Scoresby-Sundes am 5. September 1977 durch Eispressung bei Sturm. Erst in letzter Minute konnten sie von einem Hubschrauber abgeborgen werden. Ähnlich erging es 1987 unserem TO-Kameraden Günter Gassner und seiner zweiköpfigen Crew. Sie segelten ein Jahr nach

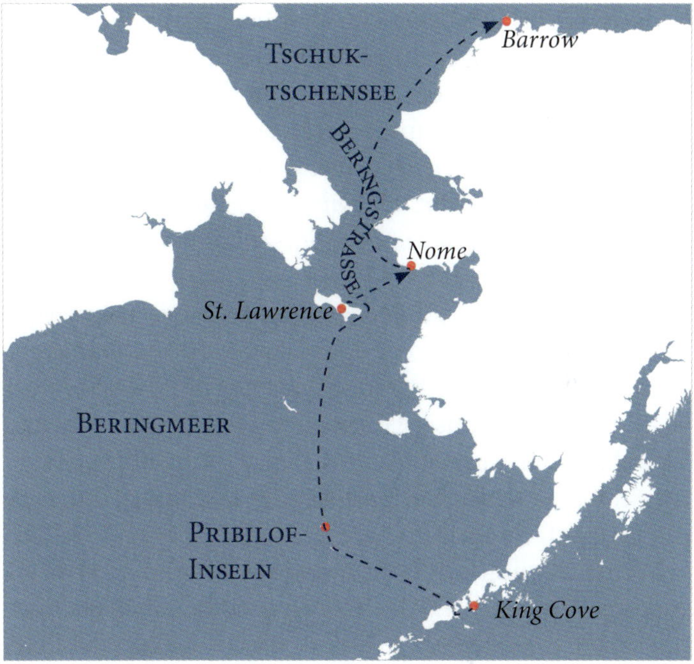

uns mit ihrer Seufel VI vom Typ Maramu nach Grönland und wurden südlich vom Kap Farewell am 13./14. Juni 1987 bei schwerem Wetter vom Packeis umschlossen. Das Boot wurde zerquetscht, die Crew mit dem Hubschrauber vom Eis abgeborgen. Und Clark Stede, der zusammen mit seiner Lebensgefährtin Michelle Poncini mit seiner Asma 1990 als erster Deutscher durch die Nordwestpassage wollte, entging nur knapp einer Katastrophe, als die Yacht Ende August in der Franklin Strait vom Eis eingeschlossen wurde. Ein kanadischer Eisbrecher eilte zu Hilfe, nahm die Asma an Deck und setzte sie 100 Seemeilen weiter in eisfreiem Wasser ab. Und Arved Fuchs schildert in seinem Buch *Abenteuer zwischen Tropen und Eis* eindrucksvoll, wie er 1994 mit der Dagmar Aaen beim Versuch, die Nordostpassage zu durchqueren, vom Packeis eingeschlossen wurde. „Auf Messers Schneide“ beschreibt er die prekäre Situation, aus der er nur mit viel Glück, eingedrückten Planken und schwer beschädigter Ruderanlage entkam. *Ganz gleich, was ich in meinem Leben noch alles erleben werde, diese Nacht vom 20. auf den 21. August 1994 werde ich niemals in ihrer Intensität und ihren Schrecken vergessen.*

Wie gesagt, trotz oder wegen eigener, aber auch wegen der Erfahrungen anderer Segler haben wir die Nordwestpassage nie in Betracht gezogen. Aber vielleicht hatten wir auch das Gefühl, unser Glück nach all den Gefahren und Tiefschlägen in unserem Seglerleben, einschließlich des gerade erst überwundenen Verlustes der FREYDIS in Fukushima 2011, aufgebraucht zu haben.

Woher dann dieser Sinneswandel, die Passage doch anzugehen – obwohl wir doch Anfang 2006, nach der fünften Saison in Alaska, bereits entschieden hatten, die Reise in Etappen über die Südsee und den Indischen Ozean in Richtung Europa fortzusetzen?

Ein wichtiger Grund war das Dahinschmelzen der Gletscher in Alaska. Gerade weil sie uns so beeindruckt haben, hat es uns umso mehr schockiert, in welchem Tempo sie sich zurückziehen, wie schnell so etwas Gewaltiges einfach verschwindet. Sie lösen sich regelrecht auf. Wenn man das sieht, blutet einem das Herz. Bereits die Generation nach uns wird diesen grandiosen Anblick nicht mehr erleben.

Durch die Klimaerwärmung hat sich auch die Eiskappe auf dem Nordpolarmeer drastisch verringert. Mit Geschick und Geduld ist es nun möglich, im kurzen arktischen Sommer diesen Seeweg zu nehmen, ohne Gefahr zu laufen, vom Eis eingeschlossen zu werden. Sollten die berüchtigten Engstellen Larsen Sound und Bellotstraße trotzdem verschlossen sein, kann man auf sicheren Plätzen wie Gjoa Haven oder Cambridge Bay abwarten.

Außerdem verfügen wir mit der FREYDIS III über eine Yacht, die uns für die anstehende Unternehmung in besonderer Weise geeignet erscheint. Sie ist eigens für unsere anspruchsvollen Reisen konzipiert. Der Alurumpf hat einen dreifachen Boden, das Schwert ist aufholbar, zudem sind viele Stellen am Rumpf, an den Aufbauten, im Rigg und an den Beschlägen extra verstärkt. Damit ist sie noch kein Eisbrecher, aber wir haben inzwischen immerhin schon über 30 000 Seemeilen mit ihr unter oft schwierigen Bedingungen zurückgelegt. Die Kinderkrankheiten sind ausgemerzt und für die anstehende Reise haben wir sie besonders ausgerüstet – auch für eine notfalls zwölfmonatige Überwinterung im Norden Kanadas oder Grönlands.

Um eine Überwinterung jedoch möglichst auszuschließen, erhalten wir von „WetterWelt" in Kiel via Iridium-Handy unterwegs aktuelle Wetter- und Eisinformationen und werden vor gefährlichen Wetterumschwüngen gewarnt. Dadurch hoffen wir, nicht blind in eine Falle zu tappen, sondern rechtzeitig sichere Ankerplätze aufsuchen oder auch Legerwall-Situationen vermeiden zu können.

Bereits in den letzten Jahren im Nordpazifik waren uns solche Informationen eine wertvolle Hilfe in kritischen Situationen – sowohl in Melanesien, wo sich uns, völlig ungewöhnlich für die Jahreszeit, ein Taifun in den Weg gestellt hat, als auch ein Jahr später auf der Reise von Japan zu den Aleuten, als uns wochenlang anhaltender Starkwind von vorn zu einem Umweg über Kamtschatka zwang.

Dennoch: Die Nordwestpassage bleibt ein Wagnis, denn wir segeln in einer Natur, die menschenfeindlich ist. Dort

Arktische Sonne

erwarten uns schlechtes Wetter, Nebel, Regen, Sturm, Temperaturen um den Gefrierpunkt, Strömungen und Untiefen. Mit nur wenigen Ausnahmen wie z. B. Gjoa Haven und Cambridge Bay müssen wir uns in der arktischen Wildnis selbst Ankerplätze suchen, die Schutz bieten. Landgänge sind mit dem Risiko verbunden, Eisbären zu begegnen, die – anders als die meisten Grizzlys im Golf von Alaska – auch Jagd auf Menschen machen.

Und die Navigation wird schwierig werden, trotz GPS und Radar, vor allem, weil die Seekarten in diesen Regionen oft ungenau sind und der Magnetkompass in Polnähe instabil ist.

Natürlich hat zu unserer Entscheidung auch beigetragen, dass wir uns bereits in Alaska befinden und die Nordwestpassage der kürzeste Weg nach Hause ist. Die Alternativen – durch den Panamakanal oder an Australien vorbei und ums Kap der Guten Hoffnung zurückzukehren – würden mindestens fünf Jahre (!) dauern. Erich und ich werden im nächsten Jahr 75 Jahre alt. Zwar fühlen wir uns beide noch fit, aber wir wissen, wie schnell sich das ändern kann. Und noch etwas: In der *Yacht* lasen wir über Jimmy Cornells geglückte Nordwestpassage, und er war schließlich auch 75! Kurz und gut – wir entscheiden uns für die nördliche Route. Und soweit es der kurze arktische Sommer erlaubt, werden wir uns, wie auf all unseren Reisen, auch noch Zeit nehmen für Land und Leute.

Unser Anliegen ist nicht, Rekorde aufzustellen – wie denn auch? Roald Amundsen gelang 1906 die erste Nordwestpassage mit einem Boot, wofür er drei Jahre (!) brauchte, weil die Passage damals fast durchgängig mit Eis bedeckt war. Nun hat die Meereisfläche im Sommer infolge der Klimaerwärmung jedoch enorm abgenommen und beträgt nur noch rund 50 Prozent ihres Ausmaßes von vor 30 oder 40 Jahren. Das führte dazu, dass in den letzten Jahrzehnten immer mehr Schiffe die Nordwestpassage wagten, darunter über 100 Segelyachten – die Zahl mag hoch klingen, sie ist aber verschwindend gering, wenn man sie in Relation setzt zu einer ähnlichen Herausforderung für Bergsteiger: Der Mount Everest etwa wurde bisher über 8000 Mal bestiegen.

Der Belgier Willy de Roos mit seiner 13 Meter langen Ketsch WILLIWAW bezwang sie 1977 einhand als Erster. Er erhielt dafür die „Blue Water Medal", die höchste Auszeichnung des Cruising Club of America. Der erste Deutsche, der versucht hat, die NW-Passage zu stemmen, war – wie bereits erwähnt – Clark Stede mit der Australierin Michelle Poncini 1990 auf der Alu-Yacht ASMA. Das Boot kam zwar durch, legte allerdings das entscheidende Stück auf einem Eisbrecher zurück. Nach ihm passierte Arved Fuchs mit seiner DAGMAR AAEN zweimal die NW-Passage, 1993 von Ost nach West und 2003 bis 2004 von West nach Ost mit Überwinterung in Cambridge Bay.

Nun also auch wir – aber nicht nur zu zweit. Wie schon auf den schwersten Passagen unserer Antarktis-Umsegelung und auf vorangegangenen Reisen ins Nordpolarmeer werden wir auch auf der Nordwestpassage erfahrene Mitstreiter an Bord haben. Natürlich nehmen wir damit auch eine große Verantwortung auf uns, und die Sorge, dass etwas schiefgehen könnte, wird damit auch nicht geringer.

Auf früheren langen Reisen mit Crew – die längste dauerte 10 ½ Wochen und ging 1994 von Richards Bay/Südafrika über die Inseln am Rande der Antarktis nach Australien – haben wir es trotz Enge und oft erheblichen Strapazen gemeinsam geschafft, nicht nur kameradschaftlich, sondern freundschaftlich und fröhlich miteinander umzugehen. Und das ist auch diesmal unser Ziel. Denn abgesehen von auflandigen Stürmen, Eispressung, Schiffsvereisung, Strandung, Attacken von Eisbären bei Land- oder Eisgängen und anderen mehr oder weniger revierbedingten Risiken kann vor allem Zwietracht in der Crew die Unternehmung gefährden.

Bisher haben wir es all die Jahrzehnte geschafft: Kein einziger unserer vielen hundert Mitsegler hatte an Bord einen Unfall oder trug Verletzungen davon. Aber die Nordwestpassage birgt viele außergewöhnliche Risiken. Was, wenn einem unserer Freunde etwas zustößt? Wir würden vor dem Seeamt landen. (Man würde uns in der Luft zerreißen. Ich höre sie schon: „Wie kann man mit 75 nur so leichtsinnig sein und auch noch andere dazu anstiften?")

Ein Skipper oder eine Skipperin kann zwar Aufgaben delegieren, aber nicht Verantwortung. Unglücksfälle gehen fast immer auf das Konto des Schiffsführers – sowohl in moralischer als auch in rechtlicher Hinsicht. Geht es schief, war's der Skipper, geht es gut, war's die ganze Crew! Erich meint, er stehe immer mit einem Bein im Gefängnis.

Andererseits passieren die meisten Unfälle und Havarien auf See, wenn eine Wache überanstrengt und übermüdet ist. Bei schwerem Wetter ist es deshalb gut, wenn ausreichend Crewmitglieder an Bord sind und frisch und ausgeruht zur Wache erscheinen.

Wir haben eine Crew gefunden, die das Abenteuer mit uns wagen will. Nun hoffen wir auf eine anspruchsvolle, erlebnisreiche, möglichst wenig spektakuläre Durchquerung dieses Teils der Arktis und darauf, dass all unsere Mitsegler am Ende nicht nur gesund und munter in Grönland von Bord gehen, sondern auch noch gerne zurückdenken an dieses gemeinsame Abenteuer. Doch von einem bin ich überzeugt: Es wird nicht alles so laufen wie geplant.

Vorbereitung

Eine Menge Vorbereitungen waren zu treffen: Als wir die FREYDIS im letzten Herbst zur Überwinterung in Kodiak zurückließen, hatten wir bereits viele Wartungsarbeiten auf ihr durchgeführt und sie rundum neu gestrichen. In Deutschland haben wir dann als besondere Vorkehrungen für die Reise noch einige größere Anschaffungen getätigt: etwa persönliche Notfallsender, Überlebensanzüge, ein zweites Satphone für den täglichen Wetterempfang und für Notfälle, außerdem einen zweiten „Jordan Drogue"-Serien-Treibanker mit 172 Fallschirmen für schwere Stürme. Und für den Fall, dass wir in der NWP vom Eis festgehalten werden und überwintern müssen, haben wir uns zusätzlich zu den beiden bereits an Bord vorhandenen Warmluftdieselheizungen noch einen Reflex-Dieselofen samt Zubehör zugelegt; auch der Ärztekoffer wurde angemessen ausgestattet.

Nach unserer Rückkehr zur FREYDIS nach Kodiak, Mitte Mai, überholen wir die FREYDIS zu viert und bringen sie nach einer vorbereiteten Arbeitsliste in Schuss. Sogar der Dieselofen, den wir aus Deutschland mitgebracht haben, wird samt Leitungen, Filtern und Ofenrohr mit entsprechendem Deckdurchlass betriebsbereit vorinstalliert – aus Platzgründen jedoch vorerst weggestaut. Dabei werden wir tatkräftig unterstützt von unseren Freund Thilo – seit Jahrzehnten „chief engineer" an Bord.

Der Löwenanteil an Arbeit bleibt dennoch an Erich und mir hängen, ebenso die Ausrüstung mit Vorräten (Diesel, Benzin, Lebensmittel), ergänzt durch eine Notfall-Grundversorgung für uns beide im Fall einer Überwinterung. An

Bord geschafft werden müssen deshalb außer 2000 Litern Diesel für den Antrieb, fürs Heizen und zum Batterieladen und 100 Litern Benzin für den Außenborder und den mobilen Honda-Generator auch Proviant und Getränke für acht Personen und zehn Wochen – dabei folgen wir keinem Speiseplan, da wir je nach Wetter und Bedarf kochen und backen. Dazu gehören: 500 Eier, 100 Kilogramm Müsli, entsprechende Mengen H-Milch und Trockenmilch. Pro Mann und Tag zwei Dosen Bier, also insgesamt 720 Dosen. zehn Liter Wein pro Woche, nichts Hochprozentiges, stattdessen Tee, Kaffee, Kakao, Saftkonzentrat, Brühe.

Obwohl wir alle Ecken und Winkel im Boot vollstopfen, werden wir aber nicht umhinkommen, viele Lebensmittel unterwegs nachzukaufen, vor allem Frischproviant.

Eine der Schwierigkeiten auf der NWP besteht für uns beide darin, dass die kurze Saison und das Packeis den Zeitplan diktieren und wir uns über die gewaltige Distanz von über 5000 Seemeilen keine Pause erlauben können. Für unsere Mitsegler sind es dagegen überschaubare Urlaubstörns von zweieinhalb bis vier Wochen. Nur zwei Mitsegler können Zeit für die gesamte Kernstrecke von Nome bis Ilulissat / Grönland aufbringen, für die wir 6 ½ Wochen veranschlagen. Geht eine Crew von Bord, kommt schon die nächste, und die wenigen Tage, die wir als Puffer dazwischen in den wenigen Siedlungen eingebaut haben, werden mit Überholungsarbeiten und Verproviantierung vergehen, weil nicht abzusehen ist, wann und wo wir den nächsten geschützten Liegeplatz finden oder den nächsten Supermarkt aufsuchen können.

Natürlich ist vieles Routine für uns. Zumal wir bei der Anreise entlang der Alaska-Halbinsel durch sehr vertrautes Revier segeln. Über ein halbes Dutzend Mal sind wir schon an dieser Küste entlanggesegelt. Auch das Beringmeer ist uns bereits durch zwei Reisen bekannt, die wir vor zehn Jahren (2007) mit unserer alten FREYDIS unternommen haben. Dazu können wir auf allen Abschnitten auf einen Stamm erfahrener und FREYDIS-kundiger Mitsegler zurückgreifen. Doch wie jeder weiß, kann selbst Routine zur Anstrengung werden, wenn sie sich über einen langen Zeitraum erstreckt und die äußeren Umstände keine Entspannung zulassen.

King Cove: Durch den „Falschen Pass"

Zunächst einmal segeln wir zweieinhalb Wochen mit Crew erneut im vertrauten Revier entlang der Alaska-Halbinsel. Crew-Wechsel findet in King Cove statt, dem Tor zum Beringmeer: An Bord kommen Wolfgang, Hansjörg und Dierk. Wolfgang besitzt eine eigene kleine Yacht am Ijsselmeer und ist in den letzten Jahren schon mehrmals mit uns auf der FREYDIS gesegelt, zuletzt im Golf von Alaska. Die beiden anderen sind neu und machen sich zunächst einmal vertraut mit dem Boot, seinem stehenden und laufenden Gut und den navigatorischen Gepflogenheiten an Bord. Bald heißt es: „Leinen los! Auf ins Beringmeer!"

Den kleinen Ort King Cove am Ende der Alaska-Halbinsel haben wir in den letzten zehn Jahren immer wieder besucht, einmal, von 2007 auf 2008, hat die FREYDIS hier sogar überwintert. Schweren Herzens nehmen Erich und ich Abschied von unseren alten und neuen Freunden und damit gleichzeitig auch von den Inseln, Fjorden und Vulkanen des Golfs von Alaska, von den Braunbären, Seelöwen und Lachsen und allem anderen, was den Reiz dieses einzigartigen Reviers für uns ausmacht. Ob wir noch einmal in unserem Leben hierher kommen? Wahrscheinlich nicht.

Die Untiefen und starken Strömungen im „False Pass" kennen wir gut von früheren Passagen her und erreichen deshalb zügig und unbeschadet das Beringmeer. Es ist eisfrei und überraschend friedlich, wenn auch kühl und neblig. Ich glaube, unsere Neuen haben sich schon recht gut eingewöhnt. Wie das so ist auf einem kleinen Boot in rauen arktischen Gewässern, sind sie voller Erwartung darauf, welche Erfahrungen sie wohl werden mitnehmen können.

In der Fischerei ist das Beringmeer berüchtigt wegen seiner Stürme. Und auch wir können in diesem Randmeer des Pazifik, das immerhin viermal so groß wie die Nordsee und mehr als acht Monate im Jahr von Eis bedeckt ein Teil der Arktis ist, kein „Happy Sailing" erwarten. Vor zehn Jahren haben wir uns schon einmal hineingewagt. Damals ging es zu den Pribilof-Inseln, nach Nunivak, St. Lawrence, St. Matthew, Diomede und durch die Beringstraße bis nach Kotzebue, einer Inupiat-Siedlung am Ende der Baldwin-Halbinsel in der Tschuktschensee. Diesmal wird uns die Reise noch weit nördlicher führen und am Ende den Kreis in Grönland für uns schließen, wo wir schon mehrmals auf den Spuren der Wikinger segelten – aber bis dahin ist es noch ein weiter Weg.

Dierk sitzt im Deckssalon und notiert seine ersten Eindrücke: *‚Breakfast will be served at 8:20 on deck one!', singt Heide am Morgen fröhlich durchs Schiff. Das Frühstück lässt wie immer keine Wünsche offen. Eier auf Schinken, Toast, Marmelade, Honig. So viel geruht oder geschlafen wie hier habe ich schon lange nicht mehr! Auf der Freiwache bin ich entweder im Cockpit oder in der Koje … Die Freydis ist kein Kellerschiff wie die meisten Serienyachten heute, bei denen*

Seelöwen

man in der Messe in Höhe der Wasserlinie sitzt und höchstens durch kleine Fenster im Aufbau einen gewissen Ausblick hat. Es gibt auch keinen Navigationstisch; die Seekarte wird bei Bedarf auf dem Tisch im Decksalon ausgebreitet. Die Navigation erfolgt ausschließlich nach GPS; die Papierkarten werden nur zur Törnplanung gebraucht. Heide hat auf ihrem i-Pad die Navionics-App geladen. Es wird kein Magnetkompass-Steuerkurs an den Steuermann gegeben, sondern wir fahren unter Selbststeuerung. Heide vergleicht den tatsächlichen Kurs über Grund mit dem Sollkurs und gibt Korrekturanweisungen an den Steuermann: zehn Grad Steuerbord zum Beispiel. Bei engen Passagen läuft gleichzeitig der Simrad-Plotter mit großem Bildschirm. Bei längeren Passagen brauchen wir nur den Furuno-GPS-Navigator. Er ist unabhängig von allen anderen Systemen und enthalt keine Karten. Erich oder Heide programmieren die Wegpunkte und der Navigator zeigt Soll- und Ist-Kurs sowie die Abweichung von der Ideallinie in Seemeilen an. Danach wird ggf. der Autopilot korrigiert … Überwindung kostet auf der Freydis der Abwasch auf See. Das Geschirr wird im Cockpit mit kaltem Seewasser gespült. Dafür werden Plastikschüsseln auf die Cockpitbank gestellt, mit mit der Schlagpütz gewonnenem Wasser gefüllt, und der Spüler vom Dienst kniet davor. Trotz reichlich Spülmittel löst das kalte Wasser das Fett natürlich nicht wirklich gut. Das Verfahren ist noch ein Überbleibsel aus der Zeit, bevor es die Seewasser-Entsalzungsanlage auf der Freydis gab und Trinkwasser immer ein knappes, sorgfältig eingeteiltes Gut war … Mir ist leicht unwohl, ich habe die Akupressur-Armbänder an und nehme homöopathische Tabletten ein. Ausgerechnet heute habe ich Spüldienst; Hansjörg hilft mir. Plötzlich wird mir sehr übel. Die Reise-Kaudragees helfen ein wenig. Später klebt mir Heide ein Scopoderm-Pflaster hinters Ohr.

Ich kann ich mich gut in die Lage von seekranken Mitseglern wie Dierk hineinversetzen. Diese Geißel hat schon so manchen Törn für Erich und mich zu einer elenden Strapaze werden lassen. Während ich zuweilen noch sehr darunter leide, reagiert Erich mit zunehmendem Alter darauf immer unempfindlicher (was ich als sehr ungerecht empfinde!). Seekrankheit ist eine sehr komplexe Antwort des Körpers auf für ihn anormale Bewegungen, ausgelöst durch eine Summe von Alarmsignalen verschiedener Sinnesorgane. Deshalb kann man dieses Leiden auch nicht gezielt angehen. Vieles wurde schon versucht. Probate Mittel sind Rudergehen, Knäckebrot kauen, mittschiffs liegen, Musik hören. Oder man greift zu Medikamenten wie Antihistaminika (Vomex), Cinarizin (Stutgeron) oder – unserer Erfahrung nach recht wirksam – Scopoderm-Pflaster. Letztlich ist gut, was hilft. In Zukunft vielleicht die Gen-Schere?

Misere auf den Pribilof-Inseln

Trotz der Herausforderung durch die Nordwestpassage wollen wir uns einen erneuten Besuch der Pribilof-Inseln – St. Paul und St. George – und der abseits aller Schifffahrtsrouten gelegenen St. Lawrence-Insel nicht entgehen lassen. Die Pribilofs haben kleine, gut geschützte Häfen. St. Lawrence dagegen verfügt nur über eine Bucht, in der wir damals einigermaßen sicher vor Anker lagen und von der aus wir den etwa drei Kilometer entfernten Ort Savoonga zu Fuß erreichen konnten.

Auf See lassen sich nur wenige Tiere blicken: eine kleine Herde Walrosse mit Jungtieren und ein einsamer Wal.

Und doch ist das Beringmeer im Sommer das Zuhause für Robben, Seelöwen, Walrosse, Wale und Millionen von Seevögeln. Und weil nicht nur gigantische Ebenen, sondern auch abgrundtiefe Schluchten den Grund des Beringmeers bilden, ist es ein wichtiges Reservoir für Arten. Biologen vom Greenpeace-Mutterschiff ESPERANZA – es lag damals zusammen mit der FREYDIS im Hafen von St. Paul –, die mit einer Unterseekapsel in die Canyons hinabgetaucht waren, vermuten dort sogar noch bisher unbekannte Arten von Fischen, Korallen, Krebsen, Schwämmen etc., die es sonst nirgendwo auf der Erde gibt. Hindurchziehende Strömungen wirbeln nahrungsreiche Sedimente auf und transportieren sie nach oben. Davon profitieren auch die Pribilof-Inseln, die nahe an diesen größten Unterwasser-Canyons der Erde liegen und deren umgebende Gewässer deshalb ganz besonders fischreich sind.

Diese Meeresregion sollte geschützt werden! Doch als einer der reichsten Fischereigründe der Erde ist es handfesten wirtschaftlichen Interessen ausgesetzt: Nach offiziellen Angaben liefert das Beringmeer über die Hälfte des in den USA konsumierten Fischs und anderer Meeresfrüchte. Und wie wir von Fischern in Kodiak hörten, die im Beringmeer fischen, fangen sie neuerdings dort auch häufiger Fische, die es früher ausschließlich 500 Kilometer weiter südlich gab – wohl als Folge der Klimaerwärmung.

In einer so produktiven Meeresregion ist es nicht verwunderlich, dass die Pribilof-Inseln mehr als die Hälfte des Bestandes an Pelzrobben der nördlichen Hemisphäre beherbergen und Heimat für über 200 Vogelarten sind. Auf unserer Fahrt dorthin schwärme ich unseren Mitseglern von den Abertausenden von Seevögeln auf St. George vor, die mich damals an der kilometerlangen und bis 100 Meter hohen Steilküste empfingen. Die See und der Himmel

Walrosse im Beringmeer

über mir waren voller schlagender Flügel, und ich musste meinen Rucksack über mich halten, um nicht getroffen zu werden. Diese schier unglaubliche Ansammlung fliegender, flatternder und wie Geschosse in die See stürzender Leiber und ihre schrillen, ohrenbetäubenden Schreie … Unvergesslich dieses pralle Leben an den Klippen! Ich spüre noch den Nebel, der nasskalt auf mich niederfiel, ich höre noch das Donnern der Brandung auf dem immer schmaler werdenden Ufersaum. Die Flut! Ich hatte die Zeit vergessen. Keuchend und dankbar begrüßte ich die sanften Hügel und die bunte Tundrawiese mit den kleinen Polarfüchsen … Einen erneuten Besuch auf dieser Insel will ich mir auf keinen Fall entgehen lassen.

Auch diesmal haben wir Glück bei unseren Landgängen: Auf beiden Inseln treffen wir Menschen, die uns über die

Papageientaucher auf den Klippen von St. George

einsamen Landflecken führen – zu ihren steinigen Stränden und windgepeitschten Steilküsten – und die unsere Fragen beantworten.

St. George besuchen wir etwa zur gleichen Jahreszeit wie vor zehn Jahren. Und natürlich können wir auch wieder viele Seevögel – Papageientaucher, Trottellummen, Rotschnabelalken, Rotgesichtscharben, Klippenmöwen, Dreizehenmöwen und, und, und – beim Brüten und bei der Aufzucht ihrer Jungen beobachten. „Wie die Vögel auf den winzigen Felsvorsprüngen Halt finden und ihre Nester bauen können – erstaunlich!“, findet Dierk. Wolfgang macht uns aufmerksam auf einen kleinen Polarfuchs, der offensichtlich schwindelfrei an der Steilwand herumturnt, um an eines der ausgesetzten Nester heranzukommen. Leben an den Klippen gibt es also noch genug, doch insgesamt ist es ruhig geworden – so ruhig, dass ich kaum glauben kann, dass es dieselben Klippen sind.

Zwei junge Vogelforscher, die Dreizehenmöwen mit winzigen GPS-Sendern versahen, stellten fest, dass die Vögel auf Futtersuche bis zu 700 km (!) weit fliegen. Sie gehen davon aus, dass Futtermangel – in erster Linie wohl durch Überfischung – dazu führt, dass die Vögel immer längere Strecken zurücklegen müssen. Und weil die Brutpartner oft nicht so lange warten können, werden viele Nester mit Gelegen aufgegeben, wodurch die Nachzucht für dieses Jahr ausfällt. Auch spielt der Plastikmüll, der tonnenweise im Meer herumschwimmt und von den Seevögeln verschluckt wird, eine immer größere Rolle als Killer von Seevögeln und Meerestieren – wobei der Mensch am Ende der Nahrungskette davon nicht verschont bleibt.

Hautnah mit diesem Problem konfrontiert wurden wir in einem anderen Winkel der Erde: dem Midway-Atoll, das wir 2012 auf dem Weg nach Japan mit der damaligen FREYDIS aufsuchten. Hunderttausende von Albatrossen hatten bis 1996 ihren Brutplatz mit 3000 dort stationierten Marinesoldaten der Vereinigten Staaten geteilt. Als nach Abzug des Militärs scheinbar alles wieder seinen paradiesischen Gang nehmen konnte, griff der lange Arm der menschlichen Zivilisation ein: Nicht nur durch den Klimawandel, der die flachen Riffinseln bedroht, sondern auch durch radikale Fischereipraktiken und eine bedrohlich wachsende Verschmutzung der Meere. In jüngster Zeit haben etliche Expeditionen und wissenschaftliche Untersuchungen kreisförmige Strömungen zwischen Nordamerika und Asien nachgewiesen, in denen -zig Millionen Tonnen an Kunststoffmüll jahrelang wie in einem Karussell zirkulieren, bis sie schließlich nach und nach geschreddert, von anderen Strömungen erfasst und weiterverteilt werden. „Great Pacific Garbage Patch“ nennen Experten diese Plastiksuppe. Was wir auf Midway sahen, war geradezu niederschmetternd: Die Strände glichen einer Mülldeponie! Neben toten Robben und strangulierten Seevögeln wurde dort alles angeschwemmt, was Menschen ins Meer werfen oder was über Bord fällt.

Aber nicht nur die See spülte den Plastikmüll an, auch die Albatrosse brachten Kunststoff auf die Insel, nach Schätzungen der Biologen jedes Jahr etwa fünf Tonnen, und zwar als Futter für ihre Jungen. Seit Millionen von Jahren sammeln sie von der Meeresoberfläche auf, was dort schwimmt. Sie haben nicht gelernt, Plastikstücke von ihrer normalen Nahrung – überwiegend Tintenfische – zu unterscheiden. Lässt der Kunststoffanteil im Futter es zu, dass die Jungen die ersten Monate überleben, dann sind sie auch meist imstande, die unverdaulichen Reste als Gewölle auszuwürgen. Normalerweise sind es Gräten und Tintenfischschnäbel, nun aber waren es auch bunte, metallisch-schillernde Feuerzeuge, Spielzeugfiguren, Verschlusskappen usw. Die ganze Insel war übersät damit. Wir sahen Röntgenaufnahmen von Albatrossen, deren Bauchraum von Feuerzeugen vollständig ausgefüllt war. Und wir entdeckten überall tote Jungvögel, wobei das „große Sterben" erst beginnt, wenn die Tiere etwas älter sind. Laut dem dort verantwortlichen Biologen verenden 30 bis 40 Prozent vom Nachwuchs in jeder Saison.

Warum sollte es auf den Pribilofs anders sein? Plastik schwimmt auch im Beringmeer und weiter nördlich. Jüngst hat ein Team des AWI für Polar- und Meeresforschung in Bremerhaven Eisbohrkerne in der Arktis gesammelt und fand darin Rekordmengen an Mikroplastik. Die Belastung des Meeres sei so hoch, dass Fische bereits ihr Verhalten änderten.

Am Geröllstrand begegnet uns Karen, eine junggebliebene, naturverbundene 60-jährige US-Amerikanerin mit Schweizer Wurzeln, die sogar noch etwas Schweizerdeutsch spricht. Schon mehrmals nahm sie hier an Forschungsprojekten teil und lebt den Sommer über wie eine Einsiedlerin in einer kleinen Hütte oberhalb des Ufers. Sie lädt uns zum Tee ein, und am Nachmittag sitzen wir dicht gedrängt und umgeben von allerlei originellem Strandgut um den bullernden Ofen in ihrem gemütlich eingerichteten Zuhause mit Blick aufs Meer. Bei ihr treffen wir auch die beiden jungen Vogelforscher wieder, die uns nun auch die ausgedehnten Flugrouten der Dreizehenmöwen auf ihren Laptops zeigen. Auch Barbara, die Krankenschwester der Insel, gesellt sich zu uns. Sie hat auf der Insel allerdings kaum noch Kranke zu betreuen und sich deshalb aufs Brotbacken verlegt. Als Abschiedsgeschenk überreicht uns Karen einen Beutel mit Rentierfleisch und ein Brot von Barbara.

Nicht nur Vogelnester werden auf St. George aufgegeben. Mangels Fisch wurde auch die Fischverarbeitungsanlage geschlossen und die Schule, weil mehr als die Hälfte der Aleuten-Bevölkerung abgewandert ist. Ihre Zahl sank von 140 auf nur noch 40! Viele Häuser im Dorf stehen leer. Einheimische lassen sich kaum blicken. Kontakt haben wir nur mit ein paar weißen Amerikanern, die sich eine Zeitlang hier aufhalten: ein paar Biologen, die wissenschaftliche Arbeiten durchführen, und drei Experten, die eine vom Sturm beschädigte Steinmole am kleinen Hafens mit großem Einsatz und Know-how reparieren. Mit diesem Team, das aus der jungen, energischen Eve, ihrem drahtigen Vater Andy und dem kraftstrotzenden Walt besteht, schließen wir rasch Freundschaft. Mehrmals nehmen sie uns in ihren Pick-ups mit in Dorf, das über eine acht Kilometer lange Schotterstraße zu erreichen ist. Ebenso wie die Wissenschaftler logieren sie hier in einem kleinen Hotel mit Bibliothek, das von einer schon älteren, sehr freundlichen Unangan-Frau in Ordnung gehalten wird. Auch für uns wird es zur gemütlichen Anlaufstelle nach den Fahrten und Wanderungen über die Insel. Gleich gegenüber steht noch das alte „washhouse“, wo früher die Felle bearbeitet und zum Verladen hergerichtet wurden. Der Weg dorthin ist gepflastert mit den Knochen und Zähnen der Tiere.

Ich habe das Gefühl, dass sich auf St. George die Geschichte der Unangan wiederholt, wenn auch mit umgekehrten Vorzeichen: Anfang des 19. Jahrhunderts wurden die Bewohner von russischen Pelzhändlern aus ihrer angestammten Heimat, den Aleuten-Inseln, vertrieben und auf die Pribilofs verschleppt, wo sie Pelzrobben jagen und die Häute für den Handel vorbereiten mussten. Und nun müssen ihre Nachkommen die Insel erneut verlassen, weil sie dort keine Arbeit mehr finden.

Auf St. George

Der Starkwind hat gedreht und presst die Freydis gegen die Dalben. Wir bringen eine lange Landleine zum gegenüberliegenden Ufer aus und holen sie dicht, um den Bug abzuhalten. Die Tide ist gefallen und der Steg liegt drei Meter höher als das Deck. Zum Glück führen wir für diese Fälle zwei unterschiedlich lange Aluleitern an Bord. Trotzdem bleibt das Auf- und Absteigen immer ein Abenteuer. Hoffentlich liegen wir auf St. Paul etwas besser!

Um 7 Uhr früh Auslaufen, großes Verabschiedungskomitee: Unsere neu gewonnenen Freunde Eve, Walt, Andy und Karen kommen zum Winken und helfen uns beim Loswerfen der Leinen. Schon eine halbe Stunde später ist St. George im Nebel verschwunden. Vor uns liegt eine Tagesreise nach St. Paul.

Die See ist rau und das Boot geht heftig zur Kehr. Dierk hat sich am Morgen ein Scopoderm-Pflaster hinters Ohr geklebt. „Das war wohl zu spät, ich hätte das schon am Vorabend tun sollen", meint er kleinlaut. „Selber schuld", brummt der Skipper ungerührt. Dierk kaut auf einer Reisetablette herum und legt sich dann auf meinen Rat in die Koje. Mittags geht es ihm besser und er kann seine Wache antreten.

Wegen der Stromschnellen zwischen St. Paul und der südlich vorgelagerten kleinen Otter-Insel segeln wir südlich um diese herum und biegen dann in den geräumigen Vorhafen von St. Paul ein. Völlig unerwartet laufen wir hier auf Grund – zum Glück bei wenig Fahrt. Erich flucht: „Sch…, keine Fahrwassermarkierung, kein Warnschild, und wir haben Neumond und Nipptide!" Na klar, die Fischer finden auch im Schlaf an den Anleger der Trident-Fischfabrik. Andere müssen sehen, wie sie klarkommen! Auf meinem i-Pad mit Navionics-App suche ich den besten Weg, und danach tastet sich Erich behutsam ins hintere Hafenbecken und an einen der dort ausgelegten, neuen Schwimmstege.

Obwohl es auch auf St. Paul verlassene und verfallende Häuser gibt, macht der Ort – er liegt direkt am Hafen – einen bewohnten und geschäftigen Eindruck. Das Dach des AC-Supermarktes wird gerade neu gedeckt, eine neue Bibliothek befindet sich im Bau, die Einheimischen fahren emsig mit Pick-ups herum, jeder grüßt jeden – auch uns winkt man freundlich zu. Wir sehen niemanden herumhängen, keine Betrunkenen, und in der provisorischen Bibliothek am Hafen bekommen wir sogar Internet-Zugang.

Bill, Manager der Fischverarbeitungsanlage Trident am Hafen, lädt die deutsche Seglercrew zum kostenlosen Abendessen in die Kantine ein. Das wissen wir zu schätzen und lassen es uns schmecken. Trident verarbeite derzeit

Ansicht von St. Pauls

nur Heilbutt, den die lokalen Fischer mit Langleinen fangen; dafür benötige er gerade mal 25 Mitarbeiter, sagt Bill. Hochsaison ist erst im Winter, wenn die Königskrabben gefangen werden. Dann stockt er die Belegschaft auf 300 Mann auf. Der Fang sei allerdings dramatisch zurückgegangen: Vor 15 Jahren waren es noch 300 Millionen Pfund pro Jahr, vor fünf Jahren 30 Millionen, jetzt nur noch neun Millionen. Aber es lohne sich noch immer.

Am Steg treffen wir gleich darauf drei Unangan-Fischer an, die gerade dabei, sind die Haken von Langleinen mit Ködern zu bestücken. Die Leinen würden an verschiedenen Stellen (nahe den Canyons?) ausgebracht und im Laufe der Nacht wieder eingeholt, sagen sie und laufen kurz darauf aus. Anderntags sind sie zurück. Sie haben 3500 Pfund Heilbutt gefangen und sind damit sehr zufrieden.

Die Langleinen-Fischerei ist umstritten: Immer wieder gehen auch Albatrosse und andere Seevögel an die Haken. Sie ertrinken oder werden beim Einholen der Leinen über Rollen gnadenlos zerquetscht – das konnte ich schon vor Jahren in den Gewässern um Neuseeland beobachten. Wie ich in Kodiak hörte, sollen neuerdings Schulen von Orcas die mit Langleinen arbeitenden Fischer regelmäßig im Beringmeer abpassen und geschickt die Fische von den Haken ihrer Langleinen picken. Was in meinen Ohren lustig klingt, versetzt verständlicherweise die Fischer in Rage, und sie sind deshalb mehrheitlich dafür, diese schlauen Diebe abzuschießen. Dagegen wäre es sicher humaner und weitsichtiger, die grausame Langleinen-Fischerei international zu ächten und die kommerzielle Ausbeutung des Beringmeers zu begrenzen.

Was uns auf St. Paul im Vergleich zu unserem ersten Besuch aber vor allem auffällt, sind die wenigen Pelzrobben auf der Insel. Damals lagerten um die größte Kolonie herum überall Pelzrobben auf den Wiesen wie Ausflügler beim Picknick. Und auf der 1,5 Meter über dem Geröllstrand gebauten Empore, auf der wir nun wieder Ausschau halten, standen wir mitten im prallen Familienleben tausender Tiere; dazu der ohrenbetäubende Lärm – das Blöken und Bellen genervter Haremswächter, das Kläffen und Jaulen der Mütter auf der Suche nach ihren Jungen und das weinerlichen Meckern der Welpen, die nach ihren Müttern Ausschau hielten.

Und nun? Kaum noch Pelzrobben auf den Wiesen und an den Stränden, deutlich weniger Robbenmütter und Welpen. Veränderungen, die uns ratlos machen. Sind wir zu früh, hat sich die Ankunft der Robben verzögert? Wahrscheinlich. Doch die abnehmende Tendenz der Geburtenzahl pro Saison ist bekannt: 1940 waren es noch 500 000,

2007 noch 100 000 und nun, 2017, wie ich im Anschluss an die Reise erfahre, noch 80 000. Schon damals überlegten wir, was der Grund für die abnehmende Tendenz sein könnte: Der kommerzielle Fang endete auf St. Paul in den 1980ern. Die Unangan haben jedoch das Privileg, eine bestimmte Anzahl für den Eigenbedarf zu erlegen. Die Quote ist abhängig vom Bestand und liegt zurzeit bei 1600 Tieren. Doch das allein kann es nicht sein. Ist es der Plastikmüll, der tonnenweise im Meer herumschwimmt, den die Tiere verschlucken und in dem sie sich verfangen? Ist es das begrenzte und veränderte Nahrungsangebot als Folge der Klimaerwärmung und der Überfischung? Ist es eine Krankheit oder die zunehmende Zahl ihrer Feinde, der Orcas?

Wahrscheinlich spielen mehrere Faktoren gleichzeitig eine Rolle, so die Vermutung der Wissenschaftler, die in alle Richtungen forschen. Weil sie keine eindeutigen Ergebnisse bekommen, wird es wohl so sein.

Dierk hat ein anderes Problem: Er hat eine Zahnplombe verloren. Ärgerlich, auch für mich: Lange Zeit hatte ich die Paste für provisorische Zahnfüllungen an Bord ungenützt mitgeführt, und ausgerechnet vor dieser Reise habe ich sie entsorgt. Dierk muss in die Klinik. Einen Arzt oder Zahnarzt gibt es hier nicht. Bei medizinischen Notfällen wird ein Ambulanzflieger aus Anchorage angefordert, der – wenn das Wetter es zulässt – nach etwa sechs Stunden eintreffen kann. Bei Dierk sei das aber noch zu umgehen, lacht der diensthabende PA und schließt ruckzuck das Loch provisorisch. Da ist er in Übung – denn auch die Inuit lieben süße Snacks und Schokolade und haben ihre besonders kräftigen Zähne schon lange eingebüßt. „Fit for St. Lawrence", meldet sich Dierk vergnügt an Bord zurück.

Verunsicherung auf St. Lawrence

Für die nächsten drei Tage sind südliche Winde angesagt, allerdings nur 10 bis 15 Knoten. Das bedeutet eine ruhige Überfahrt zur 350 Seemeilen entfernten Insel St. Lawrence. Über diese Gnadenfrist bin ich sehr froh. Schweres Wetter wird uns auf der Reise noch früh genug einholen. Mein Bedarf an Stürmen auf hoher See ist schon lange gedeckt. Und mit jedem Sturm bin ich sensibler, dünnhäutiger geworden. Deshalb kann ich nicht verstehen, wenn neue Mitsegler an Bord allen Ernstes erklären, sie wollten endlich mal einen richtigen Sturm auf See erleben. Die FREYDIS kann schweres Wetter vertragen, aber für die Mannschaft ist Sturm doch immer eine Strapaze und birgt Gefahren.

Das Wetter meint es tatsächlich gut mit uns. Unter Groß und ausgebaumter Genua steuern wir auf die 350 Meilen entfernte Insel St. Lawrence zu. An Bord ist gelegentlich ein kurzes Schlagen der Segel und das Rauschen des Bootes in der See zu hören – ansonsten himmlische Ruhe! Die Freiwache liest oder schläft.

Aus Dierks Notizen: *Vor meiner Nachtwache von 4–6 mache ich mir eine Tasse heiße Brühe. Ich hatte nicht viel geschlafen – auf Vorwindkurs rollt das Schiff, da findet man selbst mit gesetztem Leebrett keine stabile Lage in der Koje. Es gibt nicht viel zu tun, aber das macht nichts. Ich schaue den Vögeln zu, die uns elegant und geschäftig begleiten … Ein Frachtschiff läuft vor unserem Bug durch, ändert seinen Kurs um 90 Grad und hält direkt auf uns zu. In ca. 200 Metern Entfernung geht es wieder auf seinen alten Kurs. Es ist die Blue Attu. Und wahrscheinlich wollte der Käpt'n nur mal aus der Nähe sehen, was das für ein Segelboot ist.*

Frühstück um halb acht, wie immer mit Eiern und Toast. Mit der Seekrankheit habe ich keine Probleme mehr. Ich hatte eigentlich gedacht, dass ich auf diesem Törn etwas Schwerwettertraining bekommen würde, das fällt jetzt aus und ich habe noch nicht entschieden, ob ich darüber traurig sein soll ...

Von Vitus Bering 1728 entdeckt, gehörte St. Lawrence zunächst zur russischen Kolonie in Alaska. Für die russischen Pelzjäger und für die Seefahrer anderer Nationen war sie nicht von Interesse: Im Gegensatz zu den Pribilofs gab es dort nichts zu jagen – die Pelztiere kamen und gingen mit dem Eis. Erst als Zar Alexander II. 1867 Alaska an die Vereinigten Staaten verkauft hatte, wurde St. Lawrence hin und wieder von Walfang- und Handelsschiffen aufgesucht. Sie brachten Lebensmittelkonserven, neue Techniken und Werkzeuge mit, aber auch Gewehre, Tabak, Alkohol und Krankheiten. Heute wird das abgelegene Eiland ab und an von Wissenschaftlern oder Reisenden mit dem Flugzeug aufgesucht. Von Yachten wird es kaum angelaufen.

„Land in Sicht", ruft Wolfgang. Es sind die Punuk-Inseln, die kleinen felsigen Vorposten von St. Lawrence. Der Wind ist eingeschlafen, die See ist ruhig wie ein Ententeich. Ein schnelles Aluboot braust auf uns zu. Die Insassen, fünf Yupik-Eskimos – eine junge Frau mit Baby, ein Junge und zwei drahtige Männer mittleren Alters –, winken uns fröhlich zu. Gleich darauf stoppt das Boot neben uns. Benzingetriebene Tauchkompressoren stehen darin. Der Mann an der Pinne heißt David, der andere, im Tauchanzug, William. Sie kampieren im Sommer auf dem Inselchen, kämen aber aus Savoonga auf der Hauptinsel, berichten sie.

„Können wir im Schutz der kleinen Insel ankern und an Land gehen?", frage ich.

„I don't see why you shouldn't", meint William. Aber wir bräuchten das Einverständnis des Camp-Ältesten auf Kanal 11. Das Boot schießt davon.

An der Bucht mit dem Camp können wir mehrere kleine Boote der Yupik ausmachen. Bald darauf meldet sich der Camp-Älteste über UKW: Wir könnten in der Bucht ankern, für einen Landgang aber sei die Erlaubnis des Stammesältesten in Savoonga erforderlich. Den aber könnten wir von hier aus über UKW nicht erreichen.

Wir haben gerade beschlossen, nun doch direkten Kurs auf Savoonga zu nehmen, als das Boot noch einmal zurückkehrt – an Bord nur noch David und William. Sie reichen uns zwei versteinerte Walrosshauer an Bord. Sie hätten sie hier aus dem Meer getaucht, sie seien aber zu hart, um beschnitzt zu werden. Ob wir Interesse hätten? Im Tausch dafür wollen sie Proviant und Klopapier. Beides erfüllen wir gerne. Die dunkel verfärbten, schweren Hauer wandern an Bord der FREYDIS. Versteinerungen haben vom Zoll nichts zu befürchten.

Von unseren früheren Besuchen auf St. Lawrence und meinen Recherchen darüber weiß ich, dass die Punuks große Bedeutung für die Archäologie haben: Denn es waren vor allem diese felsigen Vorposten, auf denen man die Beweise frühester Eskimo-Kulturen fand – unterschiedlich beschnitztes Walross-Elfenbein. Sammler dieses paläontologischen Materials waren der deutsche Otto Wilhelm Geist und der Norweger Ivar Skarland in den 1920ern und -30ern. Ihre Funde und die archäologischen Studien von Henry B. Collins und anderen, die fast gleichzeitig auf der Insel forschten, hatten es ermöglicht, die einzelnen Epochen der Eskimo-Kulturen zeitlich einzuordnen. Diese nach den Punuks benannten Kulturepochen entwickelten sich vor mehreren tausend Jahren im östlichen Sibirien und im arktischen Amerika. Sie wurden anschließend von den Küstenbewohnern, die St. Lawrence vor etwa 2000 Jahren dauerhaft besiedelten – und auf den Punuks die Walrosse jagten –, weiterentwickelt.

Nicht nur für die Archäologen, auch für die Bewohner der beiden Inseldörfer, Savoonga und Gambell, waren die Punuks eine wahre Fundgrube: „Ganze Umiak-Ladungen fossilen Elfenbeins haben sie als Material für ihre Schnitzarbeiten von den Inselchen geholt, wo es einst große Walross-Sammelplätze gegeben haben muss", so Professor Hans Georg Bandi, emeritierter Professor für Archäologie der Universität Bern, der als junger Forscher vor dem Zweiten Weltkrieg auf St. Lawrence Grabungen durchführte und den ich im Zusammenhang mit unserer ersten Beringmeer-Reise in Bern aufgesucht habe.

Wie wir damals und auch heute mit eigenen Augen sehen, tauchen und graben die Inselbewohner auch weiterhin auf den Vorposten, aber auch auf der Hauptinsel nach den begehrten Artefakten, um damit ihren Unterhalt zu verdienen: „subsistence digging" nennt man das.

Laut „Alaska Native Claims Settlement Act" von 1971 gehört St. Lawrence samt den Punuks allein den Bewohnern. Nur sie haben das Recht, die Gebrauchsgegenstände ihrer Vorfahren, die fast alle aus geschnitztem Walross-Elfenbein bestehen, auszugraben oder aus dem angrenzenden Meer zu holen und sie ebenso zu veräußern wie ihre aus frischem und fossilem Rohmaterial gefertigten eigenen Werke. Durch das Importverbot für Elfenbein in anderen Ländern wir das aber immer schwerer.

Auf der Hauptinsel angekommen, wird uns erstmals wieder bewusst, dass es in der Arktis außer Stürmen und Eis noch eine andere Gefahr für uns gibt: Eisbären! Als wir zu

Fuß von unserer Ankerbucht unterwegs zum Dorf Savoonga sind, kommt uns ein kleines geländegängiges Fahrzeug entgegen und pickt uns auf: Laut Brian, dem Fahrer, ist in der Nähe ein Eisbär gesichtet worden. Von nun an können wir uns außerhalb des Dorfes nur in dem kleinen Gefährt bewegen. Dass mit Eisbären nicht zu spaßen ist, das wissen wir nur allzu gut. Schon vor 30 Jahren auf unserer Segelreise um Spitzbergen hatten wir grausige Geschichten mit tödlichem Ausgang gehört und auch Menschen getroffen, die von Eisbären attackiert und schwer verletzt worden waren. (*Wo Berge segeln*)

Gut geschützt sitzen wir anschließend in der Gemeinschaftshütte des 700-Einwohner-Dorfes am runden Tisch und unterhalten uns bei einer Tasse Kaffee (aus der Kaffeemaschine!) mit den Stammesältesten und dem 36 Jahre jungen, aufgeweckten Bürgermeister Myron Kingeekuk, der, wie wir von den anderen erfahren, der beste Schütze beim Walfang ist.

Auch andere Bewohner finden sich in der Hütte ein. Einige erinnern sich noch an unseren letzten Besuch vor zehn Jahren oder erkennen sich auf den Fotos in meinem Buch, das ich dem Bürgermeister überreiche.

Im Gegensatz zu den Pribilofs ist die kleine Gemeinde von sibirischen Yupik-Eskimos auf St. Lawrence bisher stabil geblieben. Doch auch sie erlebt den rapiden Wandel des Klimas, der sich in der Arktis zweimal schneller vollzieht als im globalen Durchschnitt, und hat Probleme. Bei unserer Unterhaltung geht es zunächst um die Arbeitslosigkeit auf der Insel, denn es gibt nur wenige feste Jobs in der Gemeinde. Auch können sie, wie erwähnt, ihre Schnitzwerke aus Walrosshauern, mit dem viele von ihnen bisher ihren Lebensunterhalt verdienten, wegen des internationalen Handelsverbots für Elfenbein kaum noch an die Händler

Unsere Ankerbucht vor St. Lawrence

in Anchorage verkaufen. Außerdem fangen sie weit weniger Wale und Walrosse als früher.

Offensichtlich gibt es eine Verunsicherung bei den Bewohnern – einerseits hörten wir von David auf den Punuks, dass sein 16-jähriger Sohn vor kurzem bei einer Auseinandersetzung mit Walschützern, die gegen den Walfang in Japan und im Beringmeer angehen, verletzt worden sei. Andererseits erfahren wir nun von Myron, dass die internationale Walfangkommission ihnen zwar den Abschuss von zwölf Nordkapern („Bowheads“, Grönlandwal) pro Jahr erlaube. „Aber diese Zahl können wir gar nicht mehr erreichen, weil die Bowheads in den letzten Jahren ihre Route verlagert haben.“

Als Walfanggegner könnte ich mich darüber freuen, aber ich kann nicht umhin, auch Verständnis zu empfinden für die Inselbewohner. Da ziehen diese Kolosse seit Urzeiten dicht an der Insel vorbei, sind für sie die Hauptnahrungslieferanten neben den Walrossen, und plötzlich ändern sie ihren Weg durchs Beringmeer. Warum? Ist die Klimaerwärmung auch dafür verantwortlich?

Jedenfalls führt sie dazu, dass das Beringmeer mittlerweile erst Ende Dezember zufriert, dass vermehrt Sturmfluten zur Erosion der Küsten beitragen und dass das Packeis von Jahr zu Jahr früher schmilzt und brüchiger wird. Deshalb sind auch die Walrosse, die für ihre Wurf- und Sammelplätze dickes, tragfähiges Packeis brauchen, für die Bewohner immer schwerer zu erreichen.

Bis heute sind die Bewohner überwiegend Selbstversorger und in ihrer Geschichte ist Hunger keine Seltenheit. In den 1870ern seien die Walrosse schon einmal ausgeblieben, so die Stammesältesten. Zusammen mit einer Welle eingeschleppter Infektionskrankheiten führte das zu einer Hungersnot mit drastischer Dezimierung der Bewohner von 5000 auf nur noch 250! Ganze Dörfer wurden auslöscht und die Überlebenden sammelten sich anschließend im äußersten Nordwesten der Insel, dem heutigen Gambell. Die zweite Ortschaft auf der Insel, Savoonga, entstand erst später, als eine Herde domestizierter Rentiere vom Festland als Nahrungsalternative in den Norden der Insel gebracht wurde. Danach hatte sich die Insel teilweise wieder mit sibirischen Yupik von Tschukotka bevölkert. Heute beherbergt sie insgesamt 1400 Menschen, je 700 in Gambell und in Savoonga. In beiden Dörfern gibt es einen Flugplatz, eine Schule, einen kleinen Supermarkt und eine Klinik mit einem Gesundheitsbeauftragten.

Am Dorfstrand liegen ältere Walknochen und lange Barten neben mehreren stark motorisierten Alubooten. Dazwischen entdecken wir zwar noch einige aufgebockte Umiaks – traditionell von den Eskimos zum Walfang benutzte Boote aus Holzgerüsten, die mit Walross-Leder be-

Walknochen am Strand von Savoonga

spannt sind. Doch wir haben den Eindruck, dass sie nur noch als Schaustücke dienen.

Vor unserem Abschied nimmt uns Brian in seinem Vehikel auf eine Besichtigungstour mit. Sie führt hinauf zum Dach der Insel, wo sich uns ihr vulkanischer Ursprung in einer kratergespickten Mondlandschaft offenbart. Die abschnittsweise nur äußerst mühsam befahrbare Piste ist die einzige Landverbindung von Savoonga nach Gambell am Nordwestkap – und eine rückenbrechende noch dazu. Ich würde sie trotzdem gerne riskieren. Doch die Zeit drängt, wir müssen zurück zur Bucht, wo uns die Freydis, friedlich im Wasser schaukelnd, wieder aufnimmt.

Wir kontrollieren die Maschine, füllen Getriebeöl nach und spannen die Keilriemen. Dann Anker auf. Wind aus Ostsüdost 3–4. Die Freydis läuft sechs Knoten. Schön, dass wir wieder richtig zum Segeln kommen! Den direkten Kurs nach Nome können wir noch nicht anlegen, hoffen aber auf die angesagte Rechtsdrehung des Windes.

Dierk notiert: *Meine Wache beginnt um 4 Uhr morgens mit einem dramatischen Morgenrot. Erich hat eine heiße Brühe für uns beide gemacht. Er bleibt noch eine Stunde mit mir auf, erzählt von seinen Erfahrungen. Es geht unter anderem um Ankermanöver, wenn man in abgelegenen Gebieten Schutz sucht. Die Freydis hat in der Piek 80 Meter Kette (13 mm) für den Hauptanker sowie 30 Meter für den Reserveanker und 50 Meter Schlepptrosse gestaut. Für besonders schwierige Ankersituationen fährt sie weitere 100 m Kette (8 mm) sowie vier lange Schwimmleinen in der Achterpiek, womit neben dem Anker eine stabile Landverbindung hergestellt werden kann. Mir bedeuten diese Gespräche viel. So etwas lernt man nicht in der Segelschule. Die letzte Stunde meiner Nachtwache geht schnell vorüber. Um 7 Uhr gibt es wie immer gutes Frühstück, danach ruft Erich das Wetter ab, dann gibt es schon bald Mittagsmüsli – die eingespielte Bordroutine halt. Der Wind lässt nach, die Fahrt fällt auf drei Knoten, wir schalten die Maschine zu. Noch 20 Seemeilen bis Nome. Wie immer, wenn es eng wird, übernimmt Heide die Navigation während der Ansteuerung …*

Nach einer kalten und regnerischen Fahrt erreichen wir die Kleinstadt Nome auf der Seward-Halbinsel an der Mündung des Snake River. Endstation für unsere Mitsegler Wolfgang, Dierk und Hansjörg. Schade, dass sie uns verlassen – wir waren ein gutes Team.

Erich ins Logbuch: *Auch diesen insgesamt tausend Seemeilen langen Törn mit Crew vom Ende der Alaska-Halbinsel übers Beringmeer nach Nome haben wir in zweieinhalb Wochen problemlos gemeistert. Jetzt kann es losgehen – Nordwestpassage, wir kommen!*

Oben: Das Hochland von St. Lawrence
Unten: Mit Brian auf Tour durch das Hochland

Nordwestpassage: Der Durchbruch

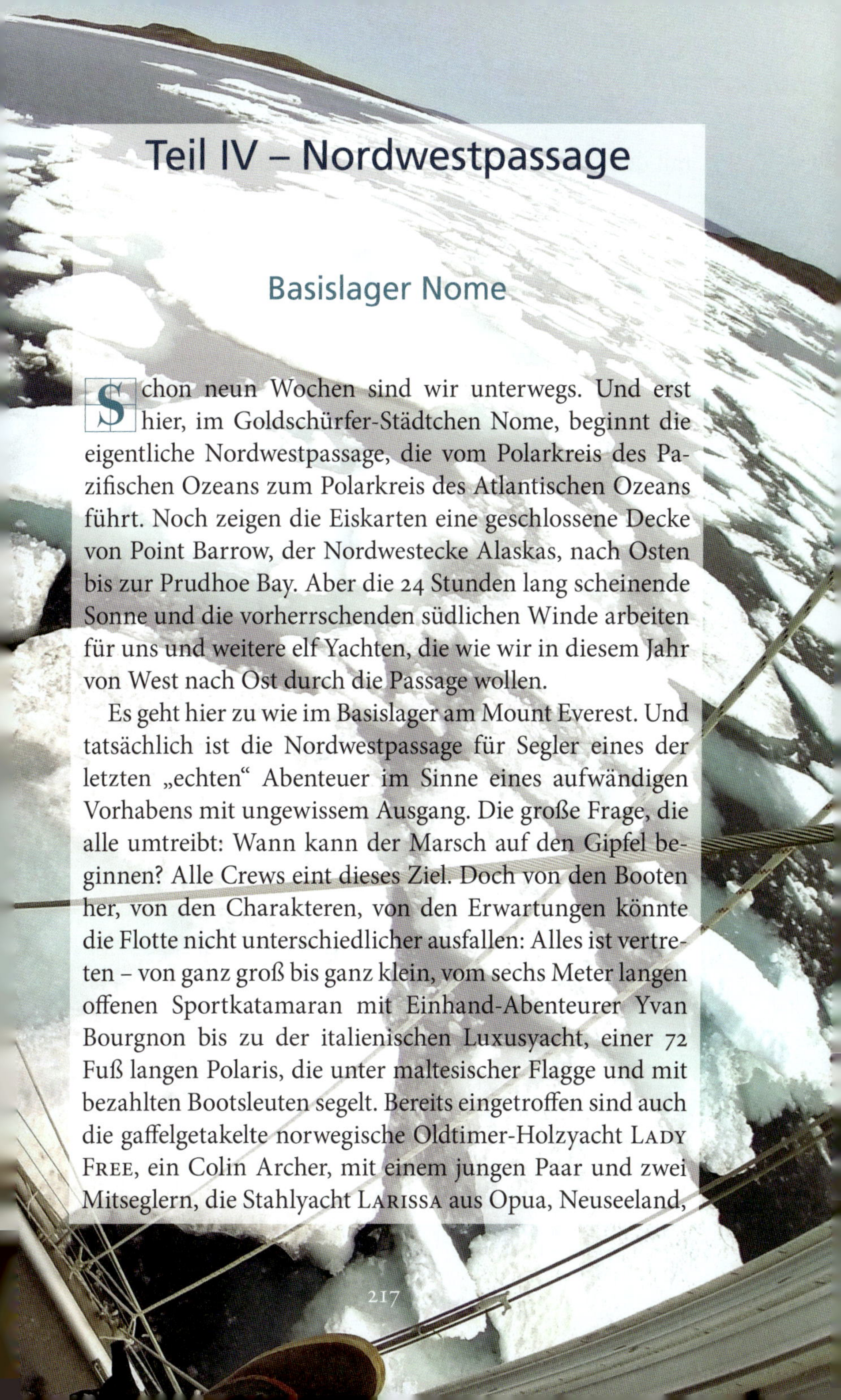

Teil IV – Nordwestpassage

Basislager Nome

Schon neun Wochen sind wir unterwegs. Und erst hier, im Goldschürfer-Städtchen Nome, beginnt die eigentliche Nordwestpassage, die vom Polarkreis des Pazifischen Ozeans zum Polarkreis des Atlantischen Ozeans führt. Noch zeigen die Eiskarten eine geschlossene Decke von Point Barrow, der Nordwestecke Alaskas, nach Osten bis zur Prudhoe Bay. Aber die 24 Stunden lang scheinende Sonne und die vorherrschenden südlichen Winde arbeiten für uns und weitere elf Yachten, die wie wir in diesem Jahr von West nach Ost durch die Passage wollen.

Es geht hier zu wie im Basislager am Mount Everest. Und tatsächlich ist die Nordwestpassage für Segler eines der letzten „echten" Abenteuer im Sinne eines aufwändigen Vorhabens mit ungewissem Ausgang. Die große Frage, die alle umtreibt: Wann kann der Marsch auf den Gipfel beginnen? Alle Crews eint dieses Ziel. Doch von den Booten her, von den Charakteren, von den Erwartungen könnte die Flotte nicht unterschiedlicher ausfallen: Alles ist vertreten – von ganz groß bis ganz klein, vom sechs Meter langen offenen Sportkatamaran mit Einhand-Abenteurer Yvan Bourgnon bis zu der italienischen Luxusyacht, einer 72 Fuß langen Polaris, die unter maltesischer Flagge und mit bezahlten Bootsleuten segelt. Bereits eingetroffen sind auch die gaffelgetakelte norwegische Oldtimer-Holzyacht Lady Free, ein Colin Archer, mit einem jungen Paar und zwei Mitseglern, die Stahlyacht Larissa aus Opua, Neuseeland, mit dem älteren Ehepaar Mark und Heather, die holländische Alu-Yacht TRANQUILO, eine Bestevaer 56, mit einem weiteren jungen Paar, und die österreichische Stahlyacht MUKTUK mit vierköpfiger Familiencrew Alexandra (Alex), Karl, Jan und Noah und Bordhund Sooty: Sie besitzt einen Schwenkkiel wie die FREYDIS und ist schon einmal durch die Nordwestpassage gesegelt, und zwar in Gegenrichtung, also von Ost nach West. Nun will sie auf dem kürzesten Weg wieder zurück nach Europa: die beiden Kinder, 11 und 13, die schon jahrelang auf der ganzen Welt unterwegs sind, könnten sich unter ihrer Heimat Österreich kaum noch etwas vorstellen, sagt Alex. Außer der FREYDIS ist auch noch eine weitere Yacht vom Verein „Trans Ocean Cuxhaven" vertreten: die deutsche 11,90 m Aluminiumyacht NEHAJ mit der Einhandseglerin Susanne Huber-Curphey. Bevor wir aufbrechen, machen noch zwei weitere Yachten in unserer Nähe an der Pier fest: die neuseeländische Yacht TIAMA und die US-amerikanische Yacht IRENE.

Neben all diesen konventionellen Yachten nimmt sich der sechs Meter lange offene Sportkatamaran Hobie Cat unter Schweizer Flagge wie ein Spielzeug aus. Er kam per Flugzeug an und wurde inzwischen von seinem Skipper, dem Schweizer Yvan Bourgnon, und dessen Sponsorenteam am Steg zusammengebaut. Yvan ist in der Welt der Segler kein Unbekannter: 2015 war er schon einmal in den Schlagzeilen nach seiner spektakulären Weltumsegelung mit eben diesem Sportkatamaran, den er unterwegs, seinen Angaben zufolge, über 300 Mal nach Kenterungen hatte aufrichten müssen. Nun plant er mit seinem Gefährt den nächsten spektakulären Coup: die Durchquerung der Nordwestpassage. Das ist zweifellos eine Rekordfahrt und auch als solche von vornherein geplant. In diesem Zusammenhang spricht die *Yacht* (Heft 9/2017) von einer „fragwürdigen Rekordjagd“. Das würde dann allerdings für alle im Guinness-Buch eingetragenen Rekorde gelten. Die Ansicht „fragwürdig“ und „Rekordjagd“ kann man zwar vertreten. Sie ist jedoch rein subjektiv: Was für den einen den „Sinn des Lebens“ bedeutet, ist für den anderen der „reine Wahnsinn“. Man kann es aber auch halten wie Friedrich der Große: „Jeder soll nach seiner Fasson selig werden.“ „Freiheit der See“ heißt: Jeder kann sich ein beliebiges Boot zulegen und damit lossegeln, wohin auch immer. Wer oder was sollte ihn davon abhalten? 1956 bezwang Hannes Lindemann mit einem Klepper-Faltboot und Stützsegel den Atlantik, 1987 glückte dasselbe Rüdiger Nehberg mit einem Tretboot und Hilfsbesegelung, 1984 umrundete Arved Fuchs im Winter mit einem Faltboot Kap Hoorn, 1988 segelten zwei Kanadier mit einem Katamaran (Hobie 18) in Abschnitten durchs Eis der Nordwestpassage, und 2000/01 segelte Wilfried Erdmann mit seiner KATHENA NUI (Alu-Slup 10,60 Meter) einhand und nonstop gegen die vorherrschenden Winde um die Welt. Jeder, der eine solche Reise unternimmt, muss das allein mit seinem Gewissen und seinen Ansichten von guter Seemannschaft vereinbaren. Und, ganz ehrlich, wo wären wir, wenn es keine Menschen gäbe, die etwas wagten?

Die kurze Pause in Nome nutzen wir, um das Boot für die vor uns liegenden Etappen noch einmal gründlich auszurüsten. Und dabei müssen wir nicht nur die achtköpfige Crew, Erich und mich eingeschlossen, berücksichtigen, sondern auch den nicht unwahrscheinlichen Fall, dass wir beide gezwungen sind zu überwintern. Das klingt so einfach, kann aber problematisch werden: Schaffen wir es nämlich nicht bis zu einer Siedlung wie Gjoa oder Cambridge Bay, dann müssen wir zehn Monate völlig isoliert

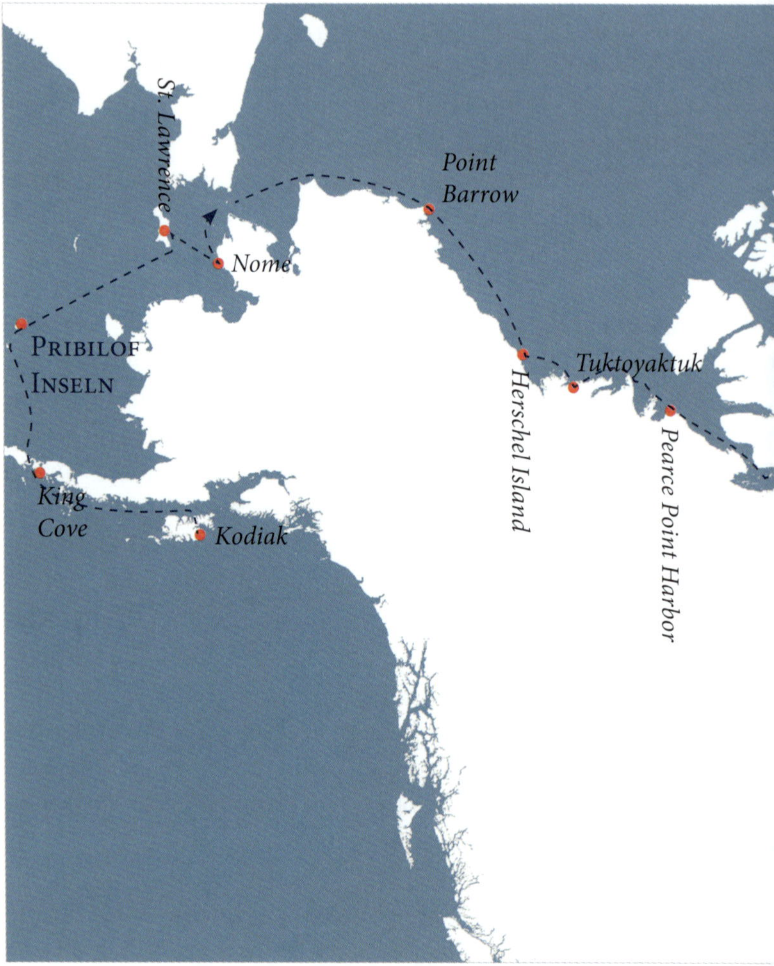

und vom Eis eingeschlossen in einer Bucht ausharren. Was das bedeutet, ist uns noch sehr präsent von unserer Überwinterung in der Antarktis vor 26 Jahren. Damals war es unser erklärtes Ziel, einen Winter zu zweit in eisiger Abgeschiedenheit zu erleben und das möglichst ohne zu hungern, zu frieren oder dahinzuvegetieren. Allzu große

Entbehrungen suchten wir auch damals nicht. Doch weil wir schon zu Beginn an einem Orkan scheiterten, nahm die Überwinterung einen dramatischen Verlauf. Diesmal würden wir so ein zeitaufwändiges, mit mehr oder weniger Entbehrungen verbundenes und vielleicht sogar höchst gefährliches Zwischenspiel gern vermeiden. Falls wir aber doch vom Eis eingeschlossen werden, brauchen wir – auch wenn unsere Crew abgeborgen wird – eine Menge Grundnahrungsmittel. Deshalb stocken wir unseren Proviant einschließlich Getränken noch einmal kräftig auf. Etliche Gerichte werden auch von mir bereits vorgekocht und eingefroren. Das hat den Vorteil, dass wir sie bei schwerem Wetter nur aufwärmen müssen. Außerdem kaufen wir zusätzliche Gasflaschen und füllen die Dieseltanks bis zur Halskrause auf.

Auch ein Wäscheberg hat sich angesammelt. Doch einen Waschsalon suche ich vergebens. Dank meines Alters (es ist also doch zu etwas gut) darf ich die Waschmaschinen im „Senior Center" benutzen.

Mit all diesen Dingen sind wir von morgens bis abends schwer beschäftigt, ... *und wenn's köstlich gewesen ist, so ist's Mühe und Arbeit gewesen*, steht schon in der Bibel! (Psalm 90,10) Na ja, immerhin habe ich dieses Leben an Bord aus freien Stücken gewählt. Nicht nur meinem Skipper zuliebe – das wäre zu viel verlangt –, aber doch uns beiden zuliebe, und, wenn ich ehrlich darüber nachdenke, vor allem wohl mir zuliebe. Klar, ich würde nicht allein in diesen Gefilden segeln, aber ich habe zum Glück einen Partner, mit dem ich das kann. Wir wollen zusammen etwas Schönes und Abenteuerliches erleben, sonst wären wir Singles und Einhandsegler. Aber jeder von uns hat doch seine ganz eigene Motivation.

Ich empfinde mich noch immer als Suchende, auch wenn das Ende dieser Suche – wir sind beide 75 und segeln nun schon bald 50 Jahre zusammen – langsam absehbar ist. Natürlich war das Bordleben oft mit Strapazen verbunden, unter anderem, weil ich sehr unter Seekrankheit leide. Was mich dennoch an diese Art des Lebens fesselte und auch jetzt noch, mit 75, daran festhalten lässt, ist zum einen das

Fieberhaft werden auf allen Yachten letzte Vorbereitungen getroffen.

Zur Verproviantierung gehören auch Bier und Wein.

Moschusochsen
bei Nome

beglückende Gefühl, etwas mit Erich oder mit einer Crew zusammen meistern zu können, andererseits die Gewissheit, dass meine eigenen Ansprüche – seelische und geistige – bei diesem aktiven Leben eine Erfüllung finden: Durch das Nomadentum auf See komme ich ständig in Berührung mit Fremdem, Neuem, Unvorhersehbarem, Erstaunlichem. Das ist oft mühsam, aber auch sehr inspirierend. Es bringt Einsichten, Erkenntnisse, neue Freundschaften und Chancen. Vieles beschäftigt mich lange und intensiv und liefert mir letztlich den Stoff zum Schreiben. Das alles bereichert mein Leben ungemein. Das heißt aber nicht, dass ich nicht zuweilen mit meinem Schicksal hadere, dass ich nicht ab und zu darüber nachdenke, dem Boot und all dem Ungemach, das damit verbunden ist, für immer den Rücken zuzukehren. Doch ich weiß, das würde ich schon bald zutiefst bereuen, denn ich habe – wenn ich das einmal so pathetisch ausdrücken darf – mit der Zeit einen großen Teil meiner Seele fest mit diesem Leben verknüpft. Ich kann schlimme

Heide Wilts

Unglücksfälle wie auf Deception und in Fukushima, schwere Stürme und menschliche Unzulänglichkeiten verkraften. Was ich nicht kann und will, ist, die schönen Bilder, die freundlichen Menschen, die vielen positiven Dinge vergessen, die wir – Erich und ich – jeder auf seine Weise während unseres Seglerlebens erfahren haben. Deshalb sehe ich auch der Nordwestpassage – trotz vieler Vorbehalte und Sorgen – mit (allerdings etwas gedämpfter) Freude entgegen.

Entspannung und Ablenkung von dem sich dunkel vor mir aufbauenden Abenteuer finde ich meist erst am späten Abend bei sonnigen Strandspaziergängen. Oft begegne ich dort interessanten Menschen und ihren Geschichten: zum Beispiel einer alten Inupiat-Frau, die beim Sammeln bunter, sandgeschmirgelter Glasstückchen, um daraus Schmuck herzustellen, eine alte Pfeilspitze aus Walross-Elfenbein fand, die sie mir voller Stolz zeigt. Sie selbst stamme ursprünglich aus King Island, verrät sie mir, und schon lange bevor es den „Goldrush“ und die Stadt Nome gab, sei ihr

Erich Wilts

Schwimmbagger aus Goldrauschzeiten

Stamm in diesem Gebiet auf die Jagd gegangen. Oder der junge australische Rucksacktourist, der mir mit den Worten: „You can find real treasures here!", („Du kannst hier richtige Schätze finden!") ein altes Messer mit oxidierten Kupferbeschlägen unter die Nase hält. Dann der spindeldürre Goldsucher aus Kalifornien, der mir freimütig verrät, dass er für seinen kleinen „dredge" (Schwimmbagger) aus zweiter Hand 6000 $ gezahlt hat und dass er einen Typen kennengelernt hat, bei dem er untergekommen sei: „Dort drüben am Hafen, in dem doppelstöckigen Haus mit dem blauen Dach. Sieht von außen nicht besonders aus, aber drinnen lässt sich's gut leben. Es gibt eine Waschmaschine und eine gut ausgestattete Gemeinschaftsküche. Eine Menge Leute aus vielen verschiedenen Nationen wohnen darin." Von ihm erfahre ich auch, dass die Claims auf dem Meeresgrund vom Staat versteigert werden und ein erfolgreicher Bieter solange baggern und schürfen darf, wie er die jährliche Pacht bezahlt.

„Und was verdient man so im Schnitt bei der Goldsuche?", frage ich und überlege, ob das vielleicht eine Alternative für mich wäre. „Etwa 100 $ pro Stunde“, meint er. Aber man könne nur bei windstillem und sonnigem Wetter auf See arbeiten, und die Arbeit sei zeitraubend und anstrengend, vor allem, wenn man allein ist. Im Tauchanzug muss man unter Wasser den Schlauch führen und den Sand aufsaugen. Oft verstopfen Steine den Schlauch, dann muss man hoch, die Pumpe abstellen, den Schlauch leeren und danach wieder runter. Und zum Schluss muss man das Gold noch aus dem Konzentrat herauswaschen.

Ich glaube, ich könnte bei ihm anheuern, entscheide mich aber schließlich doch gegen das goldige und für das eisige Abenteuer.

Die Mitstreiter

Es war nicht ganz einfach, für eine so lange Reise wie die Nordwestpassage Mitsegler zu finden. Deshalb haben wir die entscheidende Etappe von Nome im nördlichen Beringmeer bis zur Disko Bay in Grönland in zwei Abschnitte gesplittet: drei Wochen von Nome bis Cambridge Bay und weitere drei Wochen von Cambridge Bay bis Grönland. Bis auf Maurice, der wegen seines Examens erst in Tuktoyaktuk / Kanada zusteigen kann, sind unsere sechs hochsee-erfahrenen Mitsegler der ersten Etappe pünktlich eingetroffen: Da ist Lore, 63, Psychologin, die bereits neun Törns rund um den Globus mit uns segelte, und Heinz aus Österreich, 58, von Beruf Ingenieur, der uns im vergangenen Jahr auf zwei Törns im Golf von Alaska begleitet hat – beide werden die gesamte Reise bis Grönland an Bord sein; dann Norbert, 60, ebenfalls Ingenieur und schon auf mehreren Reisen an Bord, der uns aus beruflichen Gründen nur bis zum kleinen kanadischen Ort Pond Inlet, nahe der Baffin Bay, begleiten kann, und die beiden FREYDIS-Neulinge Frank, 53, von Beruf Pilot, und Hartmut, 66, pensionierter Chirurg und gelegentlich als Schiffsarzt auf Kreuzfahrten unterwegs, die uns schon in Cambridge Bay verlassen, wo unsere Freude Thilo und Folkmar zusteigen.

Obschon die Mehrzahl der Crewmitglieder das Schiff und uns kennt, wird diese Reise sicher nicht nur seemannschaftlich, sondern auch menschlich eine Herausforderung: 45 Tage mit acht Leuten auf engstem Raum zusammen leben und arbeiten zu müssen, die auch noch „die große Freiheit" erleben wollen, und das unter harten Bedingungen, ist erfahrungsgemäß nicht einfach und fordert von allen Beteiligten gegenseitigen Respekt und Toleranz. Es kann leicht zu Missklängen, Reibereien und Disharmonien kommen – ein Phänomen, das von früheren Expeditionen her als „Barackenfieber" bekannt ist. Das kann aufkommen, wenn Menschen unfreiwillig lange Zeit auf engstem Raum in einem Schiff oder einer Hütte zusammengepfercht leben, etwa, wenn sie vom Eis eingeschlossen oder lange Zeit ohne Landaufenthalt unterwegs sind. Und weil sich der Mensch in seinem emotionalen Verhalten in so kurzer Zeit nicht grundsätzlich verändert hat, gilt das noch genauso wie in der Vergangenheit.

Anlass für ein solches „Fieber" besteht weniger auf kurzen Etappen von zwei bis drei Wochen. Während dieses Zeitraums können persönliche Probleme und Animositäten hintangestellt und gemeistert werden. Dauert die Reise jedoch länger, lassen sie sich oft nicht mehr unterdrücken. Dann kann sich aggressives Verhalten, Unmut und Feindseligkeit gegen alles und jeden richten und ganz plötzlich offenbaren. Gründe dafür gibt es genug auf so einer Reise: zum Beispiel langdauernde ungewohnte Anstrengungen, Strapazen, Ängste oder eine Erschöpfung der Fähigkeit, immer neue Eindrücke aufzunehmen, oder der Mangel an Privatsphäre.

Im Laufe einer Reise – und das ist auf jedem Törn so, selbst bei einem zehntägigen auf der Ostsee – bilden sich gewisse Strukturen heraus: Abgesehen von der „Hierarchie", die Skipper, Eigner und Wachführer verkörpern, kommt es zur Bildung von Cliquen, Freundschaften, Feindschaften, Zu- und Abneigungen, Positions- und Konkurrenzkämpfen. Kaum anders als im täglichen Leben überwiegt das eine oder andere – je nachdem, aus welchen Charakteren sich die Gemeinschaft zusammensetzt und nach welchen Spielregeln das Zusammenleben abläuft. Doch auf einem kleinen Boot, noch dazu in extremen Breiten, kommen Charakterzüge und Verhaltensweisen ungleich intensiver zum Ausdruck. Ständig hockt man aufeinander. Es gibt keinen Feierabend, um sich zu regenerieren. Der Anpassungsdruck ist enorm und kostet, je nachdem, ob das Crewmitglied tolerant und kommunikationsfreudig ist oder eher introvertiert und mit hohen Ansprüchen an sich selbst und die anderen, viel Energie. Verstellen kann man sich kaum unter diesen Bedingungen und auch keinem etwas vormachen. Das hat aber auch den Vorteil, dass man losgelöst von seinem Alltags-Ich ganz neue Erfahrungen sammeln kann.

Vor dem Aufbruch wollen unsere Mitsegler gern noch ein wenig Wildnis und Einsamkeit in der Umgebung der Goldgräberstadt schnuppern. Kein Problem. Mit dem Mietwagen suchen wir die „Pilgrim Hot Springs" im Landesinneren auf, die wir vom letzten Besuch her noch in schönster Erinnerung haben. Die heißen Quellen liegen in einem Geisterdorf. Dank des heißen Wassers hatten sich Goldsucher aus Nome Anfang des 20. Jahrhunderts dort ein Rückzugsgebiet geschaffen. Als die Häuser nach einigen schlimmen Epidemien leer blieben, baute die katholische Kirche für die Kinder, die ihre Eltern verloren hatten, ein Waisenhaus auf dem Gelände, das ebenfalls das heiße Wasser nutzte. Heute sind auch diese Gebäude verlassen und dem Verfall preisgegeben.

Als wir nach einer Holperstrecke den Mietwagen abstellen, um das letzte Stück zu Fuß zurückzulegen, zeigt diese gemäßigte Tundra mit Büschen und blühenden Wiesen ihre wilde Seite: Direkt vor uns kreuzt ein großes Elchjunges unseren Weg. Es spurtet hinter seiner Mutter her, die gerade noch erkennbar in den Büschen verschwindet. Elche sind gefährlich, besonders Mütter mit Jungen – sie können Menschen zu Tode trampeln. Zu unserer Erleichterung kommt uns ein Quad entgegen – am Steuer eine Inupiat-Frau. Als sie uns wie vom Donner gerührt da stehen sieht, weiß sie Bescheid: „Die Elche sind auf der Flucht vor einer Bärenmutter mit Jungen, die sie verfolgt.“ Ob wir ein Gewehr hätten?

Oh je, nein! Nicht einmal die Tröte habe ich mitgenommen! Dabei sind wir eigentlich hervorragend für Landgänge ausgerüstet – mit Pumpgun, Spezialmunition, Schreckschusspistole und Bärenspray. Aber so ist das manchmal: Hat man endlich die Mittel, um ein Problem zu lösen, scheint die Sache erledigt und man vergisst das Problem.

Was wir dann aber in der Tat schmerzlich vermissen, ist Moskitospray! Denn in den heißen Pools und Umgebung attackieren uns ganze Schwärme dieser blutrünstigsten Plagegeister.

Eine Überraschung ganz anderer Art erwartet uns auf dem Rückweg im „Safety Roadhouse“, wo wir die Fahrt unterbrechen. Es ist der letzte Checkpoint auf dem Iditarod-Schlittenhunderennen von Anchorage nach Nome. Es wir jährlich durchgeführt in Erinnerung an die legendäre

Die Wände voller Dollerscheine

Fahrt 1925, als in Nome Diphterie ausbrach und der Hundeschlitten die einzige Möglichkeit war, das lebensrettende Impfserum nach Nome zu bringen. Der Gastraum im Roadhouse ist recht urig, wenn auch etwas heruntergekommen. Erstaunen und Heiterkeit lösen die Holzwände aus, die von den Gästen über die Jahre mit Hunderten, ja Tausenden von bemalten und beschriebenen Ein-Dollar-Scheinen bepflastert wurden.

Bei Darren, dem Inupiat-Eskimo, der die Raststätte führt, bestellen wir Karibu-Hotdogs und Bier und kommen rasch mit ihm ins Gespräch. Dabei erfahren wir, dass seine Großmutter zu den Glücklichen gehörte, die 1925 durch das Diphterie-Serum gerettet wurden, und dass ein Teil seiner Familie aus Kotzebue stammt, der Siedlung an der Tschuktschensee, die wir vor zehn Jahren besuchten. Wir finden sogar heraus, dass wir dort gemeinsame Bekannte haben. Leider erlaubt es unser Zeitplan nicht, diesen Ort wieder anzulaufen, der noch dazu nach dem Deutschbalten Otto von Kotzebue benannt ist, dem Leiter der russischen Rurik-Expedition 1818 auf der Suche nach der Nordwestpassage.

Gut gestärkt und bester Dinge verlassen wir das Roadhouse, nicht ohne uns zuvor noch mit einer Freydis-bemalten Dollarnote in einem freien Eckchen zu verewigen.

In den Startlöchern

Den Startschuss für die Nordwestpassage gibt hier niemand. Jede Yacht muss für sich selbst den richtigen Zeitpunkt herausfinden. Unsere Crew ist vollständig an Bord, die Freydis klar zum Auslaufen. Aber wann ist der „richtige" Zeitpunkt? Zwei Dinge sind dafür entscheidend: die zu erwartenden Windverhältnisse in der Tschuktschensee auf dem Weg nach Point Barrow und die Eisverhältnisse in der Beaufortsee von Point Barrow nach Osten.

Bereits in der Vorbereitungsphase 2016 erhielten wir in persönlichen Gesprächen mit Jimmy Cornell wertvolle Ratschläge bezüglich des Zeitablaufs in der Nordwestpassage. Besonders zu beachten ist, dass das Packeis im Westteil der Passage früher schmilzt als im Ostteil. Es kann sogar sein, dass das Eis im Ostteil während eines Sommers gar nicht schmilzt.

Bei seinem ersten Versuch 2014 mit der Aventura IV – eine Garcia Exploration 45 –, die Passage von Ost nach West zu schaffen, war er gescheitert. An den Engstellen fand er eine geschlossene Eisdecke vor und trat deshalb den Rückzug an, ebenso die übrigen Yachten, die sich ihm angeschlossen hatten. Lediglich eine Frau aus seiner Crew, die anschließend auf eine australische Yacht wechselte, hatte es etwas später im selben Jahr doch noch in den Pazifik geschafft. Im darauffolgenden Jahr, 2015, konnte er – diesmal in umgekehrter Richtung – die „Scharte" auswetzen. Für diesen zweiten Versuch musste er allerdings von Europa noch einmal durch den Panamakanal und den ganzen Nordpazifik nach Alaska anreisen.

Von West nach Ost war die Passage einfacher gewesen, weil der Ostteil zwischen Cambridge Bay und Fort Ross, der später aufbricht, nicht zu Beginn der Reise bewältigt werden muss, sondern erst gegen Ende. Die lange Passage in der Beaufortsee, die sich ab September oft schon wieder mit Packeis verschließen kann, liegt dann bereits im Kielwasser, und im Ostteil sind die Bedingungen für eine Öffnung des Eises günstiger. Diese Überlegungen veranlassten ihn, zum frühesten Zeitpunkt zu starten. Er wollte keine Chance verpassen, auch wenn er dadurch einige Male an Eisgrenzen warten musste. Weil er gut damit gefahren ist, haben wir uns beim Aufstellen unseres Zeitplans an seine Erfahrungen aus dem Jahre 2015 eng angelehnt.

Bis 2006 lag der früheste Zeitpunkt, an dem man Point Barrow passieren konnte, Anfang August. Denn die NW-Winde in der Tschuktschensee brachten ständig hocharktisches Eis an die Küste, das eine Weiterreise zum Alaska North Slope verhinderte. In den letzten Jahren hat sich dieser Zeitpunkt infolge der Klimaerwärmung auf die zweite Julihälfte vorverlagert. Ob dann jedoch tatsächlich ein Durchkommen gelingt, hängt vor allem vom Wind ab. Bläst er über längere Zeit aus Norden, kann das Eis erneut zur Festlandsküste vorrücken und den Weg versperren. Jedenfalls können wir in der Beaufortsee nicht mit Bedingungen rechnen wie 2011, als einige Yachten die Nordwestpassage bei einem Minimum an Eis allein unter Segelkraft bis zur Baffin Bay schafften. 2014 öffnete sich das Eis bei Point Barrow erst um den 4. August. Und 2015 gab es noch am 31. Juli so viel Eis vor der Küste, dass es das Navigieren in den flachen Gewässern an der Alaska North Slope und weiter östlich bis Cambridge Bay enorm erschwerte.

Im Winter sind zwei Drittel des Beringmeers und die gesamte Tschuktschensee von Packeis bedeckt. Im Sommer zieht es sich dann, dank des warmen Alaskastroms, von Juli bis September weit nach Norden zurück. Bis Point Barrow in der Tschuktschensee, dem nördlichsten Punkt der Vereinigten Staaten, können wir also mit eisfreiem Wasser rechnen. Östlich von Point Barrow, in der Beaufortsee, hält sich das Eis jedoch besonders lange. Und selbst wenn es im relativ geschützten Fahrwasser des Amundsen- und Queen-Maud-Golfs schon geschmolzen ist, kann die westlich davor liegende, ungeschützte Festlandküste von Alaska und Kanada noch vom Packeis verschlossen sein.

Unsere Hauptstütze bei der Beschaffung der nötigen Informationen ist „WetterWelt" in Kiel. Dipl. Meteorologe Sven Taxwedel hat uns schon in den letzten Jahren über Iridium betreut und von ihm bekommen wir 7-Tage-Törnberatungen mit der aktuellen und zu erwartenden Wind- und Eissituation. Diese Informationen werden unterwegs täglich auf den neuesten Stand gebracht. Wenn es Probleme gibt, können wir mit ihm zu jeder Tages- und Nachtzeit über Sat-phone die Situation besprechen. Eine unschätzbare Hilfe.

Kontakt aufgenommen haben wir auch zu dem Kanadier Victor Wejer. Er hat es sich zur Lebensaufgabe gemacht, Yachten auf Nordwestpassage über Kurzwelle und Sat-Mail zu unterstützen. Weil er 2006 bis 2016 insgesamt 42 Yachten bei der Durchquerung der Passage von auswärts intensiv beraten hat, wurde er 2016 vom „Ocean Cruising Club of America" mit dem „Award of Merit" ausgezeichnet. Auch in diesem Jahr ist er in Kontakt mit sämtlichen

Booten, die von Ost nach West oder von West nach Ost durch die Passage wollen, immerhin 22 Yachten! Er ist somit quasi eine Institution auf diesem eisigen Weg.

Wir stehen in den Startlöchern. Gespannt erwarten wir den Wetter- und Eisbericht von „WetterWelt". Wie vereinbart trifft er am 14. Juli bei uns ein. *Die Wetterverhältnisse werden insgesamt nicht mehr so gut sein wie beim vorigen Törn*", schreibt Sven Taxwedel darin. *Es wird häufig bedeckt, nieselig oder gar regnerisch, bisweilen neblig sein. Von den Windverhältnissen her sollte aber an den ersten zwei bis drei Tagen mit südlichen Winden gutes Vorankommen garantiert sein ... Bei einem späteren Start steigt das Risiko, dass um Point Hope herum mit nördlichen Winden zu rechnen ist. [...] Kommende Woche deutet sich das beste Windfenster zum Übersetzen nach Point Barrow an.*

Und zum Eis: *Ähnlich wie im letzten Jahr liegt z.Zt. eine Zunge mit zerbrochenem Eis bis zur Küste Alaskas im Gebiet dicht östlich von Point Barrow. Trotz allgemeiner Abschmelztendenz ist meine derzeitige Einschätzung, dass wir diese Zunge auch Ende nächster Woche noch sehen werden und damit auf dem Weg zur Herschel-Insel mit ihren Resten noch zu tun haben könnten.*

Diese Prognose gibt für uns den Ausschlag, schon am nächsten Tag zu starten. Das Warten hat ein Ende.

Gar nicht einverstanden mit unserem Start ist Victor. Wir sollen noch mindestens eine Woche warten, zu stark sei noch das Eis an der Nordküste von Alaska.

Victor hat recht: Noch zeigt die Eiskarte eine fast geschlossene Decke von Point Barrow, der Nordwestecke von Alaska, nach Osten bis zur kanadischen Grenze. Aber die 24 Stunden lang scheinende Sonne und die vorherrschenden

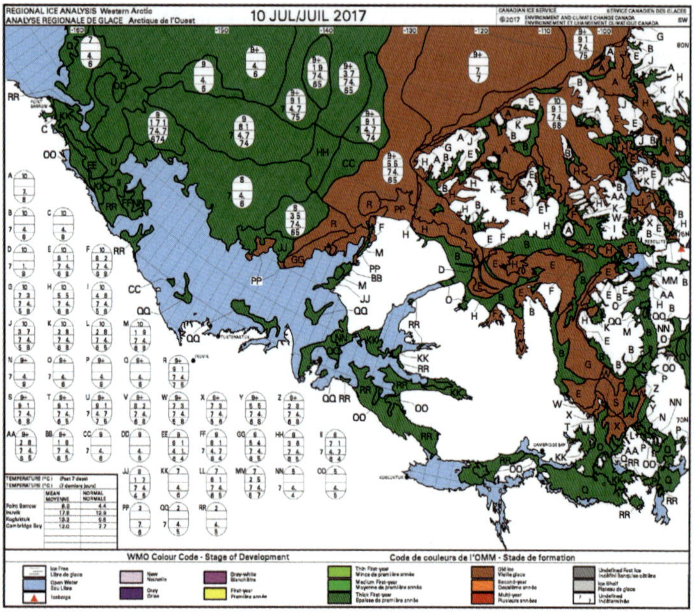

Eiskarte vom 10. Juli

südlichen Winde arbeiten für uns. Vielleicht starten wir ein wenig verfrüht, aber wir nehmen bewusst in Kauf, an einigen Stellen abwarten zu müssen. Uns geht es darum, keine Öffnung des Eises zu verpassen, denn zuweilen öffnet es sich nur für wenige Stunden und nur ein einziges Mal im Jahr. Und das kann auch kein noch so erfahrener Experte vorhersagen. Außerdem wollen wir in der Beringsee noch zwei Inseln aufsuchen. Bis Point Barrow liegen noch lange 600 Meilen vor uns. Wenn der Wind aus Nord weht und wir aufkreuzen müssen, kann es bis zur Nordwestecke Alaskas noch zehn Tage dauern. Bis dahin hoffen wir, hat sich die Situation zu unseren Gunsten verbessert, und wenn nicht, warten wir auf einem sicheren Ankerplatz oder in der Bucht vor dem Ort Barrow.

Wir haben weder die Absicht die Schnellsten noch die Ersten zu sein, die in diesem Jahr den Atlantik erreichen, aber wir wollen keine Chance auslassen. Wartezeiten und Rückschläge nehmen wir bewusst in Kauf. Erich und ich haben uns bei der Durchquerung der Nordwestpassage von vornherein auf die „Early-Bird"-Strategie festgelegt nach dem Motto: „Der frühe Vogel fängt den Wurm."

Also nichts wie los!

Aufbruch

15. Juli: Es ist so weit. Leinen los! Wir setzen Groß und Genua und starten zum Abenteuer Nordwestpassage. Konnten wir uns im Beringmeer noch Zeit nehmen für die Inseln, weil wir bereits Ende Mai in Kodiak gestartet waren, so müssen wir uns nun strickt an den Zeitplan halten, den uns das Packeis vorgibt.

Die See ist freundlich, der Südostwind moderat. Zur Übung lässt der Skipper einige Reffmanöver durchführen, denn jedes Boot hat seine Eigenheiten und im Ernstfall muss jeder Handgriff sitzen. Nebenbei läuft die Maschine für ein paar Stunden mit, um über die Lichtmaschinen die Batterien zu füllen und zusätzlich über den Kompressor den Watermaker zu aktivieren. Denn in Nome hatten wir die ganze Zeit keine Anschlüsse für Landstrom und Trinkwasser.

Norbert ist seekrank. Er hat sein Scopoderm-Pflaster nicht rechtzeitig aufgeklebt. Trotzdem versieht er weiter seinen Dienst, geht seine vier Stunden Wache mit Heinz, auch wenn's schwerfällt. Danach verzieht er sich in die Koje. Fit bleiben für das, was noch kommen kann, lautet für alle die Devise.

Wir segeln wie immer im Drei-Wachen-Rhythmus: Von 0–4 Uhr Heinz und Norbert, von 4–8 Lore und Frank, von

8–12 Erich und Hartmut. Das heißt: Jeder hat am Tag und nachts zweimal zur gleichen Zeit vier Stunden Wache, danach acht Stunden Freiwache. Ich selber bleibe wachfrei, bin zuständig für Küche und Navigation und bin „Springer“ bei Segelmanövern, insbesondere, wenn wir den Blister oder Spinnaker mit den unhandlichen acht Meter langen Spinnakerbäumen fahren. Da muss jeder Handgriff sitzen, sonst gibt es ein Unglück. Beim Zubereiten der Mahlzeiten bekomme ich Unterstützung von der jeweiligen Wache, und für Getränke zu den Mahlzeiten ist Heinz zuständig. Er sorgt für den Nachschub. Alkohol – Bier und Wein – gibt es nur in Maßen und nicht vor Mittag. Dabei gilt der eiserne Grundsatz: Wachen werden nüchtern angetreten und beendet. Das war früher anders an Bord, da nahmen wir es nicht so genau. Doch unter Alkohol werden leicht Fehler gemacht, und wenn etwas passiert, ist der Skipper „dran“.

Am Abend haben wir die Südostspitze von King Island in Sicht, ein nebelverhangener Felsbrocken im Meer. Scharen aufgeregter Seevögel folgen uns, als wir die kleine Insel dicht unter Land umrunden. Nun erst erkennen wir das Geisterdorf aus Pfahlhütten, das am teilweise noch verschneiten Steilhang klebt wie Schwalbennester – halbverfallen und von der gleichen grauen Farbe wie der Fels.

Lore ungläubig: „Heimat ist ein verdammt weiter Begriff!“

Tatsächlich war die Insel bis in die 1960er die Heimat für rund 200 Inupiat-Eskimos. Im Winter jagten sie Bären, Walrosse und Robben auf dem Eis, im Sommer zogen sie in ihren Kajaks und Umiaks zum Festland, wo sie Karibus und Moschusochsen jagten. Als an der Küste aber Gold gefunden und Nome gegründet wurde, verließen sie ihre Insel und siedelten sich dort an.

Geisterdorf
auf King Island

Wir halten Ausschau nach einer geschützten Bucht zum Ankern und Anlanden – vergeblich. Wir segeln weiter nach Nordwesten.

Immer wieder bauen sich Nebelfelder vor uns auf, die uns die Sicht versperren. Aber unsere Wachgänger sind aufmerksam. Gegen Mitternacht klart es auf. Bald darauf erreichen wir die Meerenge, an der sich Nordamerika und Sibirien am nächsten sind: die Beringstraße. Durch sie verläuft nicht nur die Landesgrenze, sondern auch die Datumsgrenze, die man dafür allerdings etwas verbiegen musste. Als wir auf ihr entlangsegeln, meint Norbert beim Entsorgen des Sanitärmülls: „Ein bisschen fällt morgen auf die russische Seite, ein bisschen heute auf die amerikanische."

Ankern zwischen Russland und Amerika

Sonntag, 16. Juli. Seit Nome haben wir 130 Seemeilen zurückgelegt, als sich vor uns die Insel Little Diomede aus dem Dunst schält, die nur einen Katzensprung entfernt liegt von der zu Russland gehörenden Schwesterinsel Big Diomede. Und um 4 Uhr früh fällt unser Anker im Norden der Insel hinter einer kleinen Felsnase. Vor uns der Heliport (Helikopter-Landeplatz) der Insel, die Gebäude, in denen Post, Schule und Sporthalle untergebracht sind, und dahinter die neuen Wassertanks aus Stahl. Am Ufer laufen Kinder aufgeregt hin und her und winken uns zu. „Morgens um 4? Können die nicht schlafen?", wundert sich Lore. Auch Hunde springen auf den Felsen herum. Erwachsene sehen wir keine.

Big Diomede liegt im Dunst an Backbord. Seltsam, wenn man bedenkt, dass sich die Bewohner der beiden Inseln,

Inseln im Dunst: Big & Little Diomede

die oft auch noch untereinander verwandt waren, sich früher häufig zu festlichen Anlässen besuchten und gemeinsam Jagd trieben. „Durch den Eisernen Vorhang wurden wir von ihnen getrennt", sagte uns damals der Wortführer des Dorfrates bei unserem Besuch 2007. „Die Sowjetregierung hat sie zwangsumgesiedelt aufs Festland, niemand weiß wohin. Nun leben auf Big Diomede nur noch russische Militärs."

Nach einer kurzen Besprechung verzieht sich die Crew – müde und einige wohl auch ein wenig seekrank – nach unten, um ein paar Stunden zu schlafen. Frank und Lore gehen Ankerwache. Danach ist ein Landgang geplant. Erich und ich wollen herausfinden, wie sich das Leben der Bewohner seit unserem Besuch vor zehn Jahren verändert hat – nicht nur, weil wir auf St. Lawrence hörten, dass auch die Yupik-Gemeinde von Little Diomede vom Ausbleiben der für sie so wichtigen Walrosse betroffen ist. Schon nach unserem ersten Besuch diskutierten wir, warum die Inselbewohner – jedenfalls diejenigen, die damals auf Little Diomede an der Macht waren – gegen uns, oder vielmehr gegen Weiße, so feindselig eingestellt waren. Und wir kamen zu dem Schluss, dass der tiefere Grund vor allem wohl darin lag, dass sie sich schon jetzt als Opfer des Klimawandels sehen und diesen den Weißen zuschreiben. Angesichts der raschen Veränderungen von nicht vorhersehbarem Ausmaß hinsichtlich Meeresvereisung und Jagdmöglichkeiten waren sie schon damals zutiefst verunsichert. Ich hatte mich sehr ins Zeug gelegt, um das Vertrauen und die Freundschaft einiger Mitglieder dieser Gemeinde zu gewinnen, und hoffe deshalb auf ein Wiedersehen. Das alles geht mir durch den Kopf, bevor mich der Schlaf einholt.

Doch bei dem hohem Schwell, der am Morgen herrscht, und bei den heftigen Fallböen erweist sich ein Übersetzen mit dem kleinen Dingi auf die Insel als zu riskant. Und auf Wetterbesserung zu warten, können wir uns nicht leisten. Eine enorme Strecke liegt vor uns und die Zeit dafür ist bemessen – jeder Tag zählt. Erich ruft den Seewetterbericht ab: keine Änderung. Bis Mitte der Woche leichte südsüdöstliche Winde. Was für ein Glück!

Unter Blister machen wir schnelle Meilen. Am nördlichen Polarkreis geht die Sonne um diese Jahreszeit nicht unter. Doch als wir ihn am Nachmittag „überschreiten“ (Erich und ich zum dritten Mal), versteckt sie sich in dichtem Nebel.

Über UKW meldet sich Susanne von der Nehaj: Sie fragt, wer wir sind und warum wir unser AIS (Automatic Indentification System) nicht angestellt haben – ihr Alarmsystem schlage an.

Wir geben uns zu erkennen und überprüfen unser AIS, das bisher einwandfrei funktionierte. Tatsächlich, es zeigt nicht mehr an. Der Grund dafür bleibt unklar. Susanne ist sehr besorgt: Jetzt müsse sie den Warnradius auf eine Seemeile verringern, blafft sie uns an. Wir versuchen sie zu beruhigen: Bei dem Nebel hat der Skipper die Wachen verstärkt: Drei Mann halten ständig Ausguck!

Ab Mitternacht bläst der Wind spitzer, wir verkleinern die Genua. Und als uns gegen Morgen Böen um 35 Knoten anfauchen, drehen wir rasch zwei, dann drei Reffs ein.

Eine Seemeile an Steuerbord querab liegt am Vormittag Point Hope, die Spitze einer Landzunge an der Küste der Tschuktschensee, auf der wir ein paar Gebäude, etliche Antennen und eine Flugpiste erkennen. Kurz darauf dreht der Wind auf Süd, bläst nun von achtern; also Genua ausreffen und ausbaumen. Die See hat sich rasch beruhigt, der Nebel verflüchtigt, die FREYDIS läuft wie auf Schienen und die Selbststeueranlage hält – der Elektronik sei Dank – problemlos Kurs. Eine Dreizehenmöwe landet an Deck. Ich versuche mich bei ihr mit einem Rest der gestrigen Fleischmahlzeit beliebt zu machen. Vergeblich. Sie wendet sich ab, blickt mit ihren dunklen Augen aufs Meer hinaus. Nach einer Stunde fliegt sie auf und davon.

Der Skipper holt täglich die neuesten Wetterdaten von „WetterWelt“. Die Informationen und Beratungen sind wesentlich ausführlicher und übersichtlicher als die knappen Daten von Victor, die uns über „onsatmail“ erreichen. Wir können uns dadurch ein besseres Bild der jeweiligen Wetterlage und Eissituation machen. Sie erlauben uns, eigene Entscheidungen zu treffen und Verantwortung nicht auszulagern. Denn letztlich sind wir es, die geradestehen müssen für das, was passiert – im Positiven wie im Negativen.

Typischer Wetterbericht von Victor über „onsatmail“:

- From: „Victor“ <vic11@bell.net>
- Subject: Weather
- Date: Mon, 17 Jul 2017 15:34:00–0400

- PKZ225* 0356 AKDT Mon Jul 17 2017
- Today *S 20 kt. Seas 4 ft. Fog, rain.
- Tonight *SW 15 kt. Seas 3 ft. Fog.
- Tue *N 10 kt. Seas 3 ft. Fog, rain.
- Stay offshore 5–10 Nm

Erich meint, mit dem Südwind könnten wir es sogar bis Peard Bay schaffen, denn wir kommen gut voran. Kein Schiff weit und breit, weder am Tag noch in der Nacht, auch keine Wale oder Robben, nur ein paar Vögel am Himmel. Unser kleiner Passagier, die Dreizehenmöwe, ist wieder da und bleibt ein Weilchen.

Seit unserem Entschluss, durch die Nordwestpassage zu segeln, gilt meine größte Sorge der langen Strecke durch die Tschuktschen- und Beaufortsee von Point Hope bis Cambridge Bay. An dieser Küste gibt es nur wenige Buchten, die vor auflandigen Stürmen schützen, und die sind meist flach, sodass sich leicht Brandung aufbauen kann.

Aber bereits am fünften Tag, 599 Seemeilen seit unserem Aufbruch in Nome, können wir die nordwestlichste Ecke Alaskas bei Point Barrow runden. Die Tschuktschensee liegt hinter uns. Eine Sorge weniger – ich bin sehr erleichtert, wir haben den ersten Abschnitt im Handstreich genommen.

Hinter dem Kap mogeln wir uns mit hochgeholtem Schwert unter Echolot durch den Eluitkak-Pass in die flache Elson Lagoon, das ist bei der momentan recht ruhigen

Wetterlage möglich. Nur bei Nordwind könnte es hier wegen Brandung gefährlich für uns werden.

Point Barrow: Gefährlicher Landgang

Wir sind froh, hier einen Stopp einlegen zu können, und ankern auf nur zwei Metern Wassertiefe vor einer schmalen Landzunge, einige Kilometer entfernt von der Inupiat-Siedlung Barrow. Dabei nehmen wir den langen Fußmarsch dorthin in Kauf, trotz einiger Bedenken wegen Eisbären. Das Gewehr bleibt zwar an Bord, aber wir tragen Pfefferspray-Dosen um den Hals, und ich die Tröte – vielleicht hilft sie auch gegen Eisbären.

Mit etwas mulmigem Gefühl schauen wir uns immer wieder sichernd um, vor allem in der Nähe einiger Container – gefüllt mit frischen Karibu- und Robbenschlacht-

Arktische „Grossstadt“: Barrow

Oben: Schlachtabfälle

Unten: Bereits gefährlich nah – erste Eisschollen

abfällen. „Als hätte man sie eigens in die Einöde gestellt, um die Eisbären anzulocken“, wundert sich Erich.

Lore in ihr Notizbuch: *Mühsam und ziemlich naiv, wie wir im Nachhinein erfahren, stapfen wir wie immer weit auseinandergezogen durch die Kiesel, bis wir von Dorfbewohnern abgeborgen werden – wohl gerade, als ein Eisbär aus dem Wasser trabt, um sich auf den Weg zum Kadaver-Container zu machen. Puh! ... Und warum haben wir eigentlich das Gewehr nicht dabei?*

Ein Motorrad nähert sich: Hier könnten wir nicht zu Fuß gehen. Eisbären patrouillierten ständig auf der Landzunge, meint Jon, der junge Inupiat, und deutet auf sein griffbereit auf dem Sitz liegendes Gewehr. Über Handy ruft er einen Freund, der uns alle im Pick-up nach Barrow bringt. Es ist die größte Stadt, die wir auf dieser Reise besuchen werden, und die nördlichste der USA. Ihr Inupiaq-Name lautet Ukpeagvik, „der Platz, wo Schneeeulen gejagt werden“. An 325 Tagen im Jahr sollen hier Temperaturen unter dem Gefrierpunkt herrschen. Also nichts wie Eis und Schnee? Von wegen! Es regnet in Strömen.

Auf matschigen Wegen stapfen wir durch den 4000-Einwohnerort, essen kleine, vorkonfektionierte Pizzen in der Imbissecke des Supermarkts und verkriechen uns – nass und durchgefroren – ins „Inupiat Heritage Center“. Darin führen einige Inupiat-Frauen ihre alten Tänze auf, und einige Touristen schauen dabei mehr oder weniger interessiert zu. Das großzügige Gebäude beherbergt auch ein Museum, eine Schule für traditionelles Kunsthandwerk und eine Bibliothek mit Internetanschluss. Doch der ist so schwach, dass wir nicht einmal die Mails durchkriegen.

Zurück bringt uns Jon in seinem kleinen Motorboot. Dabei erfahren wir von einem anderen Boot, das von einer Fahrt an die Eiskante zum Jagen nicht zurückgekehrt ist. An Bord dieses verschollenen Bootes befinden sich ein Mann, vier Jugendliche und ein Hund. Das halbe Dorf beteiligt sich an der Suchaktion mit allem, was schwimmt und einen Motor hat. Auch wir nehmen uns fest vor, Ausschau nach ihnen zu halten.

Aber nicht Stürme und Brandung, wie ich mir vorgestellt hatte, bringen uns an dieser Küste das erste Mal in die Defensive. Die Vorhersage irrt in Bezug auf die Eismassen auf unserem Weg. Zwar war das Eis durch die südlichen Winde etwa 30 Seemeilen von der Küste nach Norden getrieben. In der Nacht hatte der Wind jedoch auf Nord gedreht und das Packeis überraschend schnell wieder in Richtung Land geschoben. Und als wir am Morgen auslaufen, liegt vor uns Eis – soweit das Auge reicht. Uns sträuben sich die Nackenhaare beim Anblick der weißen Massen, die sich wie ein übermächtiges, feindliches Heer vor uns aufbauen – unbezwingbar, auf den ersten Blick. Umdrehen? Zurück nach Barrow? Der Skipper entscheidet, einen Versuch zu wagen. Also vorwärts! David gegen Goliath. Vorsichtige Annäherung, dann die Erkenntnis: Es ist keine geschlossene Front! Wir können vordringen. Zwischen den Schollen, die drohend auf- und niederwogen, als wollten sie uns zermalmen, öffnen sich plötzlich Passagen. Slalomfahrt unter Groß und gereffter Genua bei Nordwest 5–6. Größere Eisfelder stellen sich uns in den Weg und müssen umfahren werden. Viele Manöver sind erforderlich: Genua an Backbord, an Steuerbord, ausbaumen, Baum wieder weg und Genua nach Backbord. Immerhin ein gutes Training für die Crew.

Lore und ich halten Ausschau nach dem verlorenen Boot mit den Kindern. Wir überlegen, was passiert sein könnte: Hatten sie einen Motorschaden? Wurden sie von einem

Eisbären attackiert? Versagte das Gewehr seinen Dienst? Manchmal greifen wir zum Glas. Aber dann ist der dunkle Fleck doch wieder nur eine verschmutzte Eisscholle. Vielleicht wurden sie entdeckt und gerettet? Ich werde noch oft an dieses Boot denken, von dem wir nichts mehr gehört haben.

Wie schon so oft in schwierigen Küstengewässern erweist sich auch hier unser aufholbares Schwert als großer Vorteil. Dadurch können wir unseren Tiefgang von 2,50 m auf 1,60 m verringern und uns dicht unter Land durchmogeln, wo die Eismassen weniger geschlossen und die Schollen flacher sind. Nach 40 Seemeilen entlang einer fast geschlossenen Eisdecke lockert das Eis langsam auf.

Ungefähr auf der geografischen Länge von Prudhoe Bay (Ausgangspunkt der Trans-Alaska Ölpipeline nach Valdez im Golf von Alaska) blitzt aus dem Eis plötzlich ein weißes Segel in der Sonne auf: Wir haben den verrückten Schweizer Yvan Bourgnon eingeholt, der in Nome mit seinem Kat allen anderen vorausgeprescht ist. In Barrow haben wir vergebens nach ihm ausgeschaut. Nun aber segeln wir auf den beiden ungleichen Booten zwei Stunden nebeneinander her durchs Eis und unterhalten uns bestens: Kälte und Müdigkeit habe ihm zu Anfang der Reise sehr zugesetzt. An der Küste habe er dann erst einmal geankert und Schlaf nachgeholt. Aber nun sei wieder alles im Lot. Wir fragen, ob er sich bei uns an Bord aufwärmen oder eine heiße Mahlzeit zu sich nehmen will. Ich bewundere ihn und würde ihn gern näher kennenlernen. Nein, leider erlaubten die Regeln das nicht. Die Wetterinfos nimmt er aber gerne an. Noch ein paar gegenseitige Fotos im Eis, dann „au revoir“ – vielleicht auf Barter Island?

Die tiefer stehende Sonne verzaubert die skurril geformten Eisschollen auf dem Wasser zu glitzernden Märchenfi-

Extremsegeln in der Arktis: Yvan Bourgnon

guren. Angetrieben von Wind und Tidenstrom ziehen sie an uns vorbei, als hätten sie es eiliger als wir. Und wie von einem anderen Stern erscheinen mir auch unsere aufgeplusterten Wachhabenden in ihren arktis-tauglichen Anzügen, Boxerhandschuhen und dunklen Motorradbrillen.

Es wird kälter, wir stellen die beiden Dieselgebläseheizungen mittschiffs und achtern an. Rasch wird es wärmer, das hat jedoch den Nachteil, dass Schwitzwasser verstärkt an Fenstern und Luken herunterläuft. Frank baut im Deckssalon über den Elektronikgeräten eine Art Regenrinne, die das Wasser von den Fenstern in eine Flasche leitet. Ein gute Idee: Wir raten ihm, sie patentieren zu lassen.

Der Norden ist ein Ort der Extreme: Weil es ständig hell ist, merkt man gar nicht, wie der Tag vergeht. Die 24 Stunden lang scheinende Sonne, das andauernde Tageslicht wirken wie eine Droge, man ist ständig hellwach, wie gedopt, fühlt kaum Müdigkeit. Was ist früh, was ist spät, wann ist heute, wann schon morgen? Das Ganze ist ein einziger langer, langer Tag voller Eindrücke und Herausforderungen. Die Uhr ist nichts mehr wert. Es gilt ein anderes Zeitmaß. Ich muss mich losreißen, muss abtauchen in meine gut abgedunkelte Koje, nur so finde ich erholsamen Schlaf.

In *Arctic and Northern Waters* von Andrew Wilkes lese ich die Information über unser nächstes Ziel, Barter Island, und dessen Fischersiedlung Kaktovik durch. Früher soll die Insel der Haupthandelsplatz zwischen den Alaska-Inupiat und den Kanada-Inuit gewesen sein. Heute seien es überwiegend Inupiat, die dort lebten. Es werden Wale und Karibus gejagt und es gebe einen Laden, eine Post, ein Gesundheitszentrum und eine Landepiste. Der Hafen sei jedoch sehr flach und nur für Boote mit sehr wenig Tiefgang geeignet. Na, das klingt für uns nicht so verlockend.

22. Juli. Bis zu 35 Knoten Wind aus Nordwest. Eine Front zieht durch. Es ist kalt, nass, windig und es regnet, aber – Hurra! – wir haben kaum noch Eis vor uns.

Mittags um 12 Uhr liegt Barter Island steuerbord querab. Bei dem starken Wind steht eine hohe Brandung auf der flachen Zufahrt. Spontane Entscheidung: Wir segeln durch nach Herschel Island, passieren die Grenze nach Kanada: Hartmut holt die „Stars und Stripes" ein. Die amerikanische Flagge macht einen sehr mitgenommenen Eindruck. Kein Wunder: Sie ist schon seit den Aleuten, also zwei harte Jahre, im Einsatz.

Wir rauschen unter gerefften und ausgebaumten Segeln über nahezu eisfreies Wasser, als Herschel Island in Sicht kommt. Um Mitternacht glückt dem Skipper die Durchsteuerung der schmalen, flachen „Workboat-Passage" in die Lagune, die auf der Westseite anschließt.

Heiße Ansteuerung, notiert Lore. *An Steuerbord wütet die Brandung und an Backbord laufen die Brecher mit Getöse an den mit Treibholz übersäten Strand. Am Horizont steht immer noch die Mitternachtssonne. Drinnen liegen wir wie in Abrahams Schoß, während auf der anderen Seite die See tobt. Gottchen, kann's einem gut gehen! Nirgendwo anders möchte ich jetzt sein als auf diesem Schiff, mit diesen Menschen, an diesem Platz irgendwo in der Nordwestpassage. Alle sind froh über den bisherigen Verlauf der Reise. Bis jetzt haben wir alles richtig gemacht und das leichte Wetter genutzt, um voranzukommen. Wir sind drei satte Tage vor dem Plan. Im Cockpit steigt eine kleine Spontan-Session mit Rotwein und Sardinen. Wir sind eine tolle Crew …*

Wir ankern mit 75 Metern Kette auf zwei Meter Wassertiefe. Seit Nome haben wir schon fast 1000 Meilen zurückgelegt. Voller Stolz klopfen wir uns gegenseitig auf die Schulter.

Herschel Island: Schmelzgut und -böse

Via Iridium trifft eine Mail von der MUKTUK ein. *Hallo Ihr Lieben, wir sind heute Morgen in der Elson Lagoon eingelaufen … Larissa und Nehaj haben berichtet, dass ihr gestern losgesegelt seid. Es würde uns natürlich interessieren, auf wie viel Eis ihr gestoßen seid, weil wir überlegen, ob wir mit dem Westwind morgen früh ablegen oder lieber doch warten sollen: Nebel, Starkwind und Eis sind ja keine gute Kombination. Vielleicht könnt ihr uns kurz ein paar Zeilen schicken.*

Liebe Grüße an die ganze Crew, Ali, Karl, Jan, Noah und Sooty

Am Morgen wagen wir einen Landgang auf dem Lagunenwall Avadlek Spit zur See hin. An den Stränden klettern wir über Barrikaden von Treibholz, das vom Mackenzie River aus dem Landesinnern hierhergespült wird. Wir beobachten einige Gryllteiste (Black Guillemots), die sich bei Niedrigwasser ein Frühstück suchen, und rätseln über einige schräg gegeneinander aufgestellte Treibholzstämme – später erfahren wir, dass sie archäologische Grabungen markierten. Bärenspuren im Sand, die wir plötzlich entdecken, treiben uns rasch wieder zurück an Bord.

Alternativprogramm: Lesen, am Laptop und iPad arbeiten oder am Boot werkeln. Höhepunkt des Abends: Ragout aus dem Karibufleisch, das uns Jon beim Abschied in Barrow gab – eine arktische Delikatesse!

Nach so viel Einsamkeit und Natur freuen wir uns auch wieder auf menschliche Gesellschaft. Außerdem sind stürmische Winde aus West angesagt. Gute Gründe, um die FREYDIS auf die Ostseite von Herschel und damit in den

Windschutz der Insel zu verholen, die etwas größer ist als Sylt. Wegen starken Nebels gelingt uns das Umrunden von Osborne Point erst am Nachmittag.

In der Thetis-Bucht, wo wir uns vor Anker legen, erwartet uns bereits die NOMAD mit Wolfi und Doris aus Österreich. Die beiden haben die Nordwestpassage unterbrochen und ihr Boot den Winter über in Inuvik am Mackenzie River – größte Stadt in Kanada nördlich des Polarkreises – zurückgelassen. Zu viert setzen sie nun ihren Weg von Ost nach West fort. Wegen des sich anbahnenden schlechten Wetters können wir leider nur ein kurzes Gespräch von Boot zu Boot führen, aber immerhin einige Erfahrungen austauschen und uns gegenseitig ein paar Tipps und gute Ratschläge geben.

Auch der Schweizer Yvan mit seinem Kat und LADY FREE, der Colin Archer aus Norwegen, sind eingelaufen – gerade noch rechtzeitig: Denn der Wind legt immer mehr zu und bläst bald mit 40 Knoten über die Insel. Hohe Dünung läuft in die Bucht, und die Boote gehen arg zur Kehr.

Weiter nördlich, in der Pauline Cove, besuchen wir später die Reste einer Walfängersiedlung aus dem Ende des 19. Jahrhunderts. Nordkaperwale (Bowheads) und Belugas gab es damals in arktischen Gewässern noch zu Hauf, und Herschel war ein beliebter Überwinterungsplatz für die amerikanischen Walfänger. Dazu gesellten sich bald auch ein Handelsposten, eine Polizei- und eine Missionsstation.

Junge Wissenschaftler verschiedener Länder begegnen uns hier, die in den teilweise restaurierten Stationshütten wohnen, darunter auch Forscher vom deutschen Polarinstitut (AWI) in Bremerhaven. Sie wollen die Veränderungen

Alte Walfangstation in der Pauline Cove

im Permafrostboden durch die Klimaerwärmung aufzeigen. Denn durch das Auftauen erwacht das mikrobielle Leben und Zersetzungsprozesse organischen Materials zu Kohlendioxid oder Methan kommen wieder in Gang.

Bei ihren Arbeiten in den Abbrüchen der Permafrostböden am Ufer der Bucht stoßen sie auch immer wieder auf fossile Knochen und Zähne ausgestorbener Arten wie der Amerikanischen Mastodons (Mammut Americanus) oder ihrer Zeitgenossen, den kleinen Urpferden.

Die Amerikanischen Mastodons unterschieden sich deutlich von den Mammuts, die ebenfalls zu dieser Zeit in diesem Gebiet lebten: Sie waren niedriger gebaut, dafür länger und stämmiger und sie fraßen mehr Laub als Gras. Während der Warmzeit vor etwa 125 000 Jahren lebten sie in arktischen Regionen, verließen diese aber vor etwa 75 000 Jahren, als die Nadelwälder infolge von Klimaänderungen durch Steppentundra verdrängt wurden. Nach jüngsten Forschungsergebnissen ist damit zumindest die Auffassung widerlegt, dass die Mastodons von den Menschen in der Arktis ausgerottet wurden. Denn Menschen kamen erst vor 30 000 Jahren aus Asien über die Bering-Landbrücke, also 40 000 Jahre später. Da lebten die Mastodons nur noch in südlicheren Gegenden. Unstrittig ist dagegen, dass Menschen dort Jagd auf Mastodons machten. Der schon angezählten Art gaben sie vor rund 10 000 Jahren wohl noch den Rest.

Und zu den kleinen Urpferden: Der Stamm (Equus) entwickelte sich in Nordamerika – und soll sich vor etwa drei Millionen Jahren über die Bering-Landbrücke nach Asien und Europa ausgebreitet haben. Während diese Gattung nach der Gletscherschmelze in Amerika ausstarb, überlebte sie in der Alten Welt. Dort hat der Mensch das Wildpferd gezähmt und es nach der Entdeckung Amerikas wieder in die Neue Welt eingeführt. Bevor die Europäer kamen, besaßen die Indianer also keine Pferde. Das muss man sich einmal vorstellen!

Die Erwärmung taut nicht nur die Permafrostböden auf, sondern lässt auch das Wasser steigen und flache Inseln und Küsten überspülen. Deshalb sind auch die historischen Gebäude bedroht. Sie stehen auf Pfählen, aber tief im Schmelzwasser und werden wohl, über kurz oder lang, darin versinken. In hohen Gummistiefeln waten wir zum ehemaligen Gemeindehaus der „Pacific Steam Whaling Companie“, das heute als Museum dient, und dann zur Hütte der beiden Ranger, Ricky und Edward. Sie freuen sich über unseren Besuch und laden uns zum Tee ein. Die beiden gehören zum Stamm der Inuvaluit, deren Vorfahren schon vor Urzeiten im Yukon Territory jagten und Tauschhandel mit den Inupiat aus Alaska trieben.

Von ihnen erfahren wir auch von den archäologischen Grabungen auf dem Avadlek Spit und in Pauline Cove. Sie ergaben, dass Herschel bereits ab ca. 1200 n. Chr. von Inuit der Thule-Kultur besiedelt war. Heute gehört Qikiqtaruk, so heißt die Insel in ihrer Sprache, zum Herschel Island Territorial Park.

Auf seinem Handy zeigt uns Edward die Fotos eines stattlichen Eisbären, den er vor ein paar Jahren auf Herschel erlegt hat. Nun träumt er davon, noch so ein Tier zu schießen. Als Ranger ist ihm das jedoch nur erlaubt, wenn der Bär angreift. Wir können nur hoffen, dass Edward und der Bär sich friedlich verhalten.

Zwei Tage später runden wir vor unserem Start noch einmal den Kat von Yvan. Der Schweizer ist in guter Verfassung und will gleich nach uns auslaufen.

Tuktoyaktuk: Im Taka-Tuka-Land

26. Juli. In der 900-Einwohner-Ortschaft Tuktoyaktuk, kurz Tuk, warten wir auf unseren jüngsten Mitsegler Maurice. Er studiert Medizin und kann wegen seiner Semesterabschlussprüfungen erst hier – wie er uns schrieb, in „Taka-Tuka-Land“ (aus *Pippi in Taka-Tuka-Land* von Astrid Lindgren) – an Bord kommen.

Für uns ist Tuk der erste kanadische Einklarierungsort: sieben Minuten für die Crew, 70 Minuten für unsere Pumpgun einschließlich Permit und Stempel von der Hauptstadt. Der Zöllner ist bester Stimmung: „Heute ist der erste schöne Tag seit Wochen.“

Wir liegen bei strahlendem Sonnenschein, aber eiskalter Luft, im East Channel des Mackenzie River an einer kleinen Pier, vis-à-vis der einzigen Tankstelle und des Supermarkt „Northern" – sehr praktisch!

Tuk gilt als potentieller Überwinterungsort für Yachten. Denn hier gibt es einen Flugplatz, medizinische Einrichtungen, Schulen und in den Wintermonaten sogar eine Eisstraßenverbindung nach Inuvik. Demnächst soll auch die Allwetterstraße ans kanadische Highway-Netz angeschlossen werden. Derzeit endet sie noch vor unserer Pier.

Ein Arktisches Erdhörnchen (Ziesel) – es ähnelt einem südafrikanischen Erdmännchen – rennt wie ein aufgezogenes Spielzeug auf zwei Beinen am Boot entlang und schaut immer wieder erwartungsvoll ins Cockpit. Skipper belustigt: „Der Harbourmaster will kassieren!" Wenig später strampelt das possierliche Wesen mit einer Erdnuss im Maul noch immer aufrechten Gangs über die Straße in Richtung Grassodenhaus, das in Erwartung auf den kommenden Touristenboom hergerichtet wurde.

Arktische Erdhörnchen sind etwas ganz Besonderes, wie Forscher herausfanden: Während des achtmonatigen Winterschlafs kann ihre Körpertemperatur von 37° C auf –3° C absinken, ohne dass ihr Blut gefriert oder Zellschäden auftreten. Das machen ihnen nicht einmal die Pinguine in der Antarktis nach, weshalb sie unstrittig ins *Guinness-Buch der Rekorde* gehören, falls es so etwas auch für Tiere gibt. Die Forscher wollen nun wissen, was diese Champions so resistent macht. Es könnte auch Menschen helfen, Extrembedingungen zu überstehen.

Die anspruchsvollste Bewegung an Bord ist das Aus- und Ankleiden all der Zwiebelschalen aus dünnem und dickem Fleece, der sperrigen Hüllen darüber, der Handschuhe, Schals, Sonnenbrillen, Schirmmützen, weil die schöne

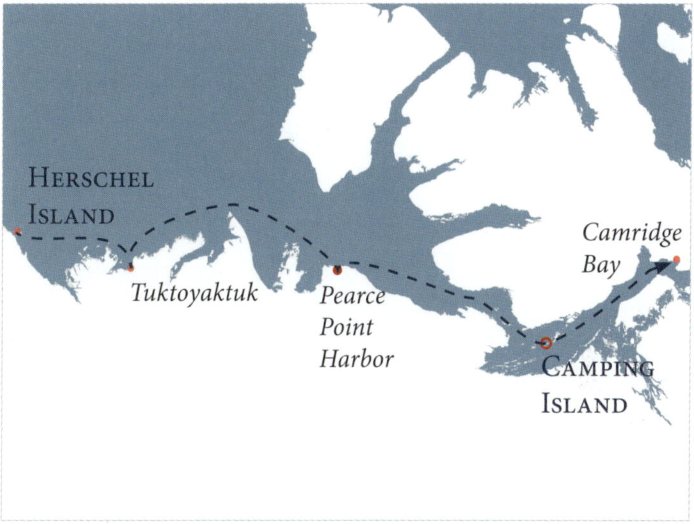

East Channel des Mackenzie River

Verlassene Hütte bei
Pearce Point Harbor

Sonne ausgerechnet hier so gefährlich sein soll. Ich komme mir vor wie eine Larve! An Land kommen noch Einkaufstaschen für den Provianteinkauf hinzu, Geldbeutel mit der hoffentlich richtigen Währung, Bärenspray braucht man hier im Ort wohl nicht, aber iPhone oder Laptop für die E-Mails. Heinz macht stattdessen gymnastische Übungen mit einem der Fenderbälle. Der Rest der Crew sieht sich im Ort um. Restaurant, Hotel? Fehlanzeige. Es gibt bloß einen kleinen Take-away und auch keinen Waschsalon und kein Senior Center, wo wir die Wäsche waschen könnten. In der Turnhalle vom Youth Center finden wir immerhin eine kleine Computerecke, wo wir unsere E-Mails abrufen können.

Das kulturelle Angebot ist dagegen höher und steht am Ufer des Mackenzie in Form eines großen Zeltes für eine Musikveranstaltung; die Bands werden eingeflogen. Der ganze Ort findet sich am Abend ein. Musiker und Sänger geben ihr Bestes: Rolling Stones, Beatles, Country-Musik. Und es wird getanzt: in Jeans und Cowboyhut mit Braut im Rüschenkleid, traditionell mit Perlenschmuck und Fellstiefeln oder auch in Jeans und T-Shirt. Fröhliche Omis tanzen mit Enkeln im Arm, Kinder hopsen und, ja, sogar recht korpulente Mamis ziehen ihre Männer auf die Tanzfläche und schieben sie darauf herum.

In der Nacht – was heißt schon Nacht, es ist ja taghell – besucht uns ein kleiner Buckelwal dicht am Boot.

Am Morgen ein Blick in die To-do-Liste: Maurice' Koje frei räumen, Tankwagen bestellen, einkaufen, staubsaugen, Ruderkoker fetten, Blöcke an Spinnakerbäumen und Großschot erneuern, Motorraum trockenlegen und E-Mails verschicken. Und nach getaner Arbeit erleben wir ein stundenlanges, grandioses Spektakel: den ersten Sonnenuntergang auf dieser Breite!

Zwischen „Taka Tuka" und Cambridge Bay

Wo bleibt der „König der Arktis"?

Kaum ist unser neuer Mitsegler Maurice munter und tatkräftig an Bord eingetroffen und freudig begrüßt, laufen wir auch schon aus – nun zu acht und im Drei-Wachen-Rhythmus. Mit einer erfahrenen Crew ist es auf diese Weise möglich, große Strecken, selbst wenn sie nicht einfach sind, relativ mühelos zu bewältigen. Von Nome nach Tuktoyaktuk haben wir bereits 1830 Seemeilen zurückgelegt. Und von Tuk nach Cambridge Bay, unserem nächsten größeren Stopp, sind es noch einmal 650 Seemeilen.

Die ganze Nacht schreckliches Gegenanbolzen bei schneidender Kälte. Mir ist übel und ich fröstele. Ich schlucke Vomex und verziehe mich für ein paar Stunden in die Koje. Auch mittags noch keine Winddrehung. 40 Grad sind wir nun schon vom Kurs abgewichen. Erst am späten Nachmittag können wir auf Cape Bathurst am Eingang zum Amundsen-Golf zuhalten. Große Freude: drei Nordkaper blasen um uns herum – einer nur wenige Meter entfernt! Und dann ist hinter dem Kap plötzlich der Wind weg. Manöver! Großsegel dicht, Genua einrollen. Ich schaue mich nach den Walen um, sie haben das Weite gesucht oder sind abgetaucht. Wir werfen die Maschine an.

Nach 35 Seemeilen machen wir einen Schlenker nach Süden zu den „Smoking Hills", wo Kohle und Bitumen im Untergrund brennen. Leider zieht dichter Nebel auf. Der Ausguck wird verstärkt. Die Lufttemperatur sinkt rapide. Möglicherweise halten wir auf ein Packeisfeld zu. Deshalb drehen wir ab, gehen wieder auf Ostkurs und segeln mit raumen Winden Richtung Pearce Point Harbor. Das Radar zeigt zwar im Umkreis von 24 Meilen weder Schiffe noch Eis. Aber Growler können ihm leicht entgehen. Und weil stets mit Packeisfeldern zu rechnen ist, bleibt der Ausguck verstärkt. Frank ist seekrank, Maurice übergibt sich am Morgen.

280 Seemeilen weiter östlich, im Amundsen Golf, empfängt uns Pearce Point Harbor mit strahlendem Sonnenschein und faszinierend schönem Rundblick aus tundrabunten Hügeln, ockerfarbenen Felsen, herrlichen Stränden und türkisfarbenem Wasser! Jenseits eines Felsentors fällt unser Anker in einer malerischen kleinen Seitenbucht. Der Skipper nickt zufrieden: Frank hat ein perfektes Ankermanöver gefahren.

Verrückt, dieses Wechselbad der Gefühle: Nach der Kälte kurz zuvor nun diese Wärme und dazu auch noch dieses wunderbar harmonische Ambiente! Gut gelaunt fabuliert Erich, dass er sich angesichts der raschen Klimaerwärmung schon jetzt hier einen Alterssitz sichern will. Tatsächlich wird der „große weiße Norden“ immer so übertrieben lebensfeindlich dargestellt. Und nun fühlen wir uns mittendrin so unbeschwert, als lägen wir mit dem Boot in Neuseelands Bay of Islands oder irgendwo sonst in den Subtropen, aber keinesfalls am nördlichsten Zipfel der Erde!

Auch in Tuktoyaktuk mit seiner in Kürze ganzjährigen Anbindung an die kanadischen Highways und den übrigen zivilisatorischen Errungenschaften kann man bei sonnigem Wetter leicht den Eindruck gewinnen, man befinde sich auf einem, mehr oder weniger, harmlosen Segeltörn. Dabei wissen wir doch recht genau, wie rasch sich das ändern kann und was uns dann erwartet. Deshalb lassen wir uns nicht davon einlullen und bleiben auf der Hut: Selbst auf unseren Landgängen über die sonnigen, olivgrünen Hügel von Pearce Point Harbor zu ein paar verlassenen Hütten sind wir wetterfest gekleidet und haben das Gewehr dabei – Heinz, unser Mitsegler aus Österreich, kann damit umgehen.

Für heute Nacht ist wieder Starkwind angesagt.

„Na gut", meint Lore, „damit kommen wir ja klar, und in meiner gemütlichen Koje neben der Maschine geht's mir gut. Ich habe mich eingerichtet: Buch, Brille, Kindle, Kopfhörer, Kuscheltier und die Bettsocken – alles griffbereit und die Musik, wenn mir danach ist, mich in eine andere Welt zu verholen und mir eine kleine Auszeit zu gönnen …"

Am Abend läuft die weiße Superyacht PLUM ein, verlässt aber schon früh am Morgen wieder ihren Ankerplatz. Kontakt zu uns nimmt ihre Crew nicht auf – das war schon in Nome so. Eigentlich sehr ungewöhnlich unter Fahrtenyachten, vor allem an einem so einsamen Ort auf der Nordwestpassage. Als Abwechslung zum vielen Karibu-Ragout aus Barrow backe ich eine große Ladung Pfannkuchen. Danach kann die Mannschaft nur noch in die Kojen rollen.

Über Sat-Mail erreichen uns dagegen Neuigkeiten von anderen Yachten auf unserer Route. Mark und Heather auf der LARISSA, die ein paar Tagesreisen hinter uns liegen, haben vor Anker in den Cross Islands zwölf Eisbären ausgemacht, weshalb sie an Bord bleiben mussten. Unsere Crew ist ganz neidisch. Sie will endlich auch den „König der Arktis" sehen. Aber was heißt schon „König" in Zeiten des Klimawandels?

Nicht weit von uns entfernt stolziert ein Prachtexemplar von Karibu mit mächtigem Geweih am Ufer entlang, als

Eisbären auf
Cross Islands

trüge er seine Krone nicht von ungefähr. Die Natur hat ihn gut ausgerüstet: Jüngst fanden britische Forscher heraus, dass Karibus ihre Augenfarbe wechseln – von goldfarben im Sommer zu tiefbau im Winter. Die Goldfarbe reflektiert das Sonnenlicht von der Regenbogenhaut, während das Tiefblau mehr Licht zu den Photorezeptoren durchlässt, sodass die Tiere auch in der dunklen Zeit besser sehen können. Sie haben also Sonnenbrille und Nachtsichtgerät eingebaut. Immer wieder erstaunlich, was die Natur sich einfallen lässt, um das Überleben ihrer Kreaturen auch in den lebensfeindlichsten Gebieten zu sichern.

Badespaß und Skipper-Stress

„Anker auf" am Vormittag. Draußen empfangen uns Böen um 35 Knoten aus Süd.

Eilig binden wir zwei Reffs ins Großsegel, setzen die Sturmfock und hangeln uns bei halbem Wind dicht unter Land an der Küste entlang.

Abends schweres Gewitter. 1 ½ Stunden bläst es wie verrückt aus Südwest, dazu heftige Regenböen. Was bin ich froh, dass wir ein geschlossenes Deckshaus haben, von dem aus wir einen guten Rundumblick haben!

2. August. Im Coronation-Golf treiben nur wenige Eisschollen. Wir kommen zügig unter Segeln voran. Plötzlich kreist ein Flugzeug der kanadischen Küstenwache über uns.

Freydis über UKW: „Airkraft flying around SY Freydis, good afternoon!"

„Good afternoon, Sir. How is it going?"

„It is a bit chilly here. What are you doing?"

„We do a surveillance flight and the weather is warm from where we come."

Im arktischen Gewitter

„Sounds good, thank you!“
„Safe trip!“

Es dauert nicht lange, und dann wird es tatsächlich warm – über 22 Grad. Auf 70° Nord! Bei Erich und mir flößt das Misstrauen ein. Plötzlich eintreffende Backofenluft kennen wir nur in Zusammenhang mit heranbrausenden Taifunen oder deren Ausläufern. So hart trifft es uns hier aber nicht. Denn was folgt, sind lähmende Flaute und ein bedrohlicher Himmel in höllischen Farben – schwarz, hellorange, dunkelblau, hellblau – ringsum Gewitter mit zackigen Blitzen und Regen über Land. Nur wenige dicke Tropfen schaffen es an Bord, und umlaufende Winde führen uns an der Nase herum: Groß nach Steuerbord, nach Backbord und zurück, Genua raus, rein, doch nicht. Flautenfahrt unter Maschine.

Lore kurz darauf: *In der Sitzecke unten im Boot, neben der Pantry, die auf dieser Reise zum Stauraum für Proviant entfremdet wurde, stinkt es. Hartmut und ich machen uns auf die Suche und schichten die Eier um. Dann ist der „Stinker" gefunden. Wir setzen ihn auf eine Eierpappe und schicken ihn auf eine einsame Reise in die Unendlichkeit der Nordwestpassage.*

Auf dem Weg nach Cambridge Bay bleibt das Wetter wechselhaft und launisch. Nicht immer treffen die täglichen Vorhersagen zu. Doch Camping Island – eines der vielen Inselchen im Coronation-Golf – liegt verführerisch in der Sonne und bietet sich als Ankerplatz für die Nacht an. Und dort erfüllt sich auch endlich der Wunsch der Crew, wenigsten einmal während der Nordwestpassage im Meer zu baden. Es wird ein kurzes Vergnügen. Lore dazu: *Maurice macht den Anfang und lässt immerhin schon mal die Leiter los, ich hopse hinterher und mache beherzt einige Schwimmzüge achteraus. Hartmut beendet ungerührt seinen Abwasch vom Chili-con-carne-Abendessen und schießt dann den Vogel ab, schwimmt total cool und entspannt einmal ums Schiff herum. Welch ein unbeschreiblicher Tag auf der Oberseite der Welt!*

Nachts wird es draußen ungemütlich kalt, im Boot laufen die Heizungen. Wer nach dem Abendessen nicht gleich die eigene Kabine oder Koje aufsucht, sitzt noch im Deckssalon. Am Anfang der Reise hatten wir extra dafür eine von allen akzeptierte Bordordnung aufgestellt, denn die Enge an Bord erfordert gegenseitige Rücksichtnahme. Sie sieht vor, dass ab zehn Uhr abends keine endlosen Gespräche oder Diskussionen mehr geführt werden sollten. Aber einige Mitsegler setzen sich mit geradezu zwanghaftem Rededrang darüber hinweg. Abend für Abend das gleiche redselige Programm – gefördert vom Weinkonsum: Geplapper ohne Ende. Wo bleibt da noch Zeit zum Entspannen, zum Nachdenken, zum Planen? Dem Skipper geht das auf die Nerven: Selbst um elf Uhr nachts kann er kein Buch in Ruhe lesen, keine Seekarte in Ruhe studieren. Als ihm dann endlich einmal der Kragen platzt, verziehen sich die Quasselstrippen und im Salon wird es still.

Was im Augenblick nicht zur guten Stimmung beiträgt, war, wie erwähnt, im Vorfeld lange festgelegt. Von unseren Reisen in Süd- und Nordpolarmeer kennen wir das Problem nur zu gut: Die Helligkeit in hohen Breiten fördert das gesellige Beisammensein bis spät in die Nacht hinein. Jeder kennt das, denn es ist ein bisschen so wie an sonnigen Grillabenden im Sommer zu Hause an Land. Aber dort muss man nicht Wache gehen, muss nicht mit unvorhersehbaren Ereignissen rechnen, kann am nächsten Morgen ungestört ausschlafen und seinen Kater auskurieren. Auf See ist das etwas anderes, noch dazu segeln wir nicht im Passat über den Atlantik, sondern in einem der anspruchsvollsten Reviere der Erde, die es gibt: im Nordpolarmeer. Selbst bei guten Bedingungen sind ständig alle Risiken im Auge zu behalten – das Wetter, das Meer, das Boot mit all seiner Technik und seinen navigatorischen Hilfsmitteln und vor Anker die Position. Deshalb ist es für alle Mannschaftsmitglieder auch selbstverständlich, dass sie mit ihren Kräften haushalten.

Lore notiert: *Ankerwache auf Camping Island im Cockpit. Kein Laut ist zu hören, als sei die Welt verstummt. Um vier Uhr geht die Sonne auf, blutrot, und verschwindet eine Stunde später wieder in den Wolken. Der Wind hat sich wieder gelegt, die Kette rumpelt nicht mehr. Ich genieße das Alleinsein im Cockpit. Von Zeit zu Zeit ist es gut, sich mit allen Sinnen bewusst zu machen, wo man eigentlich gerade*

Bedrohlich, aber wunderschön:
Unwetterwolken

ist. Es fängt an zu regnen, und dann wird aus dem Regen ein Gewitter.

Susanne von der NEHAJ meldet sich über Sat-Mail. Sie hat inzwischen Point Pearce Harbor erreicht und kommt ebenfalls gut voran. Am Ende der Mail schreibt sie: *Ich kann Euch zudem noch sagen, dass Victor nicht besonders gut auf Euch zu sprechen ist.*

Was kann Victor gegen uns haben? Bisher haben wir problemlos miteinander kommuniziert und täglich über SpotGen3 unsere Position durchgegeben. Wir nehmen ein Missverständnis an und fragen ihn in der nächsten Mail.

Mail von Victor am 3. August:

Hello Heide & Erich + Crew,

ich bin nicht ärgerlich auf euch. Ich bin nur bestürzt über den mangelhaften Austausch. Es sieht so aus, als ob ihr alles auf eigene Faust machen wollt. Eure täglichen Positionsangaben waren kaum nützlich. Die 18, die ich von euch seit dem 16. Juli erhalten habe, bekomme ich von den anderen in weniger als einem Tag. Es geht um eure Sicherheit, nicht um meine. Ich berate nur und sage nicht, was ihr tun sollt. Die Entscheidungen müsst ihr treffen. Insgesamt war es keine so gute Idee, Nome so zeitig zu verlassen. Sobald ein Boot aufbricht, folgen leider auch die anderen. Die Arktis hat ihre eigene Geschwindigkeit und die ist nicht unsere.

In 2015 hat sich auch Jimmy Cornell zu früh aus Nome weggestohlen und musste später eine Verzögerung von zehn Tagen in Cambridge Bay hinnehmen, und er musste schließlich am 15. August, das war der frühe Öffnungszeitpunkt der zentralen Arktis, in Ft. Ross alle anderen erfahrenen Boote wiedertreffen, gerade so wie mit einer schlecht funktionierenden Uhr.

Ihr werdet in Cambridge Bay ebenfalls eine Verzögerung haben, weil die zentrale Arktis ihre eigenen Wege hat trotz der nun offenen Straße nach Gjoa Haven ...

Unser Eindruck: Victor ist tatsächlich verärgert. Wir seien zu früh in Nome aufgebrochen und hätten dadurch eine Kettenreaktion bei den anderen ausgelöst. Wir preschten unnötig schnell voran und müssten dafür sicherlich zehn Tage in Cambridge Bay warten, wie ein Jahr vor uns Jimmy Cornell, der – so Victor – auch unnötigerweise vorgeprescht sei. Wir hätten nichts verloren auf „peril places" (gefährlichen Ankerplätzen), und wir würden uns nicht oft genug melden. Letzteres konnten wir aufklären, nachdem wir Victors Rückmeldung bekommen hatten: Der automatische Positionsmelder hat offensichtlich häufig versagt. Warum das ausgerechnet in der Nordwestpassage passierte, erfuhren wir erst viel später aus der Mail eines Freundes: *Ein kleiner Hinweis: Euer SpotGen3 benutzt Globalstar, nicht Iridium. Während Iridium weltweit über den ganzen Globus arbeitet, hat Globalstar nur drei Satelliten über dem Äquator und wenig oder gar kein Signal ab 70 Grad Nord und Süd. Also nicht auf Iridium schimpfen.*

Ob Victor bei den anderen Punkten Recht behält und wir in Cambridge Bay zum Warten verdammt sind, wird sich herausstellen. Aber was spricht denn eigentlich dagegen, dass wir in Cambridge Bay, Gjoa Haven oder auch in Taloyoak, der letzten Ortschaft vor der Eisbarriere im Larsen Sound, ein paar Tage warten? Aus unserer Sicht gar nichts! Aber das kann man über Mail schlecht diskutieren. Unsere Entscheidungen werden wir weiterhin vor allem in Einklang zu den Analysen von „WetterWelt" treffen.

Kaum Wind und am Himmel eine fahle Sonne. Während der Fahrt entlang der Südküste von Victoria Island hat die Hauptmaschine die Tanks über den Watermaker

Kunst am Ende der Welt:
Skulptur eines Moschusochsen
in Cambridge Bay

wieder mit Süßwasser gefüllt und das Wasser im Boiler aufgeheizt. Zeit für eine warme Dusche auf der Badeplattform und für frische Klamotten – so man noch welche hat! In Cambridge Bay hoffen wir auf eine Waschmaschine. Abendessen: Nudelsalat mit Tunfisch und Surimi.

Cambridge Bay

Das Lager vor dem Gipfel

Zwei Tage früher als vorgesehen und damit gut im Zeitplan erreichen wir am späten Abend des 4. August das Etappenziel Cambridge Bay oder Ikaluktutiak – „guter Platz zum Fischen" –, wie der Ort auf Inuit-Dialekt heißt. Glücklich und in bester Stimmung lassen wir die bisherige Reise noch einmal Revue passieren: Sie war leichter, als wir erwartet hatten: Die Temperaturen fielen nie unter 0° C; östlich von Barrow gab es zwar viel Eis und Nebel, aber nur einen schweren Sturm unter Landschutz (auf Herschel). Vor allem gab es keine Erkrankungen, keine Unfälle und keine Ausfälle bei der Crew. Alle haben zum Gelingen dieses Abschnitts beigetragen. Besonders Heinz hat sich ins Zeug gelegt: Er ist die rechte Hand in der Kombüse, zuständig für Getränke und verantwortlich für die vielen Ankermanöver; vor allem ist er aber ein erfahrener, zuverlässiger und ausdauernder Wachführer, redet nicht viel und packt mit an, wenn es nötig ist. Und nach dem Einsatz und dem Teilerfolg lechzen wir nun alle nach ein paar entspannten Ruhetagen.

Entspannung? Ruhetage? Nicht wirklich. Wie ein Damoklesschwert hängen die bangen Fragen über uns, wann es und ob es überhaupt weitergeht. Jeden Tag, jede Stunde hoffen wir, dass das Eis aufbricht und uns den Weg in den Atlantik freigibt, damit wir auf der Überfahrt nach Grönland nicht in die Herbststürme kommen.

Außerdem steht wieder einiges auf der Arbeitsliste. Zum Glück finden wir einen Platz an der kleinen Jetty. Hier können wir problemlos Diesel übernehmen und Frischproviant aufstocken – vielleicht zum letzten Mal vor Grönland.

Wie geplant, verlassen uns Frank und Hartmut. Dafür kommen Thilo und Folkmar an Bord, zwei alte FREYDIS-Füchse, die schon 1980/81 auf der ersten Antarktis-Reise dabei waren, auch später immer wieder auf der FREYDIS segelten und mit uns durch dick und dünn gingen. Thilo ist Ingenieur von Beruf und aus Leidenschaft und seit dem Bau der alten FREYDIS 1978 unser „chief engineer" an Bord. Folkmar, ebenfalls Ingenieur, war ein Jahrzehnt unser Wachführer und Co-Skipper. Beide sind nicht nur erfahrene Segler, sondern auch erfolgreiche Unternehmer, gewohnt, Risiken abzuwägen. Beruflich sehr eingespannt, wollten sie zumindest das Herzstück der Nordwestpassage nicht verpassen. Das haben wir ihnen gerne ermöglicht. Ihre Teilnahme bedeutet einerseits eine erhebliche Verstärkung der Crew, andererseits auch eine willkommene Entlastung für den Skipper und für mich, weil wir wissen, dass wir in schwierigen Situationen auf sie zählen können.

Die FREYDIS ist die zweite Yacht in diesem Jahr, die in Cambridge Bay eingetroffen ist. Die Maxi-Yacht PLUM scheint eine ähnliche Strategie wie wir zu verfolgen. Sie hatte uns während unseres Badestopps auf Camping Island überholt. Endlich können wir das Rätsel ihres Namens lösen: Wie uns die beiden italienischen Eigner bestätigen, waren es die inzwischen verstorbenen Voreigner der PLUM, denen wir 1998 in Puerto Montt / Chile begegneten. Wieder diese schmerzhafte Erkenntnis, wie schnell sich die Welt dreht! Im Nu ist die letzte Runde eingeläutet – auch für uns.

Wo stecken wohl der „verrückte“ Supermann Yvan und Susanne mit ihrer NEHAJ und die anderen Yachten, die mit uns und nach uns in Nome aufgebrochen sind? Wir hoffen, dass sie alle gut vorankommen.

Die Sonne dringt durch den Nebel und lässt den Ort, der auf den ersten Blick hauptsächlich aus Containern, Öltanks, Müll und Baracken zu bestehen scheint, etwas freundlicher erscheinen. Ein Wiesel mit einer Maus im Maul rennt über die Pier.

DIE CREW ERKUNDET CAMBRIDGE BAY.

Doug Stern, 35 Jahre alt, von Beruf „ski patroller" und Jäger, spricht uns an: Er sei ein Freund von Arved Fuchs und auf der DAGMAR AEN mitgefahren – 2004 ein Stück durch die NW-Passage und 2009 von Ellesmer Island nach Upernarvik, Nordwestgrönland. Er lebt schon lange hier, will nun aber nach Vancouver Island ziehen. Cambridge Bay sei ihm zu städtisch geworden: zu viel Dreck, zu viel Bauerei – unter anderem dieses supermoderne Zig-Millionen-Dollar-Gebäude, das nach seiner Fertigstellung das „Canadian High Arctic Research Center" (Kanadas Hauptquartier für polare Wissenschaften) beherbergen soll.

Cambridge Bay steht nicht auf Permafrostboden, sondern auf solidem Fels und ist deshalb ein attraktiver Bauplatz. Das schafft in dem 1700-Einwohner-Ort, davon 80 % Inuit, dringend benötigte Arbeitsplätze. Dazu tragen auch die kürzlich in Betrieb genommenen Goldminen auf dem nahen Festland bei.

In der Bibliothek begegne ich einer etwa 50-jährigen Inuit, die mir in wenigen Worten ihr Leben skizziert: „Ich habe die höhere Schule besucht, studiert und nun einen guten Job im öffentlichen Dienst – und dabei bin ich in einem Schnee-Iglu geboren, meine Eltern kamen mit mir auf dem Hundeschlitten nach Cambridge Bay!" Dabei lacht sie, als sei das etwas ganz und gar Unmögliches.

„Ich habe auch die höhere Schule besucht, studiert und hatte einen guten Job, und nun bin im Segelboot auf der Nordwestpassage", kontere ich. Und wir lachen zusammen, als hätte uns beiden das Schicksal und der Fortschritt einen tollen Streich gespielt.

Dass nicht alle Menschen mit ihrem Leben in dieser Abgeschiedenheit so zufrieden sind, das wissen wir bereits von unseren Besuchen auf den Inseln im Beringmeer. Jahrtausende hat das Nomadenleben in der Arktis die Inuit geprägt und sie zu großen Überlebenskünstlern und Jägern gemacht. Doch diese Fertigkeiten sind heute nicht mehr gefragt: Iglus werden nicht mehr benötigt, es gibt Fertighäuser, und die Klimaerwärmung erschwert die Jagd auf dem Eis. Abgesehen davon können sie mit Fellen und Walross-Elfenbein kaum noch Geld verdienen wegen des internationalen Banns. Andere Jobs aber sind, wie erwähnt, rar und verlangen andere Fähigkeiten.

Obwohl es in Cambridge Bay eine höhere Schule gibt und dazu das Arctic College, das der lokalen Bevölkerung einen höheren Bildungstand vermitteln kann, und etliche staatliche Programme, ähnlich wie in Alaska, den Bewohnern helfen sollen, durch Gruppenaktivitäten ihre Traditionen zu beleben und ihr Selbstwertgefühl zu stärken, ist das Drama der Inuit auch hier offensichtlich.

„Selbst wenn sie eine Arbeit finden, laufen sie oft schon nach dem ersten Lohn wieder davon – nicht fähig oder nicht willens, einer geregelten Arbeit nachzugehen", so der Bauingenieur, den wir wegen des Baugrunds ansprachen. „Dann bleibt ihnen nur die staatliche Unterstützung. Aber damit können sie keine teuren Lebensmittel bezahlen und auch kein Flugticket."

„Und was dann?" – Achselzucken.

Maurice erzählt am Abend: „Auf dem Weg zum Friedhof sind wir einem Bewohner begegnet, der uns von der hohen Selbstmordrate unter den Jugendlichen berichtete."

Lore: „Ist doch klar: Rund um die Uhr werden die jungen Leute hier übers Internet mit der glitzernden weiten Welt konfrontiert und wissen doch, dass sie nicht daran teilhaben können. Gleichzeitig ist ‚global warming' in aller Munde. Wie sollten sie sich denn nun eigentlich verhalten?

Gas geben, um vom Kuchen der Globalisierung ein Stückchen abzubekommen, oder bremsen, damit nicht noch mehr kaputtgeht?"

Ich spreche Doug auf diese Misere an: „Was geschieht mit den Inuit, die keine Arbeit, keine Perspektive und kein Geld haben, um sich etwas zu kaufen. Bekommen sie Unterstützung?"

„Ja schon – eine kleine staatliche Zuwendung", antwortet er. „Die reicht gerade mal zum Überleben. Doch die Inuit helfen sich traditionell untereinander, verteilen ‚country food' – Jagdbeute und selbst gezüchtetes Gemüse – an Bedürftige und draußen auf dem Land Gestrandete. Oft stellen sie sich auch als freiwillige Helfer zur Verfügung bei sozialen Programmen, Sportveranstaltungen oder alljährlich durchgeführten Festivitäten."

Doug führt uns zu seinem kleinen Haus am Ufer, nicht weit von der Jetty entfernt. Auf dem Dach ragen Dutzende von Karibugeweihen wie bleiche Gewächse in den Himmel und hohläugige Moschusochsen-Schädel mit kolossalen Hörnern halten Wache auf der Außentreppe. Im Gärtchen stehen selbstgezimmerte Glaskästen, in denen Doug recht erfolgreich Tomaten und Kartoffeln zieht. Nur die Bäumchen darin wollen trotz Pflege und langem Tageslicht einfach nicht über Bonsai-Größe wachsen. Aber da spielen wohl noch andere Faktoren wie Temperatur und Nährstoffe eine Rolle.

„Bananen aus deinem Gewächshaus – alle Achtung", scherzt der Skipper später, als Doug uns mit einem selbstgebackenen Bananenkuchen an Bord überrascht.

Aber es ist schon ein Weilchen her, dass in der Arktis tropische Temperaturen herrschten. Ich habe mich schlau gemacht: Vor 55 Millionen Jahren sollen hier sogar Palmen gewachsen sein. Nach den Erkenntnissen der US-Weltraumbehörde NASA ist die Eisdecke am Nordpol seit den 60er-Jahren bereits um durchschnittlich 45 Zentimeter zurückgegangen.

Klimaerwärmung hin oder her: Tropische Früchte gibt's bisher – wenn überhaupt – nur in den beiden Supermärkten der Stadt. Hier bekommen wir auch Kohl, Äpfel, Salat, Milch und Brot – alles aus Montreal eingeflogen. Von Skorbut werden wir nicht bedroht und an Nervennahrung fehlt es uns auch nicht: Thilo hat ein ganzes Sortiment an Schokolade und Süßigkeiten mitgebracht.

Notiz von Lore: *Heinz kauft neue Bananen, um seine heimliche Plantage unter den Bodenbrettern aufzustocken. Ein Rätsel bleibt, wie er es bislang geschafft hat, seit der Abreise aus Nome noch jeden Tag mit einer Banane nach oben zu kommen. Und immer perfekt gereift … Es zeigt offensichtlich Wirkung, vom Skipper zum Proviantmeister ernannt zu sein.*

Aus vergangenen Tagen

Unser Aufenthalt in Cambridge Bay scheint im Zeichen der Geschichte zu stehen: Staunend und ehrfurchtsvoll mustern wir das gut erhaltene Wrack der MAUD, das im vergangenen Jahr in der Bucht gehoben und auf einen Schwimmponton gebettet wurde. Anlässlich des 100. Jahrestages der MAUD – sie war am 7. Juni 1917 in dem damals noch jungen Staat Norwegen vom Stapel gelaufen – soll es in die Heimat zurückgebracht werden. Ein privat finanziertes Projekt, für das der norwegische Unternehmer Tandberg ein vierköpfiges Team idealistisch gesinnter Experten angeheuert hatte.

Zu ihnen gehört auch Stig Pettersen, der blonde 45-jährige Norweger, mit dem wir uns anfreunden. Eigentlich ist Stig von Beruf Bauingenieur, hält aber den eisgängigen

Das Wrack
der Maud

Schlepper TANDBERG POLAR am Laufen, der eigens für dieses Vorhaben erworben wurde.

„Wir gehen erst Ende August mit ihr durch", meint Stig. Und er scheint recht sicher, dass die Überführung auch klappt. 2014 war er zusammen mit Eigil Nansen (Fridtjof Nansens Enkel) auf entgegengesetztem Weg mit dem Schlepper nach Cambridge gekommen.

Beim Abendessen an Bord der FREYDIS gibt uns Stig weitere Informationen zur MAUD: 1917 war sie unter Leitung des Polarforschers Roald Amundsen nach Nansens eisbewährter FRAM in Norwegen gebaut und 1918–1921 von ihm und seiner Crew von Norwegen durch die Nordostpassage (von Russland nach Alaska) gesegelt. Nach einer weiteren dreijährigen Expedition, die Amundsen ins arktische Packeis unternahm, wurde sie 1926 – aus finanziellen Gründen – für 40.000 $ an die „Hudson's Bay Company" (HBC) verkauft. Sie sollte in der westlichen Arktis als Versorger der dortigen Stationen eingesetzt werden, erwies sich dafür jedoch als ungeeignet und wurde bereits nach ihrer ersten Fahrt 1930 in Cambridge Bay stillgelegt. Hier diente sie als schwimmendes Lagerhaus und drahtlose Radiostation. Ein Jahr später schlug sie leck und sank – in den Zeiten wirtschaftlicher Rezession hatte sich niemand um das Schiff gekümmert. 60 Jahre später, als norwegische Taucher das Wrack in recht gutem Zustand fanden, beschloss der Sponsor, es heben zu lassen.

Ein passendes Ambiente, um uns in die Zeit der MAUD zu versetzen, entsteht gerade nahe der Jetty: Dort werden die alten Handelshäuser der Hudson's Bay Company zusammengetragen, die in den 1920ern hier einen Handelsposten eröffnet hatte. Zukünftig sollen sie Teil eines Museums werden. In mir regen sich dabei gemischte Gefühle – kontrollierte dieses Unternehmen doch jahrhundertelang den

Pelzhandel und ist zumindest mit verantwortlich für die massive Dezimierung der Pelztiere in Nordamerika. Erst nach dem Niedergang des Pelzhandels mutierte dieses älteste kanadische Unternehmen zu einer Handelsgesellschaft, die lebenswichtige Waren an kanadische Siedler verkaufte.

Doug kommt auf einen Sprung an Bord. Er bringt mir einen Datenträger, auf dem er sein noch unveröffentlichtes Werk *History of Cambridge Bay* (Geschichte von Cambridge Bay) geladen hat, das mich sehr interessiert, und dazu noch zahllose Unterlagen und Fotos aus vergangenen Tagen von der Siedlung und ihrem Umfeld.

Besonders aufregend finden wir darin ein Foto mit einem Dutzend Eisbären, die sich um einen gestrandeten Wal scharen, und eines mit einem ausgewachsenen Eisbären, der in ein Haus einzudringen versucht, während einige Menschen dicht dabei auf der Treppe stehen und die Szene lachend beobachten.

Seinen ausführlichen und gut belegten Recherchen entnehme ich, dass es hier keine Siedlung gab, als die Hudson's Bay Company ihr Depot eröffnete. Sie leitete die „Ära des Fellhandels" im Gebiet der kanadischen mittleren Arktis ein und damit einen tiefgreifenden Wandel im Leben der Inuit in diesem Gebiet. In den ersten Jahrzehnten bestand Cambridge Bay nur aus ein paar Hütten an der Bucht, bewohnt von Angestellten des Handelspostens und von Missionaren. Weil niemand von ihnen Inuktitut sprach, gaben sie den Inuits englische Namen, um die Verständigung zu vereinfachen. Und die Inuit taten das Gleiche in umgekehrter Weise – erst seit 1972 muss jeder einen legalen Vor- und Nachnamen besitzen.

Die meisten Inuit lebten bis in die 1960er noch außerhalb der Siedlung, für viele wurden es harte Zeiten: Die Zahl der

Tiere nahm stark ab, insbesondere durch die Einführung von Feuerwaffen, was zu Mangelernährung und Hunger führte; seit den 1920ern gab es immer wieder Epidemien von Grippe und Masern, gegen die viele Inuits keine Abwehr gebildet hatten, und auch Tuberkulose breitete sich in den überfüllten Iglus aus. Die Inuit, die davon verschont geblieben waren, wurden deshalb ermutigt, in die Siedlung zu ziehen. Dort konnten sie eine Unterkunft, medizinische Betreuung, bezahlte Arbeit und in der neu erbauten Schule eine Erziehung für ihre Kinder finden. Damals kamen viele Familien auf Hundeschlitten oder Schonern zur Siedlung, wo ihnen eine „Matchbox" („Streichholzschachtel") zugewiesen wurde – eine der 12 × 24 Meter großen, isolierten Holzhütten mit Ölöfen, „honey buckets" („Honigtopf") als Toilette – es waren Eimer mit Toilettenbrille und einem Plastiksack darin, der draußen gelehrt werden musste (auf Diomede Island im Beringmeer waren sie bei unserem Besuch 2007 noch immer in Gebrauch) – und einen 40 Gallonen-(150 Liter)-Wassertank , der regelmäßig gefüllt wurde.

Obwohl die Inuit in der Siedlung nun mit den Grundbedürfnissen deutlich weniger Stress hatten, brachte ihnen das Siedlerleben eine neue Herausforderung: sozialen Stress, ausgelöst durch Alkoholkonsum, enges Zusammenleben und Arbeitslosigkeit – keine gute Basis, um eine Familie zu gründen. Trotzdem wuchs die Stadt weiter.

In den 1950ern wurde mit dem Bau der „Distant Early Warning Line (DEW Line)" begonnen – einer Kette von Radarstationen entlang der US-amerikanischen und kanadischen Arktis bis Grönland, die rechtzeitig vor einem möglichen sowjetrussischen Luftangriff aus dem Norden warnen sollten. Auf Cambridge Bay wurden 200 Inuit rekrutiert, um beim Transport und Aufbau der Station mit allem, was an Logistik dazu nötig war – Gebäude, Straßen,

Tanks, Turm, Antennen, Flugpiste, Hallen –, mit anzufassen. Dabei wurden sie untergebracht, verpflegt und mit allen Notwendigkeiten für sich selbst und ihre Arbeit ausgestattet. Und weil die Station westlich der alten Stadt gebaut wurde, musste die Stadt kurzerhand ans gegenüberliegende Ufer der Bucht verlagert werden.

Cambridge Bay hat nie einen Krieg erlebt, die ganze kanadische Arktis hat nie einen Krieg erlebt. Das heißt aber nicht, dass es hier immer friedlich zuging. Bevor die kanadische Polizei in dieses Gebiet kam, galt bei Streitigkeiten das Recht des Stärkeren und das führte meist zu Mord und Totschlag.

Knud Rasmussen, berühmter dänischer Anthropologe aus Grönland mit Inuit-Vorfahren mütterlicherseits, der während seiner dreijährigen Hundeschlittenreise von Grönland nach Alaska 1923 einige Monate in der Gegend verbrachte, beschreibt seinen Besuch in Cambridge Bay so: *I once made an inspection of a small snow-hut camp of fifteen families, and found as a result that there was not a single grown-up man who had not been in a killing in some way or another. (Ich habe einmal eine Inspektion in einem kleinen Schneehütten-Camp von fünfzehn Familien durchgeführt und fand als Ergebnis heraus, dass es nicht einen einzigen erwachsenen Mann gab, der nicht auf die eine oder andere Weise in einen Mord verwickelt gewesen wäre.)*

Ähnlich verlief wohl auch die Zivilisierung an den wenigen anderen Ortschaften oder Siedlungen in der Nordwestpassage.

Aber das ist noch nicht alles, was uns hier an arktischer Geschichte nahegebracht wird. An der Kopfseite der Jetty hat das kleine kanadische Forschungsschiffs MARTIN BERGMANN von der „Arctic Research Foundation“ festgemacht. Und wie Gerry Chidley, der junge Kapitän, erzählt, war es dieses Schiffchen, mit dem es einer kanadischen Forschergruppe im September 2016 gelang, was so viele Expeditionen zuvor vergeblich versucht hatten: das Wrack der TERROR aufzuspüren! Der Fund sorgte weltweit für Schlagzeilen. Der britische Polarforscher Sir John Franklin hatte mit seinem Flaggschiff TERROR und der EREBUS von 1845 bis 1848 eine Expedition in die Arktis durchgeführt, die in einem Desaster mündete. Keiner seiner Leute kam lebend zurück.

Sprachbarrieren, Arroganz der Weißen und Misstrauen der Eskimos hatten in den vergangenen Jahrhunderten das Auffinden der Franklin-Schiffe verhindert. Aber die alten Eskimos, deren Großeltern von den Schiffen erzählten, die plötzlich geisterhaft wie aus dem Nichts im Eis aufgetaucht waren, wissen noch davon. So auch der Netsilik-Inuit aus Gjoa Haven, der schon als Kind mit seinem Vater eines

FUTURISTISCHE ARCHITEKTUR
DER „ARTIC RESEARCH STATION“

der gesunkenen Schiffe besucht hatte. Er gab der Forschergruppe den entscheidenden Hinweis, der zum Auffinden des TERROR-Wracks führte. Es liegt an der Westseite von King William Island im Queen-Maud-Golf – nur 30 Seemeilen entfernt vom Wrack der EREBUS, das bereits 2014 entdeckt wurde.

Weil wir auf unserer Route durch den Queen-Maud-Golf die King-William-Insel passieren, ist es nur ein Katzensprung zu den Fundorten der berühmten Wracks. Doch mein Wunsch vorbeizuschauen stößt beim Skipper auf taube Ohren. Schade, aber verständlich, denn die gefährlichste Strecke der Passage liegt noch vor uns. Und das heißt vor allem: Keine Zeit verlieren! Wenn sich das Eis öffnet, müssen wir schnell sein.

Als wir am 7. August die ausführliche Wetter- und Eisvorhersage von „WetterWelt" erhalten, hat das Warten ein Ende: Zwar sei der direkte Weg vom Queen-Maud-Golf durch die Viktoriastraße unpassierbar und für lange Zeit durch massives Eis (von 9+/10) in der Victoriastraße verbaut. Aber der Umweg über Gjoa Haven sei durch die geringe Eisbedeckung (1/10) der Simpsonstraße möglich. Im Larsen Sound versperre zwar ein riesiges, geschlossenes Eisfeld die Weiterfahrt nach Norden. Doch … *aktuell zeigen die Eiskarten dicht unter der Westküste der Boothia-Halbinsel am ehesten Chancen, die Passage fortzusetzen. Hier ist ein aktuell nur sehr schmaler Korridor zu finden, und das dicke Eisfeld lauert von Westen her, um diese schmale Passage dichtzusetzen.* Unser Wetterexperte rät, sofort loszusegeln und in Gjoa Haven ein Update zu machen. Es bahne sich ein Zeitfenster an, das wir vielleicht nutzen könnten, bevor sich die schmale Passage an der Boothia-Halbinsel wieder schließe.

7-Tage-Törnberatung

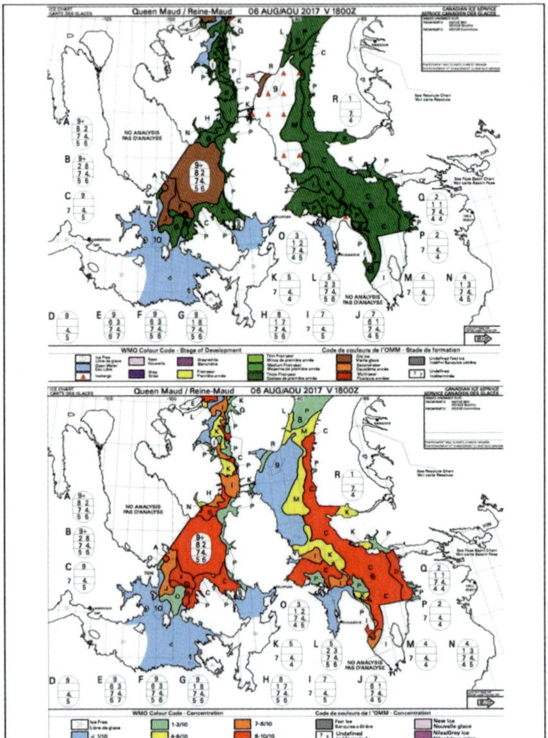

aktuell zeigen die Eiskarten dicht unter der Westküste der Boothia Halbinsel am ehesten Chancen, die Passage fortzusetzen, wobei hier nur ein aktuell sehr schmaler (wenig sm

WetterWelt GmbH Schauenburgerstraße 116 24118 Kiel
T +49 431 560 66 78 F +49 431 560 66 75 mail@wetterwelt.de www.wetterwelt.de

Seite 2 **von** 8

Kurz bevor wir auslaufen, treffen weitere Yachten ein, die wir von Nome her kennen: LADY FREE, LARISSA und NEHAJ. Zum Abschied umrunden wir alle Boote. Trompeten, Winken. „Take care!“

Die „Early-Bird"-Strategie

„Eine Kette nur so stark wie ihr schwächstes Glied" ist eine unstrittige Feststellung. Unstrittig ist aber auch, dass eine Mannschaft so stark ist wie ihre besten Leute. Also übernehmen, neben dem Skipper, nun Thilo und Folkmar je eine der drei Wachen.

Ab Cambridge Bay gibt es eine Vielzahl von Routen in der östlichen Arktis. Aber wir können uns keine bestimmte vornehmen. Welche wir letztlich einschlagen, müssen wir vor Ort entscheiden und diese Entscheidung abhängig von der Eissituation fällen. Denn je nach Wind- und Strömungsverhältnissen kann sich die Situation in den zahlreichen Wasserstraßen binnen Tagen, ja sogar Stunden dramatisch verändern. Gute Wetterberichte und aktuelle Eisinformationen sind unerlässlich, um das Risiko, vom Eis eingeschlossen und vielleicht erdrückt zu werden, vermeiden zu können und notfalls den Rückzug anzutreten.

Bei der Durchquerung der Nordwestpassage verfolgen wir ein Prinzip, das man als „Early-Bird"-Strategie bezeichnen kann: So früh wie möglich an Ort und Stelle sein, um keine Chance zu verpassen – es könnte die letzte sein!

Auch Experten können keine Prognosen für die Bewegungen des Packeises stellen, alles ist möglich. Sowohl dass sich zu Beginn des Sommers eine Passage öffnet, als auch erst gegen Ende der Saison. Und vielleicht gibt es in diesem Jahr überhaupt kein Durchkommen.

Wie in den Häfen zuvor brechen wir deshalb auch in Cambridge Bay als Erste auf, um nach einem kurzen Aufenthalt in Gjoa Haven in einer Bucht der Boothia-Halbinsel, unmittelbar vor dem geschlossenen Packeisfeld der James Ross Strait oder des Larsen Sound, in Wartestellung gehen.

Mondaufgang in Cambridge Bay

5 August. Mail von Victor:
Heide + Erich & Crew,
ihr könnt euch vielleicht an das Asma-Abenteuer von Clark Stede und Michelle Poncini 1990 in der Nordwestpassage erinnern. In meiner letzten größeren E-Mail vergaß ich sie zu erwähnen ... Ich will auf keinen Fall, dass ihr in eine ähnliche Lage kommt. Die Asma-Zeiten der Nordwestpassage waren schwierig, kein Segelboot war durchgekommen, bis es 1990–1993 die Dagmar Aaen schaffte. Zuvor mussten die meisten auf gefährlichen Plätzen, die sie sich nicht ausgesucht hatten, den Winter verbringen. Also nehmt euch das zu Herzen. Nun ist die Botschaft für alle, die nach Osten oder Westen wollen, bis mindestens Mitte August, wenn nicht länger, zu warten, bis sich die Wege zu ihren Zielen öffnet. END. Cheers, Victor

Victor macht sich offenbar Sorgen, dass wir uns unbedacht ins Verderben stürzen. Das braucht er aber nicht. Wir werden das tunlichst vermeiden.

Simpson Strait: Von Tanklöchern und Magnetnadeln

Da die Victoria Strait noch komplett mit Eis bedeckt ist, kommt nur eine Passage durch den Queen-Maud-Golf und die Simpsonstraße in Betracht. Das bedeutet ein paar hundert Meilen Umweg und ist vielleicht die navigatorisch anspruchsvollste Strecke der ganzen Nordwestpassage. Aber dieser Umweg kommt unserer Absicht sehr entgegen, auf der King-William-Insel die Siedlung Gjoa Haven (Usqsuqtuuq) anzulaufen, wo Amundsen zwei Winter (1903–1905) mit der GJØA während seiner Nordwestpassage

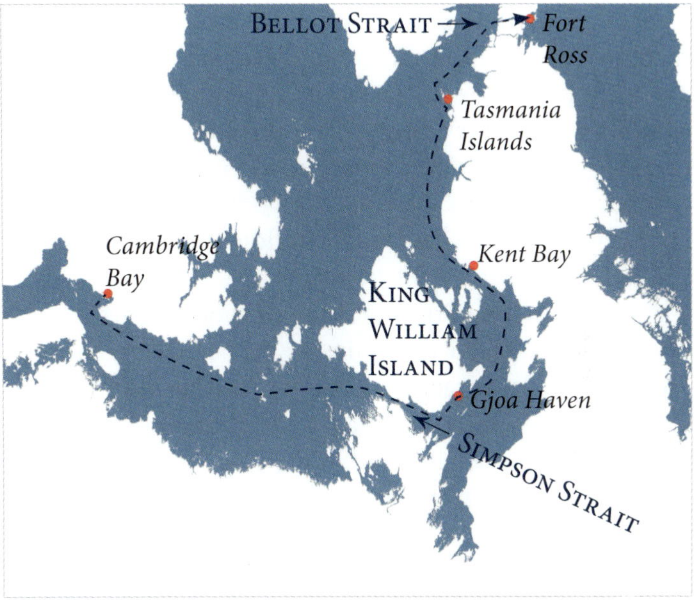

verbrachte, die er als Erster bezwang. (Nur zur Erinnerung: 1909 war er der Erste am Südpol und 1918–1921 schaffte er mit der MAUD auch noch die Nordostpassage von Russland nach Alaska. Er war ein überaus rühriger Polarforscher!)

Durch die vielen Untiefen im östlichen Queen-Maud-Golf und bei der Ansteuerung der Simpsonstraße ist aufmerksamste Navigation erforderlich. Dabei haben wir kurzen UKW-Kontakt mit einem Schiff der kanadischen Küstenwache auf Gegenkurs: Bis Gjoa Haven sei der Weg frei. 20 Minuten später hören wir es mit der PLUM sprechen.

Wir kommen bestens voran. Unser Autopilot arbeitet einwandfrei auf dem Kurs, den wir ihm mithilfe des GPS vorgeben. Wenn wir allerdings plötzliche oder starke Kursänderungen vornehmen müssen, etwa um einer Eisscholle auszuweichen, läuft das Boot aus dem Ruder. Der Kompass, der die Selbststeueranlage sonst strikt auf Kurs hält, kann den neuen Kurs nicht mehr so rasch finden. Grund dafür ist, dass seine Magnetnadel bei Annäherung an den Magnetpol durch die zunehmend vertikal zur Erdoberfläche ausgerichteten Magnetfeldlinien eine immer labilere Ausrichtung erfährt. Um in dieser Hinsicht keine Überraschung zu erleben, halten wir ständig Ausguck und kontrollieren den Kurs.

Aus der Victoria Strait dringt zwar von Norden her Eis in den Queen-Maud-Golf – in der Ferne leuchten uns die großen Eisfelder entgegen –, aber wir können ihnen mit einem Schlenker nach Süden ausweichen. Franklins Schiffe konnten das nicht. Sie gerieten 1847 hier endgültig in die Falle, und hier begann der letzte Akt ihrer Tragödie. Der Arzt und Arktisforscher John Rae – 1854 im Dienst der HBC und mit Dolmetschern über Land unterwegs, um die noch fehlenden Strecken der Nordküste Amerikas zu kartografieren – erfuhr aus den Erzählungen von Inuit, dass eine Gruppe von Überlebenden auf dem Weg zu Fuß nach Süden verhungert sei. In England war man ungemein interessiert an Nachrichten über die Franklin-Expedition. Man verübelte John Rae allerdings zutiefst die Aussage, dass die Ärmsten vor ihrem Hungertod noch zu Kannibalismus an verstorbenen Kameraden gegriffen hatten. Das wollte man einfach nicht wahrhaben.

9. August. Nachmittags achterlicher Wind. Die Genua wird ausgebaumt. An Bord stinkt es nach Diesel. Erich und Thilo starten eine Schnüffel- und Suchaktion und werden fündig: Schuld ist ein kleines, von ihnen selbst verursachtes Leck im Tank. Beim Verlegen der Zuleitung für den Dieselofen mussten sie Löcher in die Holzleisten unter dem Boden bohren und hatten dabei unbemerkt den darunter

liegenden Alu-Tank angeritzt. Und weil wir in Cambridge Bay randvoll getankt hatten, ist es dort durchgesickert. Shit happens! Um Ruhe ins Boot zu bringen, drehen wir bei, bis die beiden das schwer erreichbare Leck mit einem mit Flachs umwickelten Nagel verschlossen und die versiffte Bilge im Maschinenraum gereinigt haben.

Bei Wachwechsel um Mitternacht stehen wir am Eingang der Simpson Strait. Zwar empfiehlt das Seehandbuch, die 45 Seemeilen lange und teilweise bis auf eine halbe Seemeile eingeengte Wasserstraße wegen ihrer starken Strömungen und Stromschnellen, ihrer vielen Inseln und Untiefen und wegen der ungenauen Seekarten nur bei Tag und guter Sicht zu befahren, doch weil uns, laut Wetterbericht, Nebel einzuholen droht, bleibt uns keine Wahl, als in dämmriger Nacht hindurchzusegeln. Die ersten Sterne am arktischen Himmel sind bereits auszumachen. Ein untrügliches Zeichen: Der kurze arktische Sommer neigt sich schon dem Ende zu. Punkt Mitternacht übergibt der Skipper die Wache an Thilo mit Lore und Norbert, und um 4 Uhr übernimmt Folkmar mit Heinz. Kein Problem für die erfahrene Crew. *Souveräne Durchsteuerung*, vermerkt der Skipper am Morgen im Logbuch.

Gjoa Haven: Die Spannung steigt

Als wir die Siedlung Gjoa Haven ansteuern, glauben wir zunächst, die Karte sei falsch. Doch dann öffnet sich im Inneren einer Bucht überraschend ein Zugang zu dem gesuchten Naturhafen. Bestens geschützt vor Wind und Treibeis ist Gjoa Haven eine Perle. Als „the most perfect little harbour in the world" („der perfekteste kleine

Hafen der Welt") beschrieb ihn ein Crew-Mitglied der Gjøa von Roald Amundsen, die zwischen 1903 und 1907 als erstes Schiff die Nordwestpassage meisterte. Zwei Winter verbrachte Amundsen an diesem Lagerplatz der Netsilik-Inuit – damals gab es hier noch keine Ortschaft. Dabei konnte er nicht nur einige wissenschaftliche Untersuchungen durchführen, sondern auch die Freundschaft der Inuit gewinnen und deren traditionelle Überlebenstechniken studieren. Beides kam ihm auf der Reise mit der Gjøa sehr zugute.

10. August. Am Vormittag ankern wir im Innern der Bucht von Gjoa Haven. Am Nachmittag geht die Plum neben uns

vor Anker. Von dem Schweizer Yvan ist auch hier nichts zu sehen. Ich schreibe die neuesten Nachrichten in unseren Blog. Lore macht sich allein auf Erkundungsgang: *Ich strolche den ganzen Tag durch das Dorf und beobachte die Menschen in ihrem staubigen Alltag, die Mütter mit ihren nackten Babys in den großen Kapuzen ihrer Jacken. Wenn sie auf ihren Quad steigen, wird die Kapuze einfach hoch und komplett über das Kindchen gestülpt und nach einer kurzen Quengelphase vom Kind ob der plötzlichen Dunkelheit geht die Post ab über die staubigen Straßen.*

Wir treffen uns im Gemeindehaus, wo wir uns eine kleine Ausstellung anschauen über die Kultur der Netsilik-Eskimo und über die Suche nach der Nordwestpassage mit

Ein Inuit lernt von Anfang an: nur die anderen frieren.

einem Hinweis auf den Fund des Erebus-Wracks. Auch hier wieder die gleiche Amundsen-Büste wie in Tromsø, Ny Ålesund und Nome. Apropos – ich habe noch nicht erwähnt, dass wir seit Tuk an der Mackenzie-Mündung kein einziges Moskito mehr an Land gesehen oder gespürt haben. Auch ihnen ist der Wind hier offensichtlich zu kalt.

Abends landen kleine Alu-Boote mit kräftigen Außenbordern am Strand. Sie entladen einige kapitale Exemplare des „Arctic Char". Das sind die hochgeschätzten Arktischen Seesaiblinge. Sie verbringen die meiste Zeit ihres Lebens im Süßwasser, ziehen jedoch Ende Januar, wenn das Eis schmilzt, aus den Flüssen ins Meer, wo sie sich an Krill und kleinen Fischen satt fressen. Ende August drängen sie dann wieder flussaufwärts, nun fett und bis zu zwölf Kilogramm schwer, um dort auf flachen Grund in einem „Nest" aus Geröll zu laichen, ebenso wie es Lachse tun. Über den Rand der Boote hängen auch einige erlegte Robben. Nicht ohne Grund bedeutet der Inuktitut-Name für den Ort – Uqsuqtuuq – „viel Fett". Einige Bewohner bieten uns Robbenfelle zum Kauf an. Danke, kein Bedarf.

Eigentlich wollten wir ein paar Tage in der schönen Bucht bleiben. Aber schon am nächsten Morgen erreicht uns ein Wind- und Eisbericht von „WetterWelt", der uns geradezu elektrisiert: Kurzfristig soll sich ein Packeis-Fenster im Larsen Sound öffnen, das bis zur Bellotstraße reicht! Darin heiß es: *Das Eisfeld zwischen Cape Cambridge und Cape Francis ist noch kompakt (> 7/10). Obwohl jetzt richtig intensive Schmelzbedingungen anstehen, wird sich dieses Eis sicherlich nicht aufschmelzen lassen. Wir müssen vielmehr darauf hoffen, dass zwei bis drei Tage Süd-Südostwinde jetzt das Eis weit genug von der Küste wegdriften lassen, sodass der küstennahe Korridor eine eisarme/-freie Passage bil-*

Spröde Schönheit: Gjoa Haven im Abendlicht

det. [...] Der anstehende Warmluftvorstoß wird der effektivste des verbleibenden Sommers sein. Weitere günstige Wetterlagen wie diese sind äußerst unwahrscheinlich. Daher wäre meine Einschätzung, dass sich jetzt, am Samstag/Sonntag, die wesentliche Möglichkeit mit reellen Chancen ergibt, nach Norden durchzubrechen. In den weiteren Aussichten deutet sich erst einmal kein ähnliches Szenario an.

Um diese – vielleicht einmalige – Chance zu nutzen, müssen wir den Ort baldmöglichst verlassen.

Nach einem kurzen Treffen mit den Skippern der Plum gibt es jedoch erneut Klärungsbedarf. Am späten Abend deshalb noch ein Mail über Satphone an „WetterWelt“:

Lieber Herr Taxwedel,

wir beratschlagen noch. Klar ist, dass wir uns morgen Vormittag auf den Weg machen nach Cape Cambridge (Beginn der James Ross Strait). Der Skipper der inzwischen eingetroffenen italienischen Maxiyacht PLUM *will erst am Sonntag von hier aufbrechen. Angeblich würde sich das Fenster durch den Südost-Wind nur 11–12 Stunden öffnen. Danach käme erst wieder Nordwind. Ist da was dran? Sehr wichtig für uns sind deshalb auch die aktuellen Eiskarten für kommenden Samstag und Sonntag ...*

Antwort kurze Zeit später:

Liebe Frau Wilts, lieber Herr Wilts,

vielen Dank für die Informationen ... Ich werde das weitere Geschehen verfolgen, d. h. mich mit den Eiskarten und Wetterdaten befassen ... Die Italiener von der Plum werden vermutlich nur das amerikanische GFS-Modell (Global Forecast System) benutzen, denn das hatte diesen kürzeren Zeitraum mit SE-Wind berechnet ... Ich dagegen stütze meine Hauptidee weiterhin auf das-ECMWFW-Modell (European Centre for Medium-Range Weather Forecasts) sowie auf das Modell des britischen Wetterdienstes Met Office UKMO. Beide sind zuverlässiger als das GFS ...

Bei dem in der Mail angeführten GFS handelt es sich um ein Rechenmodell, mit dem die amerikanische Vorhersagebehörde arbeitet. Sie stellt die Ergebnisse alle drei Stunden für den gesamten Globus kostenlos als GRIB-Daten ins Internet. Dieses Modell soll allerdings – laut „WetterWelt" – bei langfristigen Vorhersagen nicht so gut abschneiden. Deshalb stützt sich Herr Taxwedel lieber auf das Langfrist-Rechenmodell ECMWFW und das Modell des britischen Wetterdienstes Met Office UKMO.

Abschied von Gjoa Haven nehmen wir am Abend im „Amundsen Inn North Hotel" mit einem Spaghetti-Bolognese-Menu. Trotz des fürstlichen Nachtischs – es gibt Skippers Lieblingstorte „black forest cake" (Schwarzwälder

Henkersmahlzeit

Kirschtorte) – ist die Crew ungewöhnlich schweigsam. Von der euphorischen Aufbruchsstimmung ist nichts mehr zu spüren. Allen ist bewusst: Auf der vor uns liegenden Strecke wird die Entscheidung fallen, ob wir durchkommen oder nicht.

Noch ein paar Telefonate nach Hause, ein paar Mails – bei der schlechten Verbindung verbringen wir Stunden damit und oft vergeblich. Was soll's, unsere Angehörigen erhalten täglich Positionsangaben über SpotGen3, sie wissen also, wo wir uns gerade befinden. Und wir sind schließlich nicht aus der Welt. Trotzdem haben wir ein mulmiges Gefühl. Vor uns liegt der spannendste und aufregendste Teil der Reise.

Zum Kern der Nordwestpassage

Ewiges Rätselraten

Hier also beginnt für uns die Suche nach der Nordwestpassage. Zwar ist sie längst entdeckt, wird jedoch jeden Sommer aufs Neue zu einem Rätsel für die Schiffe, die sie passieren wollen.

Wann fing dieses Rätselraten an? Wann und wo habe ich das erste Mal davon erfahren? Ja, ich entsinne mich: Ich war 14 Jahre alt und besuchte das Germanische Nationalmuseum in Nürnberg. Was mich dort ganz besonders beeindruckte, war der „Behaim'sche Erdapfel", der älteste noch erhaltene Erdglobus – fertiggestellt kurz vor der Wiederentdeckung Amerikas durch Kolumbus 1492. Man geht davon aus, dass der Seefahrer und Handelskaufmann Behaim den Nürnberger Kaufleuten damit die fantastische Idee eines westlichen Seewegs nach Indien, Cathay (China) und Cipangu (Japan) begreifbar machen wollte. Denn die begehrten Waren aus Asien – Gewürze, Seide, Perlen, Gold – würden per Schiff wesentlich kostengünstiger zu transportieren sein als mittels Karawanen auf dem östlichen Landweg, wie damals üblich.

Ob Behaim die Kaufleute für das Unternehmen begeistern konnte, ist nicht bekannt. Mich aber brachte dieser alte Globus zum Träumen: Was war seitdem nicht alles geschehen! Glaubten die meisten Menschen doch im späten Mittelalter noch, die Erde sei eine flache Scheibe! Dass sie eine Kugel ist, hatte sich erst durch die vermeintliche Landung des Kolumbus in Indien durchgesetzt – so dachte ich jedenfalls. Von meinem Vater erfuhr ich dann jedoch, dass dies in der Theorie bereits Aristoteles und Claudius Ptolomäus bekannt war. Ptolomäus hatte um 150 n. Chr. den Nullmeridian durch Hierro gelegt („Ferro-Meridian"), weil die Kanaren seit der Antike als das Ende der Welt galten. Da der griechische Astronom und Mathematiker Hipparchos bereits um 150 v. Chr. die Erde in Ost-West-Richtung in 360 Grade eingeteilt hatte, bezogen sich die Koordinaten nun viele Jahrhunderte lang auf diesen Ferro-Längengrad. Sogar noch heute gilt die ptolomäische Einteilung der Breitengrade – Äquator 0°, Pole ± 90°. Und noch etwas, das mich damals ungemein beeindruckte: Der griechische Universalgelehrte Eratosthenes hatte bereits um 250 v. Chr. den Erdumfang nahezu exakt berechnet – 40 000 Kilometer! Zu Behaims Zeiten wusste man also schon eine ganze Menge über den Planeten Erde.

Behaims Traum von einer Schiffsreise nach China stand jedoch der langgestreckte Kontinent „Amerika" im Weg, den Kolumbus wiederentdeckt hatte, ohne sich dessen be-

Es wird enger im unendlichen Meer.

wusst zu sein. Das stellten nach ihm andere Seefahrer klar. Doch erst Magellan, der 1518–22 die Erde umsegelte, fand einen Seeweg um Südamerika herum nach Asien. Er war es, der den Beweis lieferte, dass sie Erde rund ist und dass man sich jedem Ort auf ihr sowohl von Westen als auch von Osten nähern kann.

Seine Reise ließ die Geografen und Seefahrer nun auch eine Route im Norden Amerikas vermuten, eine Verbindung von Atlantik und Pazifik. Diese „Nordwestpassage" würde die Schiffsreisen nach Ostasien – wie sie Behaim unter falschen Voraussetzungen geplant hatte – noch weiter verkürzen.

Mehr als vier Jahrhunderte suchten die seefahrenden Nationen nach dieser Passage – darunter viele namhafte Kapitäne. Selbst der große James Cook war (auf seiner letzten Pazifikreise 1776–1779) daran gescheitert: Statt einer Passage hatte er nur Eis „von einem Horizont zum anderen" gefunden.

Trotz dieser Fehlschläge war auch die russische Rurik-Expedition unter der Leitung des baltendeutschen Offiziers der Russischen Marine, Otto von Kotzebue, 1817 mit diesem Ziel nach Norden aufgebrochen. Auch sie musste ihre Mission erfolglos abbrechen, nachdem sie den nach ihrem Kommandeur benannten „Kotzebue Sound" in der Tschuktschensee erforscht hatte. Die Reisebeschreibung des dreifachen Weltumseglers und Entdeckers Otto von Kotzebue hatten wir schon vor langer Zeit mit großem Interesse gelesen. Ja, sie hatte uns zu unserer Reise mit der Freydis 2007 auf den Spuren der Rurik inspiriert, zumal wir durch einen glücklichen Zufall seinen direkten Nachfahren, den gleichnamigen Kunstmaler Otto von Kotzebue, kennenlernten und über ihn weitere Details erhielten über das Leben und die Reise seines berühmten Vorfahren.

Also segelten wir damals durchs Beringmeer und durch die Beringstraße in die Tschuktschensee, wo wir – als Höhepunkt der Reise – der kleinen Inuit-Ortschaft Kotzebue einen Besuch abstatten konnten. Die Nordwestpassage war damals, wie erwähnt, keine Option für uns – ganz im Gegensatz zu unserem Spurenleger Otte von Kotzebue.

Das Rätsel der Nordwestpassage blieb lange ungelöst. Doch die nach der Lösung Suchenden brachten nach und nach Licht ins Dunkel der arktischen Geografie. Sie schufen die Voraussetzungen dafür, dass Robert McClure 1850/54 erstmals die Nordwestpassage von West nach Ost zu Fuß bezwingen konnte und dass dem Polarforscher Roald Amundsen 1903–1906 die komplette seemännische Durchfahrt von Ost nach West auf der kleinen GJØA gelang. Doch das wirtschaftliche Interesse an der Nordwestpassage war bereits abgeklungen: Viel zu viel Eis! Viel zu gefährlich! Wer hätte damals einen so rasanten Klimawandel für möglich gehalten?

Auf derselben Route, die Amundsen befuhr – um die King-William-Insel nach Osten über die Simpson Strait, wodurch er die Victoria Strait vermied, in der die Franklin-Expedition gescheitert war –, suchen nun auch wir *unsere* Passage durchs Eis. Zuvor aber noch ein Wort zu James Ross, zu dessen Ehren die Wasserstraße benannt ist, die wir nun befahren. Denn seine historische Entdeckung erklärt den Wankelmut unseres Magnetkompasses in diesen Breiten. Die Chance dazu bot sich ihm auf der privaten Expedition seines Onkels John Ross mit der VICTORY (1829 bis 1834) auf der Suche nach der legendären Durchfahrt. Dieser Erfolg war auch ihr nicht vergönnt. Aber er stellte sich in anderer Form für den Neffen ein: Denn auf einer Schlittenfahrt über die Boothia-Halbinsel fand James Clark Ross am 1. Juni 1831 mithilfe seiner In-

Schier unüberwindlich:
Eisfeld in der James-Ross-Strasse

strumente den nördlichen Magnetpol. Die VICTORY ging zwar im Eis des Prince Regent Inlet verloren, doch die Mannschaft wurde von einem Walfangschiff aufgenommen und kam nach vier Wintern (!) in der Arktis wieder zu Hause in England an, wo sie bewundert, gefeiert und geehrt wurde.

Dass der Magnetpol bereits erheblich weiter nördlich lag, stellte Amundsen im Sommer 1904 fest, als er von der GJØA aus eine Schlittentour an die Westseite der Boothia-Halbinsel (bei Cape Adelaide) unternahm. Denn im Gegensatz zum geografischen Pol wandert der magnetische Pol – derzeit mit einer Geschwindigkeit von 40 Kilometern pro Jahr – nordwestwärts. Zurzeit hat er die kanadischen Inseln im Nordpolarmeer schon hinter sich gelassen. Experten erwarten ihn in weniger als 50 Jahren in Sibirien. Dann werden wir in Kanada und Grönland keine Polarlichter mehr sehen. Denn sie entstehen dadurch, dass das Erdmagnetfeld die Sonnenwindteilchen zu den magnetischen Polen lenkt, wo sie in die Atmosphäre eintreten können.

Erster Anlauf mit TITANIC-Gefühlen

11. August. Schon früh am Morgen bläst der Skipper zum Aufbruch. Unter den günstigen Bedingungen kommen wir schnell voran. Streckenweise segeln wir sogar mit über neun Knoten über Grund (allerdings bei drei Knoten Strom mitlaufend). Sogar zu Beginn der James Ross Strait haben wir noch freie Bahn – kaum zu fassen! Was hatten wir uns in Cambridge Bay und Gjoa Haven für Sorgen gemacht, und nun ist alles so einfach! Über unser Glück sind wir alle wie im Rausch.

Ein kleines, stark motorisiertes Motorboot mit zwei Männern darin überholt uns – wahrscheinlich aus Taloyoak und auf der Jagd. Sie grüßen und brausen an uns vorbei. Später hören wir Schüsse. Dass sie so weit hinaus müssen mit ihren kleinen Booten, lässt nichts Gutes ahnen: Es wird der Zeitpunkt kommen, an dem es keine Robben mehr gibt.

Um 16.15 Uhr rät die neueste Eiskarte von „WetterWelt" aber dann doch zur Vorsicht: Noch staue sich das Eis irgendwo vor uns. Und tatsächlich nimmt die Eiskonzentration im Laufe des Abends auf unserem Weg nach Norden langsam, aber stetig zu. Wir sind auf der Hut. Die vor uns liegende Strecke hat es in sich. Und dabei will ich gar nicht auf all die Tragödien und dramatischen Situationen eingehen, die sich im Laufe von 300 Jahren hier in der Gegend abgespielt haben. Selbst Amundsen mit seiner GJØA traf es knüppeldick, und auch etliche andere Schiffe in jüngerer Zeit.

Auf unserem Weg durch die James Ross Strait und den Larsen Sound ist es fast, als hätte Arved Fuchs für uns das Drehbuch geschrieben: Für ihn begannen hier die Probleme. *Wir kommen uns vor wie ein Turmspringer. Ist der Absprung einmal vollzogen, gibt es kein Zurück mehr … Noch können wir uns zurückziehen, aber was wird aus der Passage? Ohne die Bereitschaft, Gefahren einzugehen, darf man nicht hoffen, die Nordwestpassage zu durchsegeln. Das war immer so, und daran hat sich bis heute wenig geändert. Lediglich die Entscheidungshilfen sind besser geworden.* (Arved Fuchs: *Nordwestpassage*)

Arved Fuchs wagte den Absprung – und verlor beinahe sein Schiff: Kurz nachdem er die schwere Hürde der Tasmania Islands genommen hatte, wurde er in der Franklin Strait durch eine unvorhersehbare Wetterentwicklung vom Packeis eingeschlossen. *Eine einsamere Stelle kann man sich in der Nordwestpassage kaum aussuchen. Die Zei-*

chen stehen auf einen langen, harten und denkbar einsamen Winter, gefangen inmitten der Nordwestpassage. Auch der zu Hilfe gerufene kanadische Eisbrecher konnte ihn nicht befreien. Arved und seine Crew stellten sich auf eine Überwinterung ein, sie übernahmen zwölf Fässer Diesel vom Eisbrecher.

Was er nicht schreibt, ist die Tatsache, dass er sich darauf einstellen musste, dass sein Schiff in diesem Winter höchstwahrscheinlich irgendwann vom Packeis zerquetscht würde – denn die DAGMAR AAEN ist schließlich nicht die FRAM (das Schiff von Fridtjof Nansen), die extra gegen Eispressung gebaut wurde.

Nun, Arved hatte Glück. Bevor der Winter endgültig zuschlug, drehte nach zehn bangen Tagen der Wind auf Ost und bot ihm die Chance zum Rückzug, sodass er den Winter in Cambridge Bay verbringen konnte. Seine NW-Passage war damit zwar im ersten Anlauf gescheitert, aber sein Schiff hatte er gerettet, und das war das Wichtigste. Denn im Jahr darauf (2004) gelang ihm die Passage der prekären Engstelle zwischen Kent Bay und Peel Sound.

Tatsächlich zeigt die Strecke auch uns bereits die Zähne. Um 22.30 Uhr tasten wir uns schließlich mit aufgeholtem Schwert vor dem immer dichter werdenden Packeis in eine kleine, nach allen Seiten hin geschützte Bucht ohne Namen bei Cape Gloucester (69° 46' 8" N, 95° 54' 5" W) und ankern dort auf fünf Metern Wassertiefe.

Auf einer Scholle entdecken wir eine junge, noch weiße Sattelrobbe, auf einer anderen ein großes blutiges Bündel. War das die Mutter? Die Jäger haben dem Tier nur das Fell abgezogen. Wir vermuten, es waren die Inuit vom Vormittag. Die sogenannte Selbstversorgung („subsistance") muss für vieles herhalten, auch für den Raubbau an der Natur!

Am nächsten Morgen um 8.45 Uhr heißt es „Anker auf". Wir hoffen, dass wir nun einen Weg durchs Eis finden. In bewährter Manier lavieren wir am Ufer entlang. Unser erstes Ziel ist erst einmal die Kent Bay hinter Cape Victoria. Denn wir beabsichtigen, uns an der Ostseite des Larsen Sound von einer sicheren Bucht zur nächsten zu hangeln.

Der Skipper steht neben Thilo am Ruder, Folkmar auf der Saling. Mächtige Schollen mit scharfen Kanten rempeln und kratzen am Alu-Rumpf entlang. Unter Deck rumpelt, knirscht und knallt es bedrohlich. Dann lautes Getöse, als würde das Boot in eine Schredderanlage gesteckt – TITANIC-Gefühle! „Langsamer!", protestiere ich. Ach, hätten wir doch unsere alte, stahlharte FREYDIS noch!

Um 10.30 Uhr, drei Seemeilen vor Cape Victoria, endet der schmale, offene Wasserstreifen vor undurchdringlichem Eis. Selbst wenn es nur einjährige Packeisschollen sind, die über Wasser nur zwanzig Zentimeter dick sind, so setzen sie sich unter Wasser doch bis zu einem Meter fort und sie haben oft eine Fläche von mehreren hundert Quadratmetern. Jeder Versuch, sich wie ein Eisbrecher einen Weg hindurch zu bahnen, ist nicht nur sinnlos, sondern gefährdet Boot und Crew.

Also laufen wir wieder ein Stück zurück und ankern im Innern einer kleinen eisfreien Ausbuchtung dicht am Ufer auf vier Metern Wassertiefe (Position 69° 50' 395" N, 96° 04' 123" W). Nach dem Manöver bleiben wir alle noch eine Weile unschlüssig im Cockpit. Angesichts der ungeheuren Eismassen um uns herum stehen wir alle unter enormer Anspannung. Wir fragen uns, ob wir hier wirklich sicher liegen, ob wir das Boot vielleicht doch noch dichter ans Ufer legen sollten, falls das Eis uns bedrängt. Und ob wir, falls wir trockenfallen, auch wieder freikommen. Der Tidenhub beträgt nur einen halben Meter. Wir werden sehen.

Ich atme die klare, kalte Luft, höre das Schlagen der Fallen am Mast und das lauter und leiser werdende Klatschen und Schürfen der Wellen an den vorbeiziehenden Eisschollen. Die tiefstehende Sonne lässt das Eis grün schimmern wie gefärbtes Glas. Und an Land, wo weit und breit kein Grün zu entdecken ist, stehen plötzlich, wie aus dem Boden gestampft, drei Moschusochsen.

Der Wind dreht nicht, weht konstant mit fünf Beaufort aus Südost, das Eis driftet an uns vorbei und parallel zur Küste nach Nordwesten. Dabei bildet sich ein massiver Rückstau, weil das Eis durch das vorspringende Cape Victoria, hinter dem die Kent Bay liegt, aufgehalten wird. Es schiebt sich bis ans Heck der FREYDIS und verkleinert unseren flachen Wassertümpel auf 150 × 300 Meter. Bei Niedrigwasser haben wir nur noch knapp einen halben Meter unter dem hochgekurbelten Schwert und kaum Platz zum Schwojen. Eisschollen mit größerem Tiefgang bilden am Rand eine Art Barre. Es herrscht keine akute Bedrohung, die Situation ist trotzdem nicht angenehm. Denn nur unter den momentanen Windbedingungen ist die FREYDIS sicher. Vorsorglich gehen wir Anker- und Eiswache, und von Zeit zu Zeit lenken wir allzu aufdringliche Schollen, die sich in unser Wasserloch gemogelt haben, mit den lanzenartigen Bootsstangen vom Schiff weg.

Nur nicht die Nerven verlieren

13. August. Die ungeheuren Eismassen vor uns, aus der Mastspitze so weit das Auge reicht, ihre oft unberechenbaren raschen Bewegungen, angetrieben von Wind und Strömung, die Stärke der Schollen – all das ist sehr beeindruckend – ja furchterregend! Zudem erhalten wir keinen eindeutigen Wetter- und Eisbericht. Sollte der Wind tat-

sächlich zulegen und das Boot im Eis einschließen, kann es rasch zermalmt werden.

Offensichtlich wird den Eis-Neulingen in der Crew erst jetzt richtig klar, wo sie sich befinden und welches Risiko sie hier eingehen. Aus einer abstrakten Gefahr ist plötzlich eine konkrete Bedrohung geworden. In den Gesichtern spiegeln sich Nachdenklichkeit, Sorge – manchmal Angst. Auch dem Skipper macht die Verantwortung zu schaffen: Sein Puls sei in dieser Phase hochgeschnellt, bekennt er später.

Wir warten immer noch auf die Winddrehung. Solange der Wind weiter aus Südost weht, ist es unmöglich, Cape Victoria zu umrunden und die Kent Bay zu erreichen. Deshalb laufen wir zurück in die Bucht am Cape Gloucester, in der wir bereits eine Nacht verbracht hatten. Hier wollen wir abwarten, bis der angekündigte ablandige Nordostwind den Eisriegel bei Cape Victoria öffnet und einen neuen Versuch sinnvoll macht, weiter nach Norden in Richtung der Tasmania-Inseln vorzudringen. Heinz ist pessimistisch: „Wenn das so weitergeht …“

Die Sonne steht blutrot über dem Horizont, und die Luft ist beladen mit feinstem Sandstaub der Boothia-Halbinsel. Tolles Fotografier-Licht, später pottendicker Nebel.

Endlich! Wie schon lange angekündigt, dreht endlich der Wind in der Nacht auf Ostnordost bis Nordost. Er treibt die großen Packeisschollen, die im Inneren der Bucht gestrandet waren, plätschernd und schmatzend an der FREYDIS vorbei wieder aufs Meer hinaus. Bis zum Morgen ist die Eiswache voll beschäftigt mit dem Weglenken der Schollen, die sich immer wieder in unserer Ankerkette verfangen. Eisschollen hin oder her – kein Jäger in Weiß lässt sich darauf blicken.

Dafür beobachten wir an Land wieder die drei Moschusochsen, die uns gefolgt sein müssen. Lore: „Bei so wenigen Tieren, die wir bei unserem zügigen ‚Keep Moving‘ gesehen haben, zählen diese Burschen doppelt.“

„Ein Eisbär wär’ mir lieber“, brummt Erich.

Montag, 14. August. Wir dürfen weder entspannt abwarten noch unbedacht vorpreschen. Den Tag verbringen wir in der Bucht in der Überzeugung, dass der nordöstliche Wind für uns arbeitet: dass er das Eis nicht nur aus der Bucht treibt, sondern weg vom Ufer und von Cape Victoria. Dann könnte sich eine schmale Passage öffnen, die uns erlaubt, bis zu den Tasmania Islands vorzudringen.

Uns war immer bewusst, dass der Versuch, die Nordwestpassage in einer Saison zu bezwingen, scheitern kann, wie es auch Jimmy Cornell vor zwei Jahren passierte. Deshalb hatten wir bereits lange vor der Reise klare Absprachen mit

Sie trotzen den Extremen: Moschusochsen

all unseren Mitseglern getroffen, wie wir in diesen Fall verfahren: Mein Mann Erich und ich würden auf der Freydis überwintern. Unsere Mitsegler wollten wir möglichst zu einer Siedlung bringen, von der sie zurückfliegen können. Für den ungünstigen Fall, dass wir in einer einsamen Bucht festsitzen, müssten sie von dort per Hubschrauber oder Wasserflugzeug abgeborgen werden.

Vor einem Jahr waren wir auf der Suche nach Mitseglern, die sich volle sechseinhalb Wochen Zeit für die Reise nehmen konnten. Das war, wie erwähnt, gar nicht so einfach, weil die Jüngeren mit ihrer Freizeit einfach mehr knausern. Es gibt heutzutage viele Möglichkeiten, sich gesellig auszutauschen und sportlich zu betätigen. Da ist Segeln nur eine von vielen Freizeitaktivitäten, die sie neben Familie und einem immer komplexeren Berufsalltag wahrnehmen.

Zu Anfang war die Begeisterung, an der gesamten Nordwestpassage teilzunehmen, noch groß. Bei etlichen ließ sie aber bald nach, weil berufliche und private Zwänge das zeitaufwändige Vorhaben nicht zuließen. Wir mussten Kompromisse eingehen: Maurice konnte, wie erwähnt, wegen seines Examens erst in Tuk zusteigen, Norberts Urlaubskontingent geht in Pond Inlet zu Ende, und Folkmar kann sich in seiner Firma nur drei Wochen für das Kernstück der Nordwestpassage von Cambridge Bay nach Pond Inlet ausklinken. Dadurch sind Irritationen zwar nicht vorherbestimmt, aber leider auch nicht ausgeschlossen.

Aus unserer Sicht sorgen sich unsere beiden Mitsegler, Folkmar und Norbert, deren Zeitplan besonders eng ist, schon viel zu früh um ihren Rückflug von Pond Inlet. Bis dahin sind es noch acht Tage, und sie könnten ihn notfalls auch noch ein paar Tage hinausschieben. Trotzdem führen die beiden endlose Diskussionen und sind seit gestern unentwegt dabei, sich über unser Sat-Mail und Sat-Telefon bei Flug- und Chartergesellschaften zu erkundigen, wie, wo und zu welchen Bedingungen sie per Charterflugzeug abgeholt werden können, falls wir Pond Inlet nicht oder nicht rechtzeitig erreichen. Das Ganze spielt sich im Decksalon ab, denn draußen ist es bitterkalt. Der Salon ist aber der einzige Aufenthaltsraum für die ganze Crew, die sich nun zwei Tage lang das Hin und Her der beiden mit anhören muss. Dadurch entsteht Unruhe und Nervosität in der Mannschaft – bei einigen liegen die Nerven blank.

Lores Notizen dazu: *Ich kann das nicht mehr hören, diese endlosen Gespräche über Eis, über Strömung, Wetter, Wind … Alles Spekulationen, die kurzerhand zu Fakten erklärt werden. Und warum zum Teufel haben wir denn Crewmitglieder an Bord, die auf einer solchen Reise im Hintergrund noch Termindruck laufen haben? Das macht*

A-Wölfe

Stress, einfach nur Stress! Und beim Frühstück wieder dieselben Diskussionen und noch wildere Geschichten darüber, wie man sich abbergen lassen könnte … Alle A-Wölfe hocken um die Karten, für mich ist kein Platz mehr. Ich bekomme vom Skipper einen Maulkorb verpasst und verziehe mich in die Koje und lese. Heide kommt in meine Kabine und bittet mich um gute Stimmung und Solidarität. Ich bin sehr froh über die Worte, die ich mit Heide wechsle. Wenn sie nicht zu mir gekommen wäre, wäre ich zu ihr gegangen. Ich war schon auf dem Weg.

In der Unsicherheit, in der wir uns im Rahmen dieser Reise ja sowieso schon befinden, befürchten Erich und ich, dass Unmut und zusätzlicher Stress in der Crew wie eine ansteckende Krankheit um sich greifen könnten. Die ständige Sorge der beiden vor einer Verzögerung oder einem Scheitern der Passage und um die von ihnen dann einzuleitenden Maßnahmen vergiften allmählich die Atmosphäre. Das wirkt sich nicht nur negativ auf das Verhalten der Mitsegler untereinander aus, sondern auch auf ihre Einstellung zu dieser Reise, die voraussichtlich an Schwierigkeit zunimmt. Im schlimmsten Falle könnte es unsere Nordwestpassage tatsächlich zum Scheitern bringen im Sinne einer „sich selbst erfüllenden Prophezeiung": dass nämlich diejenigen, die ein mögliches Scheitern in Betracht ziehen, sich dann auch so verhalten, dass es sich schließlich erfüllt.

Wir beide beratschlagen, wie wir aus dieser uns selbst gestellten Falle wieder herauskommen. Mittags unterbreiten wir Folkmar und Norbert unseren Vorschlag: „Wir bringen euch beide nach Taloyoak, dem kleinen Ort im Süden der Boothia Halbinsel. Er ist nur 60 Seemeilen entfernt und mit der FREYDIS in zwölf Stunden erreichbar. An der Einfahrt sind wir vorbeigesegelt, sie ist eisfrei. Von Taloyoak könnt ihr mit einer Linienmaschine über Yellowknife und Montreal nach Hause fliegen. Wir sind dann mit der FREYDIS in 24 Stunden wieder hier und verlieren nur einen Tag. Aber ihr müsst euch bis heute Nachmittag entscheiden. Wenn ihr das wollt, starten wir um 15 Uhr nach Taloyoak."

Die beiden überlegen. Norbert will das Angebot annehmen. Folkmar schüttelt den Kopf: „Das *Schiff* muss durch die Nordwestpassage. *Wir* müssen uns anpassen!" Über Folkmars Aussage sind wir beide froh und ungemein erleichtert. Wir waren uns so sicher, dass er auf dieser Etappe gerne an Bord bleiben will, dass er als Gefangener seiner Termine jedoch nicht sieht, was er anrichtet.

Und nun ist auch Norbert zur Weiterfahrt bereit. Sie wollen aber mit den Charterpiloten in Verbindung bleiben für den Fall, dass wir doch nicht rechtzeitig Pond Inlet erreichen. Und das ist für uns völlig in Ordnung.

Nachdem dieses Problem geklärt ist, kehrt Ruhe ein und die Kräfte der Mannschaft richten sich wieder ganz und gar auf das eigentliche Ziel der Reise. Gemeinsam beschließen wir, noch eine Nacht in der Bucht zu bleiben. Dann aber sollten wir auf jeden Fall aufbrechen, sonst laufen wir Gefahr, dass der günstige Ostwind, der das Eis von der Küste weg treibt, plötzlich auf Nord dreht und uns den Weg verbaut. Zumal weiter nördlich bereits stürmischer Wind aus Nord weht.

Zweiter Anlauf mit Überraschungen

16. August. Um 9 Uhr lichten wir den Anker zum zweiten Versuch. Alle sind an Deck, als der Skipper die FREYDIS vorsichtig und konzentriert durch die flache Ausfahrt der Bucht manövriert. Plötzlich und unerwartet wendet sich unser Jüngster, Maurice, überraschend an den Skipper: „Erich, ich möchte ausdrücklich betonen, dass ich die Entscheidung für falsch halte, unter den gegebenen Umständen einen erneuten Versuch ins Eis zu unternehmen. Aber ich trage sie natürlich mit!“ Alle haben seine Worte gehört. Ungläubige Stille! Ich kann kaum glauben, was ich da höre. Dann die knappe Antwort von Erich: „Ich habe es zur Kenntnis genommen.“ Ich frage mich, was in Maurice gefahren ist, denn das ist harter Tobak! Soll das ein Witz sein? Gerade von ihm hätte ich das nicht erwartet. Gestern waren wir nach ausführlicher Diskussion alle dafür gewesen, heute die sich bietende Chance zu nutzen. Hat er Angst? Zu verstehen ist eine solche Haltung nur, wenn man weiß, dass Maurice vier Jahre lang von Beruf Pilot war. Als Pilot vermeidet man jedes Risiko und strebt eine hundertprozentige Sicherheit an. Die kann es auf einer solchen Reise naturgemäß nicht geben.

Thilo zu Maurice: „Aber die NW-Passage ist doch an sich schon ein Risiko, bei dem der Ausgang nicht genau kalkulierbar ist. Sollen wir etwa abwarten, bis sich das Fenster wieder schließt und wir möglicherweise in diesem Jahr keine Chance mehr bekommen?“

Maurice schweigt.

Auf geht's und selten hat sich ein Einspruch so schnell erledigt. Denn wie erwartet hat der kräftige Nordostwind, während wir in der Bucht lagen, ganze Arbeit geleistet und einen ufernahen Wasserstreifen für uns freigeblasen, auf dem wir nur wenig Eis (1/10) antreffen. Die großen geschlossenen Packeisfelder an Backbord lassend, folgen wir der Rinne beherzt und sogar über die Kent Bay hinaus nach Norden.

Lore notiert: *Alles ist besser, als still zu liegen und nur warten zu können. Unterwegs zu sein öffnet wenigstens Optionen zwischen Hochstimmung und Rückschlägen. Obwohl die Lage alles andere als lustig ist, versuche ich mit allen Sinnen die Stimmung wahrzunehmen. Angst habe ich nicht; mein Vertrauen in das erprobte Know-how des Skipper und die geballte Power aller Crewmitglieder ebenso wie in die Freydis ist groß, und ich bin ja auch nicht das erste Mal im Eis. Angst, jedenfalls große Angst, raubt einem die Handlungsfähigkeit, dann würde ich auch keine Fotos mehr machen.*

Nachmittags zeigen die Eiskarten und das Sat-Foto, die wir von „WetterWelt“ erhalten, dass unsere Entscheidung, morgens aufzubrechen, richtig war.

Und dann, um 19 Uhr, geschieht etwas, womit wir nun gar nicht gerechnet haben: Zu unserer freudigen Überraschung begegnen wir der ersten Yacht auf Gegenkurs. Alle Mitsegler stürmen an Deck, um sie zu begrüßen und zu hören, was sie zu berichten hat. Es ist die französische Yacht

Why. Sie hat die entscheidenden Engpässe in der Franklin Strait und den Tasmania Islands als erste Yacht in diesem Jahr von Ost nach West passiert. Am Bug hält ein grönländischer Schlittenhund Ausschau. An Bord sind 17 Personen, darunter mehrere Wissenschaftler, zwei Kinder und die Skipperin Emanuelle Bardout. Etwa eine Stunde liegen wir beigedreht nebeneinander und tauschen Erfahrungen aus. Sie geben uns Tipps für die Umgehung der Tasmania Islands und für die Weiterfahrt zur Bellot Strait. Und dann streuen sie noch Salz in unsere offene Wunde: Sie hätten schon eine Menge Eisbären gesehen. Angeber!

Zwei Stunden später begegnet uns die zweite Yacht auf Gegenkurs, die französische Kerguelen, ein Stahl-Knickspanter, circa zwölf Meter lang, mit zwei Mann an Bord. Auch sie haben die kritischen Stellen bereits hinter sich. Die wichtigste Erkenntnis dieser Treffen lautet: Es gibt da vorn tatsächlich eine Passage durchs Eis! Diese Gewissheit entspannt die Atmosphäre schlagartig und beflügelt alle an Bord. Um Mitternacht stehen wir acht Seemeilen vor den Tasmania Islands. Ihren Namen tragen sie in Erinnerung an John Franklin, der – bevor er sein tragisches Ende auf der Nordwestpassage fand – Gouverneur von Tasmanien war.

Es ist eine schwierige Nachtfahrt durch das Packeis gegen das Licht der immer noch tiefstehenden Sonne. Außerdem läuft eine etwa zwei bis drei Knoten starke Strömung mit. Anstrengende Slalomfahrt von einer freien Wasserfläche zur nächsten. Eisschollen überholen uns, schneiden uns den Weg ab, docken unsanft am Heck an, nehmen uns in die Zange. Manchmal schieben wir sie mit den langen Bootshaken weg. Es geht fast zu wie in einem Autodrom, nur dass die „Autos“ hier meist größer, schwerer und gefährlicher sind als dort. Beruhigend, dass unsere Frey-

Tasmania-Inseln bei Nacht

Ausguck auf der Sailing

dis einen soliden Rumpf aus Aluminium besitzt und eine Schraube, die durch einen Skeg geschützt ist – und vor allem, dass kaum Wind und Seegang herrschen.

Am Horizont glühen die Wolken, davor der weite Eisteppich und um uns herum die dunklen Tasmania Islands; eine wilde Szenerie – ach, könnte man das nur alles mit Muße genießen!

Unser Versuch, zwischen den Felsinseln durchzukommen, erweist sich als unmöglich. Die große Passage zwischen den Inseln ist zwar befahrbar, aber auf deren Nordseite versperrt ein Eisgürtel von zwei bis drei Seemeilen die Durchfahrt.

Jenseits des Gürtels erkennen wir durchs Glas schemenhaft ein Boot. Die deutsche Yacht Morning Haze mit Skipper Jochen Winter meldet sich über UKW: Sie ist auf Gegenkurs und sucht im Eis ebenfalls nach einem Durchlass – erfolgreich, wie wir später erfahren.

Bei den schlechten nächtlichen Sichtverhältnissen und der starken Tidenströmung, die uns samt den vielen Eisschollen immer näher an den Eisgürtel zieht – und damit vielleicht in eine Falle, aus der wir uns nicht mehr befreien können –, beschließen wir, einen Stopp einzulegen, und zwar rasch! Doch nirgends eine Ankerbucht, nirgends eine Nische zum Verschnaufen und zum Abwarten. Die Inseln fallen an den Ufern in unergründliche Tiefen ab. Wir nähern uns ein paar Felsen in der Hoffnung, uns mit dem Boot zwischen sie legen zu können, indem wir es zusätzlich zum Anker mit Landleinen sichern. Sind das wirklich Felsen? Oder ist es mehrjähriges Eis, das auf eine Untiefe gelaufen und nur mit einer dünnen Schicht Erde bedeckt ist? Dazu das viele umgebende Kelp, auf dessen Wurzelstrünken kein Anker hält. Schweren Herzens bläst der Skipper auch diesmal zum Rückzug. Bei Tageslicht wollen wir einen neuen Anlauf nehmen.

Die letzten Stunden waren alle Mann im Einsatz, davon einer ständig als Ausguck auf der Saling. Wir sind alle übermüdet. Um 5.30 Uhr ankern wir auf fünf Metern Wassertiefe am Eingang der Lady Murchison Bay. Es ist die erste Sandbucht, die wir südlich der Tasmania Islands am Ufer der Boothia-Halbinsel entdecken konnten: ein sehr flaches paradiesisches Fleckchen mit blaugrünem, glasklarem Wasser über hellem Sand. Und das Beste: Zur Seeseite hin sind wir fast vollständig umgeben von großen gestrandeten Schollen – wie von einer Schutzmauer.

Dritter Anlauf: Durchbruch

16. August. Drei Stunden später, um 8.30 Uhr, kentert die Tide und das Eis droht uns auf dem Ankerplatz einzuschließen.

„Leute, wir müssen hier weg! Das Eis rückt uns auf den Pelz!“, ruft der Skipper.

Eilig gehen wir ankerauf und tasten uns, Stunde um Stunde hoffend und bangend, durch das 6/10 Packeis westlich um die Tasmania-Inseln herum. Immer schwebt die Frage über uns: Werden wir am Ende durchkommen? Wird das Boot auf die Dauer den Rammstößen der Schollen standhalten? Skipper und Thilo sind davon überzeugt. Eine mühsame, nervenaufreibende Fahrt.

Endlich sichtet Folkmar von der Saling aus eisfreies Wasser in der Ferne. Aber noch liegt eine letzte Eisbarriere vor uns. Wir finden Lücken, durch die wir uns vorsichtig mit Maschinenkraft und unter Einsatz von Eishaken hindurchzwängen.

Und dann der große Moment: Vor uns offenes Wasser!

Wir jubeln, umarmen, klopfen uns gegenseitig auf die Schulter, schreien unsere Freude in die sonnige, eisige Welt hinaus.

Unmittelbar am Eisrand entdecken wir die vierte Yacht auf Gegenkurs: die grönländische KIQDLUA. Der dänische Skipper und seine grönländische Frau haben unseren Durchbruch beobachtet, und nach kurzer Begrüßung suchen sie nun ihrerseits an dieser Stelle eine Passage nach Süden.

Das Schlimmste scheint überstanden, aber wir sind noch nicht aus der Gefahrenzone. Entlang der Boothia-Halbinsel nach Norden bauen sich, wie aus dem Nichts, immer wieder dichte Packeisfelder vor uns auf, durch die wir uns durcharbeiten müssen.

Lores Notizen dazu: *Die Eislage ändert sich stündlich, und was jetzt noch offen ist, kann schon im nächsten Moment wieder dicht sein. Noch 25 Seemeilen bis zum Eingang in die Bellot Strait. Kaum zu glauben, dass wir erst heute*

Begegnung im Eis:
Kiqdlua auf Gegenkurs

Morgen aus dem Eis raus sind. Nach all den Versuchen, an den Tasmania Islands durchs Eis zu kommen, bekommt man eine leise, eine ganz leise Ahnung davon, was es wohl früher für die Expeditionen bedeutet haben mag, monatelang, oft jahrelang nach dem Weg durchs Eis zu suchen. Noch dazu mit unsicherem Ausgang, weil man noch gar nicht wusste, ob es die Nordwestpassage überhaupt gibt. Heute haben wir Satellitenbilder, GPS, Iridium, Eiskarten, Wetterberichte und wenn wir wollen die Börsenkurse dazu und haben schon nach wenigen Tagen die Nase voll vom ewigen Eis. Und wieder kein Eisbär. Erich verspricht uns einen aus seinem Fotofundus.

Um 22 Uhr erreichen wir die Nordwestspitze von Gibson Island. Aus dem Dunst taucht wieder eine Yacht auf: die russische VALENTINA, eine Ovni 495 aus Jersey mit vier Personen an Bord. „You are the first from west to east", ruft uns der Mann am Ruder zu.

Wie gefährlich und unberechenbar das Packeis gerade hier, in diesem Areal, sein kann, das belegt der Bericht von Clark Stede, der zusammen mit seiner Lebensgefährtin Michelle Poncini mit der Alu-Yacht ASMA als erster deutscher Segler 1990 durch die Nordwestpassage wollte: Mitte August werden die beiden nahe Hepburn Point mit der ASMA vom Eis eingeschlossen. Das Boot wird auf den Strand geschoben, wo es auf die Seite kippt – eine Lage, in der es verletzlich ist. Nach zehn Tagen kommt die ASMA wieder frei. Anschließend versuchen die beiden in einer geschützten Bucht bei der Gibson-Insel zu ankern. Sie können sich ihr aber nur auf eine Seemeile nähern, dann werden sie erneut vom Eis eingeschlossen.

Clark: *Genau in diesem Augenblick scheint eine Eisscholle Asmas Kiel absägen zu wollen. Es kracht, wir werden auf die*

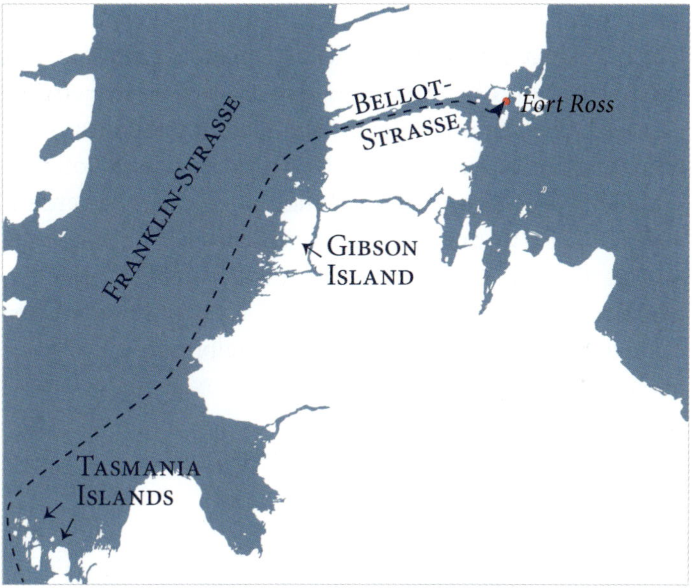

Seite, auf die nächste Eisplatte geschoben. Es rumpelt wieder und ich rufe den Eisbrecher. ‚Wim, wir brauchen Hilfe und sind auf Position 71 Grad 44 Minuten Nord und 95 Grad 31 Minuten Ost. Mitten im Packeis …‘ Der Eisdruck wird am Nachmittag noch größer. Packeis schiebt sich langsam am Ufer hinauf, als würde eine Raupe es hochschieben.

Ein kanadischer Eisbrecher eilte ihnen zu Hilfe. Er nahm die Asma an Deck und setzte sie nach 100 Seemeilen Huckepackfahrt in eisfreiem Wasser wieder ab. Ihre Reise rund Amerika konnten die beiden anschließend fortsetzen.

Um 23 Uhr steht die Freydis am Westeingang der Bellot Strait. Diese 17 Seemeilen lange und an ihrer engsten Stelle nur eine Seemeile breite Meerenge ist für ihre starken Gezeitenströme berüchtigt, vor allem aber dafür, dass sie innerhalb kürzester Zeit durch Packeis unpassierbar werden kann. Doch wir haben Glück: Während unserer nächtlichen Passage haben wir zunächst leichten gegenläufigen, später leichten mitlaufenden Tidenstrom, und der einzige Eisriegel, der sich uns entgegenstellt, kann um Mitternacht erfolgreich umschifft werden. Dem Wachwechsel, Folkmar und Heinz übernehmen, ist es anzulasten (oder zu verdanken), dass Erich und ich den nördlichsten Punkt des gesamten amerikanischen Kontinents buchstäblich verschlafen. Denn dieser „Zenith Point" (72° N) liegt am östlichen Ende der Meerenge auf der Boothia-Halbinsel.

Fort Ross: Auf dem Gipfel

17. August. Der ganze Himmel steht in Flammen, als wir in Fort Ross einlaufen. Um 3.15 Uhr fällt der Anker auf sechs Metern Wassertiefe vor den Hütten des ehemaligen Handelspostens „Fort Ross der Hudson's Bay Company" am südöstlichen Ende von Sommerset Island. Wir sind alle in Hochstimmung und können es kaum glauben: Wir liegen in einem herrlich ruhigen Naturhafen und erleben eine sagenhafte Sonnenaufgangsstimmung: Glutrot spiegelt sich die Sonne im silbernen Wasser, davor ein paar Eisschollen, schwarz wie Scherenschnitte – einfach traumhaft! Die gesamte Mannschaft ist total ausgelassen. Und das Beste: Die Engpässe der Nordwestpassage mit ihrem Eis und ihren Gefahren liegen hinter uns. Wir haben den „Gipfel" erreicht. Unsere „Early Bird"-Strategie ist aufgegangen!

Aus Lores Notizen: *Siegesfeier mit reichlich Rotwein. Alle sind total froh und ausgelassen. Ich gucke nach Westen über die Berge und Gletscher und weiß: Hinter den Bergen, weit im Westen, liegt Alaska und weit im Westen liegt das Eis,*

Gipfelglück am Fort Ross

und beides geht uns nichts mehr an. Wir haben hoch gepokert und hoch gewonnen. Schnell noch ein bisschen in die Koje.

Nachdem wir noch ein paar Stunden geschlafen haben, gibt's ein verspätetes Frühstück und eine Spaßeinlage des überglücklichen Maurice im Überlebensanzug auf einer Eisscholle vor der Freydis. Seine akrobatischen Darbietungen werden von Applaus und Gelächter begleitet. Aber dann nichts wie an Land! Es wird ein wunderbarer, sonniger und sehr kalter Tag auf Fort Ross. In der gegen Bären verrammelten Schutzhütte sieht es ordentlich aus. Alles ist da, was ein Mensch zum Überleben braucht: Petroleumofen, Pfannen, Töpfe, Geschirr, einige Dosen und haltbare Lebensmittel, Decken und Stockbetten. An den Wänden hängen Bilder und Zeichnungen von durchrei-

OBEN: SCHUTZHÜTTE DER HUDSON'S BAY COMPANY
UNTEN: IN DER SCHUTZHÜTTE VON FORT ROSS

senden Schiffen und Yachten. Im Gästebuch finden wir Namen von Yachten und Skippern, die Erich und ich noch aus Antarktiszeiten her kennen, wie Skip Novak mit seiner PELAGIC. Auch wir verewigen uns darin mit einem obligaten Gruppenfoto vor der Hütte.

In der zweiten Hütte – sie ist unverschlossen – sieht es aus, als hätten die Vandalen darin gehaust. Waren es Bären oder einfach nur Wind und Wetter, der Zahn der Zeit? Alles ist kaputt und zerstört: demolierte Türen und Einbauschränke, zerkratzte Wände, zerfetzte Sessel, ein rostiger Herd mit Kanne und Bechern darauf – wie gerade erst hingestellt.

Norbert: „Schade, das Interesse, diesen historischen Ort zu erhalten, ist wohl nicht vorhanden. Na ja, der Ruf der Hudson's Bay Company war auch wahrlich nicht der beste."

Thilo – der einzige von uns, der einen Jagdschein besitzt – hat das Gewehr dabei. Doch obwohl wir stundenlang kreuz und quer durchs Tundra-Gelände wandern, sehen wir nur bleiche Karibuknochen. Das einzige Tier mit weißem Fell, das wir aufstöbern, ist ein kleiner Polarhase. Er zeigt keine Scheu und hat auch nichts von uns zu befürchten. Einen Eisbären möchte ich beim Landgang – mit oder ohne Gewehr – ohnehin nicht sehen. Er hat seine Chance gehabt.

Toller Landausflug bei schönstem Wetter, schreibt Lore in ihr Notizbuch. *Die Tundra mit den winzigen Blümchen, die mit störrischer Robustheit den Steinen und der rauhen Witterung trotzen. Danach Kaffee an Bord und Lesestunde. Draußen regnet es, kein Lüftchen regt sich. Wie kann die Welt bloß so ruhig sein?*

Am Abend dann ein Festessen – der letzte King Cove-Sockeye-Lachs aus der Gefriertruhe, dazu Kartoffeln

Sonnenuntergang vor Baffin Island

und Salat aus der Bilge. Doch der Tag ist noch lange nicht zu Ende. Denn wir laufen aus.

Seit Kodiak, wo die FREYDIS überwinterte, liegen fast 4000 Seemeilen hinter uns, doch wir dürfen uns keine längere Pause gönnen. Bis Grönland, unserem letzten Ziel für diese Reise, sind es immerhin noch weitere 1000 Meilen. Und der „Abstieg vom Gipfel" ist, vor allem gegen Ende des Sommers, auch nicht ohne Risiko.

Baffin Island: Segeln im Eisschrank

Nördliche Winde sind angesagt und die Eiskarten zeigen geschlossene Eisfelder im östlichen Teil des Prince Regent Inlet. Wir sollen uns links halten, einen weiten Bogen fahren und die dichten Packeisfelder an Steuerbord lassen. Vorsorglich klebe ich mir ein Scopodermpflaster hinters Ohr, ich will nicht seekrank werden. Doch was uns dann erwartet, ist Totenflaute und bleierne See. Und plötzlich ist es auch sehr kalt. An den Bärten der Männer setzt sich viel lästiges Eis fest. Während der Wache wärmt sich die Crew abwechselnd im beheizten Deckssalon auf. Nach der Wache klagt Erich über starke Kopfschmerzen. Wadenkrämpfe rauben ihm den Schlaf.

Auch auf der Weiterreise müssen wir viele Packeisfelder passieren. Zum Glück gibt es keine vorgelagerten Inseln oder Landnasen, die das Eis aufstauen. Wir können uns hindurcharbeiten. Mehrmals lassen jedoch ausgedehnte Felder mit Neun-Zehntel-Eisbedeckung oder kilometerlange Schollenungetüme eine Weiterkommen nicht mehr erkennen. Aktuelle Satellitenaufnahmen sind uns dann eine große Hilfe, um doch noch einen Weg zu finden.

Folkmars Aufzeichnungen: *Es ist saukalt, wir umfahren riesige Eisschollen und das Meer ist streckenweise gefroren. Im Kielwasser unsere gefräste Spur ... Meereis-Schollen mit skurrilen Formationen. Und dann eine massive, unendlich breite Eisbarriere. Wetterbericht verspricht weiterhin Ruhe.*

Abschnittsweise ist das freie Wasser nun sogar von dünnem Neu-Eis überzogen – ein untrügliches Zeichen, dass sich der arktische Sommer dem Ende zu neigt. Das hört sich unter Deck dann an, als seien wir mit dem Boot unter einen Wasserfall geraten.

Eis, immer wieder Eis – immer wieder stundenlanges Stop-and-go. Um Mitternacht des nächsten Tages streifen wir im Prince Regent Inlet den nördlichsten Punkt unserer Reise bei 74° Nord und 89° West. Ich schaue in der Karte nach: Er liegt ungefähr auf der Breite der Bäreninsel in der Barentssee, die wir im September 1986 mit der FREYDIS besucht haben. Wir waren damals auf dem Weg über Spitzbergen nordwärts zur Packeisgrenze, die wir auf 79° 50' N erreichten – in meiner Erinnerung eine eiskalte Reise mit schweren Stürmen. (*Wo Berge segeln*). Dagegen erscheinen mir die Bedingungen auf der Nordwestpassage doch recht erträglich und dazu noch wunderschön.

Folkmar auf seiner nächtlichen Wache: *Blaue Stunde. Aufgang von Mond und Venus. Der Nordhimmel in rotes Licht getaucht, das Wasser spiegelblank mit vereinzelten Eisschollen, im Süden verschmelzen Wasser und Himmel in Dunkelblau – eine wahnsinnig schöne Stimmung mit beeindruckenden Farbübergängen.*

Thilo nimmt den Herd auseinander, die Zündautomatik arbeitet nicht mehr. Nach einer Stunde ist der Defekt behoben, und dazu sind an der Kombüsenwand dahinter auch noch originelle Halter für die Pfannendeckel angebracht.

Spur im Neu-eis

„Dem Injenjör ist nichts zu schwör!“, meint er zu seinem Kunstwerk.

Wir biegen nach Osten in den 35 Seemeilen breiten Lancaster Sound ein, den Roald Amundsen vor über 100 Jahren erstmals mit der GJØA durchfuhr. In der Seekarte lese ich: *Magnetic Variation / The magnetic compass is eratic in this area. Declination 071° W 1980 (42° E).*

Zwar war der Magnetpol 1980 noch ein wenig näher an unserer Position. Aber auch jetzt verliert unser Kompass beim Schaukeln des Bootes gern die Orientierung und findet nur schwer auf Kurs zurück. Doch ganz gleich, was er anzeigt – wir steuern per Hand nach Sicht und nach GPS.

Sonne an Deck und voraus ein ungewöhnlicher Blick: nach all der flachen Tundra endlich wieder hohe, vergletscherte Berge! Als Teil der Arktischen Kordillere, die sich entlang der nordöstlichen Küste Nordamerikas zieht, bedecken sie auch Devon Island, die große unbewohnte Insel, die unseren Wasserweg nach Norden begrenzt.

Auch Folkmar wirkt plötzlich locker, kann sich richtig freuen. Das kommt auch in seinen Aufzeichnungen zum Ausdruck: *Die erste Wache mit größeren Strecken ohne Eis. Am Ufer schneebedeckte Berge mit einzelnen Gletscherzungen, die einen schönen Kontrast bilden zu den niedrigen, eintönigen und abweisenden Geröllhängen der bisherigen Reise. Wir sichten erstmals wieder Leben. Arktische Möwen, die hier im Wasser ihre noch nicht flug- und tauchtaugliche Jungen aufpäppeln.*

Im Osten von Devon Island steckt ihr knapp 2000 Meter hoher Gipfel in einer dicken Eiskappe, die etwa viermal so groß ist wie Mallorca und bis zu 800 Meter stark. Im Westteil der Insel, wo vor Millionen Jahren ein Meteorit einschlug, liegt ein großer Krater. Wie wir in Cambridge Bay hörten, erprobt die „Mars Society“ dort eine bemannte

Mission zum Nachbarplaneten, weil das öde, eisige Gelände den Umweltbedingungen ähneln soll, denen Menschen auf dem 140 Millionen Meilen entfernten Mars ausgesetzt wären. Das klingt ziemlich abgehoben, doch die Erfahrung lehrt: Ohne Querdenker und Visionäre gibt's auch keinen Fortschritt. Wo wären wir ohne die Behaims und Magellans?

Nur ein paar Kilometer davon entfernt erscheinen uns die Bedingungen allerdings erheblich bekömmlicher als auf dem Mars: Wir haben Luft zum Atmen und es ist wohl auch ein bisschen wärmer. Außerdem dauert ein Jahr nicht 700 Tage – wo bleibt da der Geburtstag, wo Weihnachten? Dass es dort keine Eisbären gibt, sei zu verschmerzen, meinen Lore und ich, schließlich sähe man hier auch keine.

Aber zurück zur Geografie: Die Arktische Kordillere erstreckt sich auch über Baffin und Bylot Island, zwischen denen der Navy Board Inlet verläuft, ein schmaler Arm des Lancaster Sound, der uns zügig nach Süden führen soll. Aber dann macht uns doch wieder massenhaft Eis, das sich vor dem Eingang staut, einen Strich durch die Rechnung. Gerade hier, wo die Ozeanströmungen von Baffin Bay und Lancaster Sound aufeinandertreffen, soll sich doch eine „Polynja" – eine „Stelle, wo das Meer nie zufriert" – bei Bylot Island bilden. Und nun das: Gibt es noch eine Chance, da durchzukommen? Einzige Möglichkeit: Ranfahren und nachschauen!

Tatsächlich: Wir haben es gar nicht mit Packeis zu tun, sondern erstmals wieder mit Gletschereis, das hier einen gewaltigen Teppich aus „icecrush" gebildet hat. Es stammt von zahlreichen Gletschern, die an den 2000 Meter hohen Bergmassiven zu beiden Seiten des Inlet direkt ins Meer kalben. Immer dichter werden die Growler und lassen kaum noch Lücken. Manchmal bilden sie sogar komplette

Riegel. Erst nach langer Slalomfahrt öffnet sich freies Wasser und wir können endlich einen Kurs direkt nach Süden einschlagen.

Folkmars Aufzeichnungen zum Antritt seiner 0–4 Wache: *An Steuerbord Borden Peninsula (Halbinsel von Baffin Island) mit Eisberg davor, an Backbord massiver brauner Steilhang von Bylot Island mit Eisberg davor, dahinter schneebedeckte Bergmassive. Imposant!*

Die erwähnte „Polynja“ wird als ein wesentlicher Grund angesehen, dass Bylot Island – die Insel ist etwa halb so groß wie Sardinien – ein Sammel- und Brutplatz ist für über 50 Vogelarten – darunter Dickschnabellummen, Eissturmvögel, Dreizehenmöwen und mehr als 100 000 Große Schneegänse. Seit 1965 stehen sie unter Schutz durch das „Bylot Migratory Bird Sanctuary“ – ein Vogelparadies ähnlich den Pribilofs im Beringmeer. Im Gegensatz zu den Pribilofs ist Bylot unbewohnt. Aber auch dieses Vogelparadies hat seine Schattenseiten: Denn wie ich in der Forschungsstation in Cambridge Bay von dem Biologen J. F. Lamarre erfuhr, der auf Bylot Forschungen durchgeführt hatte, zeigt die stark angestiegene Zahl an Großen Schneegänsen in den letzten Jahren negative Auswirkungen auf andere Seevögel. Die Gänse ziehen nicht nur Räuber wie Füchse und Raubvögel an, sie verändern durch Zupfen von Tundra-Pflanzen auch den Boden, der dann samt den Nestern der Bodenbrüter weggefegt oder weggeschwemmt wird.

So sehr ich mich bemühe: Ich sehe keine einzige Große Schneegans – auch dort nicht, wo das Vorland der Insel flacher wird und sich eine sanfte, hügelige Landschaft ausbreitet. Entweder sie haben ihre Kolonien weiter im Innern oder sie sind bereits zu ihren südlicheren Winterquartieren abgereist. Nicht zu fassen: Die ganze Nordwestpassage keinen Eisbären gesehen, und nun nicht einmal eine von

100 000 Großen Schneegänsen! Wie soll ich das nur zu Hause erklären …

Lores Notiz: *Wunderbare Fahrt Richtung Pond Inlet. Die Hügel zeigen langsam ein leichtes Grün. ‚Sag mir Bescheid, wenn du eine Kuh siehst', sagt eine fröhliche Heide, als sie nach oben kommt. Noch auf keinem anderen Trip mit der Freydis – und es waren immerhin zehn an der Zahl rund um den Globus – haben wir beiden Frauen so viel miteinander gelacht.*

Pond Inlet: Letzter Stopp in der kanadischen Arktis

Sonntag, 20. August. Im Gegensatz zum Gletschereis mit kleinen Eisbergen haben wir das Packeis nun offensichtlich hinter uns gelassen. Im Eclipse Sound und im Pond Inlet soll das Meer erst im Oktober wieder zufrieren. Am Nordufer von Baffin Island kommt endlich unser Ziel, die Siedlung Pond Inlet, in Sicht. Von weitem ähnelt sie in der hochalpinen Umgebung einem Schweizer Bergdorf – aus der Nähe jedoch eher einem Camp. An der steil abfallenden, geraden Küste gibt es keinen Hafen, nur eine Minipier für die kleinen Motorboote der Fischer. Deshalb ankern wir auf offener Reede in Gesellschaft zweier Frachtschiffe. Das kanadische Seehandbuch rät, wenig Kette zu stecken, um bei Bedrohung durch driftende Eisberge ein rasches „Anker-auf"-Manöver zu ermöglichen. Wenig Kette heißt aber auch wenig Sicherheit bei Strom und Wind. Kein Liegeplatz zum Entspannen!

Doch im Augenblick ist der Tidenstrom zu vernachlässigen, es weht kaum Wind und Eisberge sind auch nicht in Sicht. Grund genug, um in ausgelassener Stimmung an Bord unsere Ankunft zu feiern, noch dazu zwei ganze Tage vor dem Abflugtermin unserer Freunde Folkmar und Norbert. Dadurch bleibt ihnen sogar noch Zeit, um sich ein wenig in der 1500-Einwohner-Ortschaft umzuschauen.

Am späten Abend dann noch ein erster Landgang: Am Strand hat sich das halbe Dorf versammelt und wartet auf die Anlandung einer Schute, die eine Ladung von einem der Frachter bringt. Schließlich nehmen die jeweiligen Eigentümer die Kisten, Pakete, Fahrräder, Autos, Pick-ups und einen Bulldozer in Empfang und ziehen damit ab. Währenddessen sind auch Jäger und Fischer mit ihren stark motorisierten Booten aus dem Eis zurückgekehrt. Zu ihrer Beute gehören die schon erwähnten großen Seesaiblinge (Arctic Char), Bart- und Ringelrobben und diesmal auch ein Narwal – das „Einhorn des Meeres".

Die Fänge seien drastisch zurückgegangen, versichert der kanadische Beamte, bei dem wir am folgenden Tag unsere Ausklarierungsformalitäten erledigen. Viele Inuit seien arbeitslos, viele unterernährt. Wegen des europäischen Banns sei die Nachfrage an Fellen zurückgegangen, ihr Preis sehr gering. Alkohol und Drogen würden auf die Insel geschmuggelt und konsumiert. Und auch hier wieder eine hohe Selbstmordrate unter den Jugendlichen, denen es an Perspektiven fehlt. Von ihm erfahren wir auch von den Einsätzen kanadischer Eisbrecher in der Franklin Strait, um dem kleinen deutschen Kreuzfahrtschiff HANSEATIC und einer französischen Yacht auf Gegenkurs durchs Eis zu helfen. Wegen der extremen Eisbedingungen hat man daraufhin mehreren Segelyachten den Weg von Ost nach West untersagt und sie nach Grönland zurückgeschickt. Auch das Mega-Kreuzfahrschiff CRYSTAL SERENITY mit 600 Besatzungsmitgliedern und 1000 Passagieren (für die

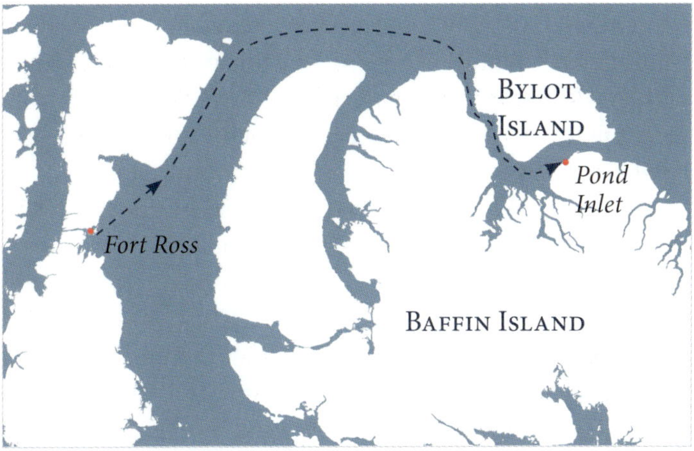

ANFAHRT AUF POND INLET

rund zehn Tage dauernde Reise sollen sie 30 000 bis mehr als 100 000 Kanadische Dollar gezahlt haben!) schaffte die Nordwestpassage nur dank zweier Eisbrecher. Den Ansturm der Menschen auf die kleinen Inuit-Gemeinden mag ich mir gar nicht vorstellen.

Weil wir nicht am Ufer liegen, muss alles zeitraubend per Dingi erledigt werden: Behördengänge, Einkäufe, Diesel-Bunkern mit Kanistern, die vom Tankwagen gefüllt werden, E-Mails abrufen. Dabei ist Erichs Hand, die nach einer infizierten Wunde stark angeschwollen ist, nicht gerade hilfreich. Ruhigstellen und Krankschreiben geht aber auch nicht; es bleibt nur die chemische Keule.

Das weiß überdachte Gemeindehaus mit dem passenden Inuktitut-Namen „Nattinnak Building" („tafelförmiger Eisberg"), das die obligate Bibliothek mit Internetzugang beherbergt, ist heute geschlossen. Vielleicht klappt es im Hotel? Wir pilgern den Hang hinauf. Der kalte Wind wirbelt uns den Staub und Sand der unbefestigten Straße ins Gesicht, nirgends ein Fleckchen Grün, vor den bleichen Häuschen und Hütten türmt sich Gerümpel. Trotz seiner malerischen Lage erscheint uns Pont Inlet als ein besonders trostloser Ort: „Hier möchte ich nicht einmal als Verbannter leben", brummt Erich. „Und stell dir die Wintermonate vor – Durchschnittstemperatur 40 Grad minus, und von Mitte November bis Mitte Januar keine Sonne, nur Mond, Sterne und Nordlichter", fügt Thilo – in der Gewissheit, hier nicht überwintern zu müssen – fröhlich hinzu.

Auch das „Inns North Sauniq Hotel" macht von außen einen recht provisorischen Eindruck. Im Innern überrascht es uns jedoch mit angenehmer, ja gediegener Atmosphäre: freundliches Personal und an der Rezeption eine

OBEN: STARKE TECHNIK GEGEN SCHWACHE TIERE
UNTEN: TRAURIGES BILD – MÜLLHALDE

Ecke mit superweichen Salonsesseln, in denen wir – samt unserer iPhones, iPads oder Laptops – bis zum Abendessen in unsere Kontakte zur Außenwelt versinken.

„Wir sollten uns die Umgebung ein wenig anschauen", meint Thilo und hat für ein paar Stunden einen japanischen SUV aufgetrieben. Und tatsächlich: Der Blick vom Bergplateau auf die sonnenbeschienenen, vergletscherten Berge von Bylot Island ist atemberaubend – weniger erbaulich allerdings die Müllhalde, die ausgerechnet hier ihre Schätze offenbart: ausgediente Möbel, Autos, Schlitten, Schneemobile, Fahrräder und vieles mehr. Zivilisationsschrott auch in einem kleinen See: Neben halb versunkenen Porzellantoiletten steht ein verschlissenes altes Plüschsofa so einladend im seichten Wasser, als ob es eigens wegen des schönen Blicks dort aufgestellt worden wäre. Wollgräser am Ufer schütteln dazu ihre weißen Schöpfe im Wind. Und die Crew nimmt's von der lustigen Seite: Thilo, Maurice und Lore schnappen sich die schönsten ramponierten Drahtesel und mimen – zur Freude unserer Fotografen – ein Rennen.

Die Ankündigung von 50 Knoten Wind für die nächsten Tage auf Bylot Island bringt uns in Hab-Acht-Stellung. Vor allem, weil die nächste geschützte Bucht vierzig Seemeilen entfernt bei Cape Hatt liegt. Wir müssten also rechtzeitig auslaufen, um dort Unterschlupf vor einem Sturm zu finden.

Vor uns liegen noch 600 Seemeilen bis Grönland. Dazu müssen wir die Baffin Bay überqueren, in der nicht nur Eisberge, sondern auch vereinzelt Packeisfelder vom letzten Winter treiben, der hier besonders streng gewesen sein soll. Vorsorglich haben wir für morgen eine 7-Tage-Wetterprognose von „WetterWelt" angefordert, die wir am Morgen herunterladen. Was wir darin lesen, treibt uns – wie schon in Cambridge Bay und in GJØA Haven – zu raschem Handeln an:

Das Wetter wird ruppiger, das gilt insbesondere für die offene Baffin Bay, denn über Grönland hat sich schon der herbstliche Polarwirbel eingenistet. (Der Polarwirbel ist ein Höhentief, das im Norden das Gegenstück zu den Roaring Forties im Süden erzeugt. Während diese aber durch Landmassen kaum gebremst werden und deshalb langlebiger sind, brechen die nördlichen Westwinde im Frühjahr rasch zusammen). Das bringt die ersten Herbstboten. Über der zentralen Baffin Bay positioniert sich ein Tief (998 hPa) direkt unter dem in der Höhe liegenden Polarwirbel, angefüllt mit der kältesten Luft …

Herr Taxwedel rät dringend zum Aufbruch am heutigen Abend, weil uns dieses Tief sonst aus Westen einhole. Ein späterer Start würde bedeuten, dass wir *sehr widrige Bedingungen – Starkwind aus SE, Regen und schlechte Sicht –* einplanen müssten.

Doch der Aufbruch wird auf morgen früh verlegt, weil unser neuer Mitsegler, Guido aus Bonn, erst heute Abend eintrifft. Ursprünglich wollte er auf einer anderen Yacht von Ost nach West durch die Nordwestpassage. Doch weil das Boot erst unmittelbar vor Start fertig wurde, war es noch mit so vielen Kinderkrankheiten behaftet, dass der Versuch scheiterte. So heuerte er spät, aber kurz entschlossen bei uns an, während wir schon unterwegs waren. Nun wird er nicht nur als siebter Mann das Reststück der Nordwestpassage mit uns segeln, sondern auch noch auf dem Schlusstörn in der Disko Bay dabei sein. Als sehr erfahrener Segler mit eigener Yacht ist er uns hochwillkommen, zumal uns unsere Freunde Folkmar und Norbert nun verlassen.

Gegen Abend trifft Guido pünktlich an Bord ein. Zum Abschiedsessen lädt Thilo die Crew ins Hotel ein. Es wird der Höhepunkt des Tages, zumal die Küche ein in diesen Breiten unerwartetes Know-how offenbart – ein warmes Buffet mit allen Schikanen! Erich will nun doch als Verbannter hier bleiben.

Blaues Eis – eine Laune der Natur

HURRA – GESCHAFFT!

Finale: Über die Baffin Bay nach Grönland

Ein Geräusch weckt mich in der Nacht. Ich schaue nach: Eine große Eisscholle schabt am Rumpf entlang, lässt ihn im Strom – zwei Knoten – aber schnell wieder los. Auch viele weitere Schollen geistern durchs Inlet. Wo kommen die denn plötzlich alle her?

Guido schnarcht so laut, dass Heinz, der die Kammer mit ihm teilt, nicht schlafen konnte. Schuldbewusst verzog sich Guido deshalb mit seinem Schlafsack ins Deckshaus. Am nächsten Morgen beklagen sich alle Mitsegler über Guidos nächtliches Konzert, das wie in einem Geigenkasten durch die dünnen Holzwände dröhnte. Die Crew ist sauer. Keiner will mehr die Kammer mit Guido teilen. Lore soll deshalb zu Maurice ziehen und die Kabine neben dem Motor räumen, die sie bisher als einzige Frau im Achterrondell für sich alleine nutzte, denn nun soll Guido dort solo einziehen. Während ich für den Umzug um Verständnis bitte: „Ihr müsst zugeben, er hat sich diese Einzelkoje redlich ‚erschnarcht'", johlt Thilo: „Der Trick ist gut, den muss ich mir merken!"

Guido entschuldigt sich ganz offiziell, dass er nicht vorgewarnt habe. Dabei setzt er ein so lammfrommes Lächeln auf, dass jeder Anflug von Ärger über die gestörte Nacht – und vielleicht sogar über seine Person – wie Eis an der Sonne schmilzt.

Um 8 Uhr setzten wir Folkmar und Norbert, die heute nach Hause fliegen, im Dingi an Land über. Um 9 Uhr heißt es dann „Anker auf" und unter Maschine aus dem Pond Inlet. Draußen empfängt uns leichter bis mäßiger Nordwestwind. Wir baumen Großsegel und Genua aus und segeln, unterstützt vom Westgrönland-Strom – hier „Baffin Bay Current" genannt –, dicht an der Küste entlang nach Süden. Elende Schaukelei am Nachmittag: kein Wind, aber üble Dünung aus Osten.

Durchs Cockpitfenster sehe ich plötzlich an Backbord Land, wo keines sein darf. Unser Autopilot ist ausgestiegen! Die selbstsichernde Mutter, die den Bolzen der Schubstange sichert, hat sich gelöst. Im Planetengetriebe sind Zahnkranz und Zahnräder gebrochen. Zum Glück haben wir Ersatzteile. Um das defekte Teil aus- und wieder einzubauen, muss in der rechten Kabine des Achterschiffs die Innenwand zum Ruderquadranten abgeschraubt werden. Dafür muss Heinz seine Koje freimachen, und das grenzt an Hausfriedensbruch. Denn er hat sie mit großen Frottee-Badetüchern und Plastikfolien, wegen des unablässig von der Luke tropfenden Kondenswassers, in eine Art Zeltlager verwandelt. Wenn er darin sitzt und liest, fühlt man sich zwangsläufig an Spitzwegs Bild *Der arme Poet* erinnert. „Wat mutt, dat mutt", erklärt Injenjör Thilo auf ostfriesischem Platt und repariert mit Assistenz vom Skipper die Anlage in vielen Stunden konzentrierter Puzzelarbeit – wobei sie auch noch einen Zwei-Liter-Behälter Milch zertrampeln, der dort irgendwo lagerte („eine Riesen-Schweinerei" hört man den Skipper fluchen). Ende gut, alles gut: Die Selbststeueranlage funktioniert wieder, die Milch ist in die Bilge abgeflossen und Heinz hat ein neues Zeltlager errichtet.

Unterwegs müssen wir wieder ständig konzentriert Eis-Ausguck halten, vor allem bei Nebel und Regen. In den nächsten zwei Tagen sehen wir nur vereinzelt Eisberge. Und der Wind? Bläst uns – mal mehr, mal weniger – aus Nordost bis Nordwest voran. Dazwischen immer wieder

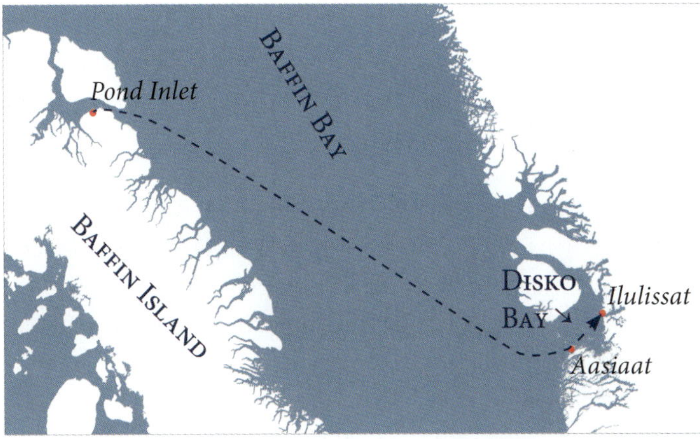

Puzzlearbeit: Thilo bei der Reparatur der Selbststeuerungsanlage

Oben: Seenebel zieht auf
Unten: Eisgiganten kreuzen unseren Weg

Flauten mit übler Schaukelei in der Dünung. Die Tage sind grau, die Nächte schon fast dunkel, die Wachen nasskalt und extrem ungemütlich. Und immer mehr Eisberge um uns herum.

Ich denke über unsere Route nach, und dass auf dem gleichen Wege einst auch das Nomadenvolk der Eskimos zog – über die vereiste Landbrücke von Sibirien nach Amerika und schließlich vor einem Jahrtausend weiter über Ellesmere Island am Rande der Polkappe nach Grönland. Ein uralter Hut also, diese Nordwestpassage!

Ab 70° nördlicher Breite sind wir ständig umgeben von zwei Dutzend weißen Kolossen, vielen Growlern und Eisbrei. Voraus sind große Eisbergfelder zu erkennen. Laut „WetterWelt" müssen wir südlich von dieser Breite auf der kanadischen Seite auch wieder vermehrt mit Packeisfeldern rechnen. Deshalb ändern wir unseren Kurs und laufen Südsüdost auf die grönländische Küste zu. Bis zur Disko Bay sind es noch 195 Seemeilen.

Zum Frühstück wird nur noch ein Ei statt zwei gegessen – Angst vor der heimischen Waage macht sich in der Crew bemerkbar. Es wird auch wieder viel gelacht und gealbert. Lore nach dem Abendessen: „Für den Abwasch im Cockpit muss ich eine Tapferkeitsmedaille kriegen!" Wir sind alle froh und gelöst auf diesen letzten Meilen vor Grönland. Und am 26. August ist es dann soweit. Ich kann's kaum glauben: Nach 3350 Seemeilen seit Nome und 574 Seemeilen seit Pond Inlet erreichen wir die kleine Ortschaft Aasiaat am Eingang zur Disko Bay – halleluja!

„Auf zum letzten Gefecht", posaunt ein fröhlicher Skipper am Morgen. Denn noch steht die Fahrt von Aasiaat nach Ilulissat an. Los geht's, und das in der geschützten Disko Bay bei strahlendem Sonnenschein und wenig Wind. Im-

Wale im Eisfjord

mer wieder veranlassen uns spektakuläre Eisberge auf ihrem Weg nach Süden, sie begeistert zu umkreisen und zu fotografieren – Maurice sogar aus der Saling. Der absolute Höhepunkt, der Kracher, ist dann aber der gigantische Eisring, der Ilulissat umgibt – und oft genug die Hafeneinfahrt versperrt.

So etwas haben auch wir noch nie gesehen – weder in Alaska noch in Spitzbergen und auch nicht in der Antarktis. Dieses Schauspiel gibt es wohl nur am Eisfjord Kangia, an dessen Ufer die Ortschaft Ilulissat grenzt. Durch den 40 Kilometer langen und sieben Kilometer breiten Fjord werden gigantische Eismassen vom Gletscher Sermeq Kujalleq – übrigens dem produktivsten Gletscher der ganzen nördlichen Hemisphäre – mit einer Geschwindigkeit von 20 Metern pro Tag in die Disko Bay gedrückt.

Ich erinnere mich an den US-amerikanischen Dokumentarfilm *Chasing Ice* aus dem Jahr 2012, den ich mir vor dieser Reise angesehen habe. Darin wird eine riesige Gletscherkalbung im Eisfjord dokumentiert und zum Vergleich die New Yorker Halbinsel Manhattan darüber projiziert, die flächenmäßig von der gleichen Größe war.

Die Eisberge ähneln Monumentalbauten, Kathedralen, Palästen. Langsam schippern wir mit dem Boot durch die stummen, weißen Monster. Keiner kann sich der Magie dieser surrealistisch anmutenden Welt entziehen. Nur das Tropfen von ihren Eiswänden und ein gelegentlich unheimliches Knacken – wie das Bersten von Leinen – ist zu hören.

Vorsichtig manövriert Heinz die Freydis durch einige Growler bis zum Hafeneingang. Im überfüllten Hafen übernimmt der Skipper. Nach einigem Hin- und Hergeschiebe von großen und kleinen Fischerbooten legen wir schließlich an einem schon betagten Walfängerboot an, und um 18 Uhr heißt es „Leinen fest“.

Oben: Monumentalbauten aus Eis
Unten: Kaum mehr Platz im Hafen von Ilulissat

In der Disko-Bucht

Nachspiel

Kaum sind wir im sicheren Hafen, setzen in der Baffin Bay und Davis Strait schlagartig die Herbststürme ein. Auch deshalb hat sich unsere „Early Bird"-Strategie bewährt. Andere Yachten sitzen noch in Weld Harbor fest, einer Bucht südlich der Tasmania Islands, darunter auch Nehaj, Tranquilo und der Kat Ma Louloutte von Yvan. Sie haben also noch nicht einmal die Tasmania Islands passieren können. Noch weiter südlich, in der Pasley Bay im Larsen Sound, sind zwei weitere Yachten vom Eis eingeschlossen, die Irene und die Abel Tasman. Die Zeit wird eng für die Nachzügler und wir hoffen sehr, dass sie noch eine Chance bekommen und die Bellotstraße in dieser Saison schaffen.

Weil die Stürme die geschützte Disko Bay weitgehend aussparen, können wir noch drei Wochen lang in diesem einzigartigen Revier mit unserer Freydis und neuer Crew auf Entdeckungsreise zu den weiter nördlich gelegenen Gletschern gehen.

Ganze drei Wochen später, als wir zum letzten Mal in diesem Jahr in Ilulissat an der Pier liegen, geht plötzlich die 75-Fuß-Yacht Abel Tasman mit dem australischen Skipper Roger Wallis – ein alter Bekannter von uns beiden aus Antarktis-Zeiten – an der Freydis längsseits. Roger hat den Engpass der Nordwestpassage in buchstäblich letzter Minute dieser Saison gepackt. Zusammen mit der amerikanischen Yacht Irene lief seine Abel Tasman südlich der oben genannten Yachten im Kielwasser der Maud und ihres Eisklasseschleppers Tandberg Polar.

Von Roger erfahren wir auch, dass die anderen drei Yachten, Nehaj, Tranquilo und Yvans Ma Louloutte, am 2. September noch eine kurze Chance bekamen und sie es ebenfalls geschafft haben – bei den schon tief gefallenen Temperaturen muss es eine mörderische Anstrengung gewesen sein –, und dass „Madman“ Yvan sich während eines 70-Knoten-Orkans in einer Bucht bei Cape Hatt, 40 Seemeilen vor der Siedlung Pond Inlet, drei Tage auf der ABEL TASMAN in Sicherheit bringen konnte, nachdem er die beiden Schwimmer seines Kats wegen drohender Kenterung geflutet hatte. Schon vorher, in den zehn Tagen in Weld Harbor, entging er dem Erfrieren nur dadurch, dass er auf der TRANQUILO und NEHAJ unterkommen konnte. Die entscheidenden 100 prekären Meilen zur Bellotstraße hat ihn dann die TRANQUILO geschleppt. Ohne fremde Hilfe hätte Yvan die NWP nicht geschafft, meint Roger. Er wäre in der Kälte umgekommen oder hätte sich per Hubschrauber abbergen lassen müssen. Trotzdem hat er eine unglaubliche Leistung vollbracht. Auch in der „SPRI-Liste der Universität Cambridge“ wird er nun aufgeführt, wenn auch mit der Einschränkung, dass er Schlepperhilfe und viele andere Hilfeleistungen von kleinen Booten in Anspruch genommen habe. Susanne ist dagegen die erste Frau, die einhand die Passage gemeistert hat und dafür mehrfach hoch geehrt wurde, und die FREYDIS das erste Boot in diesem Jahr und nach der genannten Liste die 117. Yacht, die seit Amundsen 1906 die Nordwestpassage bewältigte.

Kurzes, aber fröhliches Wiedersehen auch mit Heather und Mark von der LARISSA. Wir begegnen ihnen im Supermarkt in Aasiaat beim Provianteinkauf. Die beiden haben es eilig: Schon wieder ist stürmisches Wetter angekündigt und sie wollen noch vorher nach Nuuk weitersegeln, wo sie beabsichtigen, den Winter zu verbringen.

Alle Yachten sind nun schon auf dem Weg nach Süden. Wir jedoch können uns von der Diskobucht nicht losreißen. Sie gefällt uns mit ihren hohen Bergen, eisgefüllten Fjorden und kleinen, bunten Dörfern so gut, das wir spontan beschließen, in diesem Revier zu bleiben, um in der nächsten Saison noch einmal hier zu segeln. Danach soll's an der Küste Grönlands entlang nach Süden gehen – in Gefilde, die wir vor Jahrzehnten schon mehrfach besucht hatten –, anschließend durch den Prins-Christian-Sund an die grönländische Ostküste nach Isortoq (Ammasalik) und weiter nach Island.

Und dann hat unser Seglerdasein für dieses Jahr sein Ende gefunden: Die Freydis liegt in Aasiaat am Werftsteg. Sie soll im November in unserer Abwesenheit aufgeslippt werden. Neben ihr hat die Tandberg Polar festgemacht. Stig wird in Aasiaat überwintern; er hat sich ein Holzhäuschen gemietet und bewacht die Maud. Für uns ist die Nordwestpassage hier zu Ende. Wir fliegen nach Hause.

Dort haben wir es plötzlich mit ganz anderen Erfahrungen zu tun – mit Dingen, die wir so nicht eingeplant haben: Plötzlich treten bei Erich schwere Herzrhythmusstörungen auf; er kommt nicht umhin, sich einen Schrittmacher einpflanzen zu lassen.

Ob wir das Wagnis der Nordwestpassage nun noch eingehen würden? Schwer zu sagen – doch wegen der nicht auszuschließenden Überwinterung an Orten mit Temperaturen von minus 30–40 Grad – wahrscheinlich nicht.

Dum spiro, spero!

So lange ich atme, hoffe ich!

(Lateinisches Sprichwort, Cicero zugeschrieben)

Was wäre die Welt ohne Träume?

Anhang

Die Crews

An der Durchsegelung der Nordwestpassage nahmen neben Erich & Heide Wilts teil:

Lore Haak-Vörsmann (von Nome nach Ilulissat, Disko Bay)

Heinz Obermayr (von Nome nach Ilulissat, Disko Bay)

Maurice Licht (von Tuktoyaktuk nach Ilulissat, Disko Bay)

Norbert Eusemann (von Nome nach Pond Inlet)

Thilo von Cölln (von Cambridge Bay nach Ilulissat)

Folkmar Ukena (von Cambridge Bay nach Pond Inlet)

Frank Styzinski (von Nome nach Cambridge Bay)

Dr. Hartmut Garten (von Nome nach Cambridge Bay)

Wolfgang Herpers
(von King Cove nach Nome)

Dr. Guido Marx
(von Cambridge Bay nach Ilulissat, Disko Bay)

Dierk Esau
(von King Cove nach Nome)

Hansjörg Hogger
(von King Cove nach Nome)

Glossar

***Begriff* ❁ Erklärung**

- *(1/10), (9+/10)* ❁ Angabe der Bedeckung einer Land/Wasserfläche mit Eis: 1/10 – kaum mit Eis bedeckt, 9/10 – fast vollständig mit Eis bedeckt
- *0–4 Wache* ❁ Wache von Mitternacht bis vier Uhr morgens, auch „Hundewache" genannt
- *Achterpiek* ❁ Raum ganz hinten (achtern) in einem Boot/Schiff
- *AIS* ❁ Abkürzung für Automatic Identification System – jedes Berufsschiff muss ein solches System betreiben, Sportschiffe sollten es betreiben. Über ein Anzeigegerät kann man so Ort, Kurs und Geschwindigkeit der anderen Schiffe ablesen
- *Alu-Slup* ❁ Segelboot aus Aluminium mit einem Mast
- *American Pilot* ❁ Seehandbuch
- *Arctic Northern Waters* ❁ Handbuch von Andrew Wilkes
- *Ausgebaumt* ❁ Mit einem weiteren Baum (Stange) in der Takelage, der aber nach vorne oder querab gesetzt werden kann, wird das äußere Ende eines (großen) Vorsegels an einer bestimmten Position fixiert. Wird nur in besonderen Situationen gesetzt
- *AWI* ❁ Abkürzung für Alfred-Wegener-Institut
- *Backbord (Bb)* ❁ Seemännischer Ausdruck für die linke Seite eines Schiffes, bezogen auf die Sicht zum Bug. Backbord bleibt auch links, wenn man nach hinten sieht
- *Blister* ❁ Besonders großes, asymetrisch bauchig geschnittes Vorsegel, das bei leichtem Wind gesetzt wird

- *Block, Blöcke* ☸ Rollen zur Kraftumlenkung („Umlenkrolle")
- *Bootsmannsstuhl* ☸ Sitz, ähnlich einer Schaukel, mit der eine Person am Mast hoch gezogen werden kann
- *Bulle/Bullenstander* ☸ Seemännischer Begriff für eine spezielle Leine an Deck, mit der der Großbaum auf einer Seite des Bootes fixiert wird. Kommt es zu einer Patenthalse, bleiben der Baum und das Segel an ihrer Position und größere Schäden werden vermieden
- *Colin Archer* ☸ Yacht und Schiffskonstrukteur. Markantes Erkennungszeichen der nach ihm bezeichneten Rumpfform ist das „Doppel-Ende": Bug und Heck haben eine ähnliche Form
- *Dalben* ☸ In den Hafengrund eingerammter Pfahl, um Boote/Schiffe daran festzumachen
- *Deception* ☸ Name einer Insel in der Antarktis, auf der Heide und Erich Wilts mit der Freydis II 1991 gestrandet sind und den Winter dort verbracht haben
- *DGzRS* ☸ Abkürzung für „Deutsche Gesellschaft zur Rettung Schiffbrüchiger" mit Hauptsitz in Bremen
- *Eiskarte* ☸ Landkarte und/oder Seekarte, die die Ausbreitung von Eisfeldern zeigt
- *Fall* ☸ Eine Leine, die vom Masttop nach unten an Deck führt; damit werden in der Regel die Segel hoch gezogen
- *Freydis* ☸ Tochter von Erik dem Roten auf Island, 1000 n. Chr., Namensgeberin der drei Segelyachten von Dr. Heide und Erich Wilts:
  Freydis I: 1975–1978
  Freydis II: 1978–2011
  Freydis III: seit 2012
- *Furuno* ☸ Hersteller elektronischer Navigationsgeräte

- *Gaffel* ☸ Niederländisches Wort für Gabel. Ein gaffelgetakeltes Segelboot setzt sein Großsegel an einem schräg nach oben (hinten) zeigenden Baum (als Gegenstück zum Großbaum unten)
- *Galeone* ☸ Schnelles, dreimastiges Segelschiff
- *Garcia Exploration* ☸ Bootstyp der Werft GARCIA Yachting
- *Gegenanbolzen* ☸ Seemännischer Begriff für einen Kurs gegen Wind und Welle
- *Genua* ☸ Großes Vorsegel vorderhalb des Mastes
- *Glas* ☸ Kurzfrom für Fernglas
- *Globalstar* ☸ Satellietennetz für Telefon und Internetkommunikation
- *GPS* ☸ Abkürzung für Global Positioning System (US-amerikanisches Satellitensystem zur Ortsbestimmung auf der Erdoberfläche)
- *GRIB-Daten* ☸ Spezielles Datenformat für die elektronsiche Übermittlung von Wetterdaten
- *Großbaum* ☸ Teil der Takelage: Hängt unten horizontal am Mast und zeigt nach achtern. Wird benötigt, um das untere, hintere Ende des Großsegels zu fixieren
- *Großsegel* ☸ Hauptsegel hinter dem Mast
- Growler ☸ Eisscholle, die kaum aus dem Wasser ragt
- *Gryllteiste* ☸ Vogelart
- *Harbourmaster* ☸ Englisch für „Hafenmeister“. Kümmert sich um den Hafen und kassiert das Liegegeld
- *HBC* ☸ Hudson Bay Company
- *Höhe* ☸ Seemännischer Ausdruck für den Winkel zum Zielort auf Gegenwindkursen
- *Iridium* ☸ Satellietennetz für Telefon und Internetkommunikation
- *Jetty* ☸ Anlegesteg für Boote

- *Jimmy Cornell* ☸ Berühmter englischer Segler der Gegenwart
- *Kabellänge* ☸ Zehnter Teil einer Seemeile, also 185,2 Meter
- *Kartenplotter* ☸ GPS gestütztes Navigationssystem, das auf einem Bildschirm das aktuelle Seegebiet zeigt und wo sich darin das eigene Boot befindet. Ähnlich wie beim Auto, allerdings wird auch der bereits zurückgelegte Weg angezeigt („geplottet").
- *Kehr („Boot geht heftig zur Kehr")* ☸ Durch Wellen verursachte Bootsbewegungen um jede Achse (links / rechts, vorne/hinten)
- *Kelp* ☸ Dicker, großblättriger Seetang in Küstennähe
- *Kette („An die Kette legen")* ☸ Seemännischer Begriff für das behördliche Festsetzten eines Schiffes oder Bootes im Hafen; Ähnlich einer Parkkralle beim Auto
- *Klarieren, Einklarieren, Ausklarieren* ☸ Erledigung behördlicher Formalien bei der Ein- oder Ausreise eines Bootes in ein / aus einem Land
- *Klepper-Faltboot* ☸ Klepper ist ein Hersteller von sehr kleinen Booten, deren Rumpf für den Transport zusammengefaltet werden kann
- *Knoten* ☸ Maß für Geschwindigkeit. Ein Knoten entspricht einer Seemeile pro Stunde. 50 Knoten = 50 Seemeilen pro Stunde = grob 100 Kilometer pro Stunde
- *Kreuz* ☸ Kurs gegen den Wind, bei dem das Boot mal auf der einen, mal auf der anderen Seite schräg gegen den Wind segelt
- *Landfall* ☸ Seemännischer Ausdruck für das Erkennen von Land und das Einlaufen in einen Hafen oder Ankern in einer Bucht
- *Laufendes Gut* ☸ Alle Leinen und Drahtseile an Bord eines Segelbootes, die bewegt werden

- *Lee* ☸ Seemännischer Begriff für die dem Wind abgewandte Seite / Gegenteil von Luv – der Windseite
- *Leebrett / Leesegel* ☸ Spezielle Vorrichtung an einer Koje (Bett) im Boot, um das Herausfallen des Schlafenden zu verhindern
- *Legerwall* ☸ Gefährliche Situation beim Besegeln einer Küste: Der Wind bläst von See auf die Küste und kann das Boot auf Land drücken
- *Lenzen* ☸ Auspumpen von Wasser oder Flüssigkeiten aus dem Boot
- *Liek / Lieken* ☸ Kante eines Segels, kann verstärkt sein und in einer Führungsschiene laufen, aus der es bei starkem Wind herausgerissen werden kann
- LMU ☸ Abkürzung für Ludwig-Maximillian-Universität in München
- *Marina* ☸ Sportboothafen
- *Missweisung* ☸ Winkel zwischen der georaphischen und magnetischen Nordrichtung
- *MRCC* ☸ Abkürzung für „Maritime Rescue Coordination Center" – die Seenoteinsatzzentrale eines Landes Wird in Deutschland von der DGzRS wahrgenommen
- *Muringtonne / Mooring* ☸ Speziell verankerte Tonnen im Wasser, an denen Boote oder kleine Schiffe festmachen können
- *Navionics* ☸ Hersteller von elektronischen Seekarten
- *NWP, NW-Passage* ☸ Abkürzung für Nordwestpassage: Seeweg, der nördlich des amerikanischen Kontinents durch das Polarmeer den Atlantik mit dem Pazifik verbindet
- *onsatmail* ☸ Softwarehersteller, dessen Programm den Empfang und den Versand von E-Mails über eine Satellitenverbindung ermöglicht
- *Onsen* ☸ In Japan: Bäder an heißen Quellen

- *Ovni* ☸ Französische Yachtwerft
- *PA (Physician Assistant)* ☸ Beruf im medizinischen Dienst, in Deutschland relativ neu, im Ausland weit verbreitet. Zwischenstufe zwischen Krankenschwester und Arzt
- *Patenthalse* ☸ Seemännischer Begriff für eine ungewollte Kursänderung. Passiert leicht, wenn der Wind von hinten kommt. Das Großsegel befindet sich auf einer Seite und der Wind treibt das Boot vor sich her. Wird dann der Kurs des Bootes durch eine große Welle oder durch einen Fehler vom Steuermann geändert, schlägt das Großsegel mit großer Gewalt von der einen auf die andere Seite
- *Pazifischer Feuerring* ☸ Aneinandereihung von Vulkanen im Pazfik
- *Permits / Crusing Permits* ☸ Besondere Erlaubnisscheine, um bestimmte Häfen oder Seegebiete eines Landes mit dem eigenen Boot zu befahren
- *Raumer Wind* ☸ Wind, der seitlich von hinten auf das Segelboot trifft
- Reede ☸ Spezielles Seegebiet in Küstennähe zum Ankern für Boote und Schiffe
- *Reff* ☸ Verkleinerung des Segels durch Wegbinden / Einrollen eines Teils des Segeltuches.
  Auch: Zu diesem Zweck verstärkter Teil des Segels mit dazugehörigen Vorrichtungen
- *Reffen* ☸ Manöver an Bord, um die Segelfläche zu verkleinern, wenn der Wind stärker wird
- *Riokan* ☸ Traditionelles japanisches Hotel
- *Ruderkoker* ☸ Wasserdichter Borddurchlass zur Aufnahme der Ruderachse im Rumpf
- *Saling* ☸ Umlenkpunkte am Mast für die Wanten (Drahtseile, die den Mast aufrecht halten)

- *Schraube* ☸ Seemännsicher Ausdruck für die Schiffsschraube
- *Schwojen* ☸ Hin- & Hertreiben eines Bootes vor Anker oder an einer Muring / Mooring
- *Scopoderm* ☸ Verschreibungspflichtige Arznei zur Bekämpfung von Seekrankeit
- *Seeamt* ☸ Spezielle Behörde, die Unfälle / Vorfälle auf See untersucht und verhandelt. Ähnlich einem Gericht, für deutsche Wasserfahrzeuge international zuständig
- *Seemeile* ☸ Eine Seemeile entspricht 1,852 Kilometern – ganz grob Seemeilen mit zwei multiplizieren, um Kilometer zu erhalten: 50 Seemeilen sind ca. 100 km
- *Simrad* ☸ Hersteller von elektronischen Navigationsgeräten
- *Skeg* ☸ Bauteil am Unterwasserschiff eines Bootsrumpfes vor dem Ruder zu dessen Schutz
- *Skiff* ☸ Besonders leichtes Boot mit sehr wenig Tiefgang
- *Slip / Slipwagen* ☸ Schräge Rampe / Gestell mit Rädern, um Boote ohne Kran aus dem Wasser oder zurück in das Wasser zu bekommen
- *Slup* ☸ Segelboot mit einem Mast, einem Vorsegel und einem Großsegel
- *Spinnaker* ☸ Besonders großes, symetrisch-bauchig geschnittes Vorsegel, das bei leichtem Wind gesetzt wird
- *Spinnakerbaum* ☸ Baum (Stange), mit dem das unterste, äußerste Ende eines Segels fixiert wird
- *SpotGen3* ☸ Kleines elektronisches Gerät, das in einstellbaren Intervallen die aktuelle Position über eine Satellitenverbindung an eine Landstation meldet
- *SPRI-Liste* ☸ Abkürzung für „Scott Polar Research Institute“ an der Cambridge Universität, die einmal im

Jahr eine seit 1903 geführte Liste veröffentlicht, auf der alle Boote aufgeführt werden, die die Nordwestpassage durchfahren haben

- *Spring* ☸ Eine Festmacherleine an der Mitte eines Bootes. Ist die Leine vor dem Mast an Land festgemacht, ist es eine „Vorspring", sonst eine „Achterspring"
- *Steckschott* ☸ Bauteil an Bord eines Segelbootes, vergleichbar mit einer Einangstür in einer Wohnung. Allerdings wird die „Tür" in Führungsschienen eingesteckt
- *Stehendes Gut* ☸ Alle Leinen und Drahtseile an Bord eines Segelbootes, die nicht bewegen werden
- *Steuerbord (Stb)* ☸ Seemännischer Ausdruck für die rechte Seite eines Schiffes, bezogen auf die Sicht zum Bug. Steuerbord bleibt auch rechts, wenn man nach hinten sieht
- *Stromsee* ☸ Durch Meeresströmungen aufgewühlte See
- *Sturmfock* ☸ Besonders kleines Vorsegel
- *Takelage* ☸ Mast, Stange, Wanten und Bäume an Bord eines Segelbootes. Die Stange hält den Mast nach vorn und hinten, die Wanten seitlich
- *TO* ☸ Trans Ocean = Segelverein für Hochseesegler
- *Törn* ☸ Reise, Reiseabschnitt
- *Treibanker* ☸ Großes tricherförmiges Gefäß aus Kunst- oder Segelstoff, das an einer langen Leine auf See ausgebracht wird, um die Bootsgeschwindigkeit im Sturm zu reduzieren
- *Trysegel* ☸ Spezielles Sturmsegel, das als Ersatz für das Großsegel bei der Erwartung von besonders starkem Wind gesetzt wird
- *Umiaks* ☸ Oben geschlossene Kanus
- *Vollzeug* ☸ Alle Segel sind auf einem Segelboot gesetzt

- *Vorliche Winde* ☸ Winde, die aus Richtungen vor der Schiffsquerlinie auf die Segel treffen. Von hinter der Schiffsquerlinie: achterliche Winde
- *Vorpiek* ☸ Raum ganz vorne in einem Boot / Schiff
- *Wassergeneratoren* ☸ Technische Vorrichtung an Bord, um elektrischen Strom durch die Fahrt des Bootes zu erzeugen
- *Watermaker* ☸ Englisch für „Wassermacher" – ein technisches Gerät, mit dem man aus Salzwasser Trinkwasser machen kann
- *WetterWelt* ☸ Privater Wetterdienst in Kiel, der unter anderem individuelle Wetterberichte für Sportboote anbietet
- *Windex* ☸ Windrichtungsanzeiger am Masttop (ganz oben auf dem Mast); zeigt die relative Windrichtung an
- *Wo Berge segeln* ☸ Titel eines Buches von Heide Wilts

Mein Dank gilt

- unseren Crews, allen voran unserem Freund *Thilo von Cölln*, seit vielen Jahrzehnten „Chief Engeneer“ an Bord, für seine Unterstützung bei den Vorbereitungen auf Kodiak zur NWP und für sein Engagement auf dem „heißen Abschnitt“ der Passage, die er mitsegelte und auf der er wieder einmal seine „Klasse“ bewies;
- *Lore Haack-Voersmann, Folkmar Ukena, Heinz Obermayr, Maurice Licht, Norbert Eusemann, Frank Styzinski* und *Hartmut Garten* für ihren Einsatz auf dieser Reise;
- *Erhard Schorge*, der uns so oft auf unseren Reisen begleitete und der, altersbedingt, nun zum letzten Mal mit uns segelte – auf dem Abschnitt zu den Aleuten;
- *Peter Berwert* und *Dietmar Friedewald*, deren Japan-Erfahrung von großem Nutzen auf der Reise war, und *Fumiko*, Dietmars japanischer Gattin, die uns in Kashiwazaki aus einer durch bürokratische Missverständnisse entstandenen heiklen Lage befreien konnte;
- *Takahashi-San* für seine außergewöhnliche Unterstützung in Kashiwazaki und *Semba Kayoko* und *Yoshi Shibahara*, die uns unvergessliche Stunden am Kap Erimo bereitet haben, dem Kunstschnitzer *Masamitsu Takiguchi* und Frau *Yuriko* in Akan-Kohan für ihr Vertrauen und das schöne Buch, *Yuko Nonaka* für die liebenswürdige Aufnahme in ihrem Riokan im Akan-Nationalpark;
- *Justin Peach*, durch dessen Hilfsbereitschaft und Kenntnisse unser Besuch auf Adak zu einem unvergesslichen Erlebnis wurde, *Scott Kerr* und seiner Frau *Agrafina* in Nikolski auf Umnak, deren Freundschaft uns ungewöhnliche Einblicke in das Leben der dort ansässigen kleinen Unangan-Gemeinde verschaffte;

- *Herman Bendixen*, *Margie Gould*, dem deutschstämmigen Bürgermeister *Henry Mack* und dem orthodoxen Priester *Andrés Trepper*, denen wir viele interessante und schöne Stunden in King Cove verdankten, und allen Bewohnern von Inseln und Orten, die die wir besuchten und die uns auf der Reise durch Japan, Alaska, Kanada und Grönland Unterstützung gewährten;
- *Duncan Fields* und Familie für ihre großzügige Gastfreundschaft auf Harvester und Bear Island;
- Meeresbiologin *Switgard Düsterloh*, Assistent Professor in „Marine Biology" der Universität in Kodiak, die uns in vielen kleinen Dingen des täglichen Lebens auf der Insel unterstützte und die uns Einblick in ihre wissenschaftliche Arbeit gab;
- *Tom Kelly* aus Juneau, der uns beim Aufslippen der FREYDIS in Kodiak half und uns spontan sein Ferienhaus und seinen Pick-up während unseres Aufenthaltes zur Verfügung stellte;
- *Meeno Schrader* und *Sven Taxwedel* von „WetterWelt" für ihre hervorragende Beratung und dem Kanadier *Victor Wejer*, von dem wir regelmäßig über Sat-Mail Wetternachrichten bzw. Tipps und Hinweise erhielten;
- *Dough Stern*, der mir sein (noch unveröffentlichtes) Werk *History of Cambridge Bay* zur Verfügung stellte, und *Stig Pettersen*, der uns durchs Wrack der MAUD führte;
- *Dierk Esau* und *Lore Haack-Voersmann*, die mir freundlicherweise ihre Reiseaufzeichnungen im Beringmeer bzw. auf der NWP zur Verfügung gestellt haben, sodass ich daraus zitieren konnte;
- *Jimmy Cornell*, der ebenfalls mit 75 durch die NWP gegangen war, uns Mut machte, wertvolle Hinweise gab und uns seine Seekarten schenkte;

- meiner Lektorin *Christiane Corssen*, die mir bei diesem Buch wieder treu zur Seite stand;
- *Peter Wiedekamm* für seine einleitenden Worte zu diesem Buch
- und meinem Mann *Erich*, mit dem ich auch dieses Abenteuer freudig gewagt habe.

Postskriptum

Was hatten wir für ein Glück, dass wir mit 2017 ein Jahr erwischt hatten, in dem uns das Eis eine Chance bot! Schon im Jahr darauf waren die Bedingungen zur Passage erheblich schlechter: Von 21 Yachten, die das Unternehmen Nordwestpassage angingen, schafften es am Ende gerade mal zwei – eine von West nach Ost, eine andere von Ost nach West. Von den restlichen 19 wurde eine französische Yacht – die ANAHITA – am Osteingang der Bellotstraße vom Eis zerquetscht und sank. Die beiden Segler konnten in letzter Minute durch einen SAR-Hubschrauber vom Eis abgeborgen werden. Die übrigen Yachten mussten, zum Teil mit Beschädigungen, die Rückreise antreten. Eine überwintert in Cambridge Bay.

Zitat von Victor: *2018 NWP will pass to the memory of many sailors as one brutal.*

Yvan Bourgnons Abenteuer hatte übrigens ein Nachspiel: Nach langem Hin und Her wurde sein Name nun doch aufgrund von Protesten aus der Liste der Universität Cambridge gestrichen. Er hatte zu viel Hilfe in Anspruch genommen, sich u. a. über 100 Meilen von einer anderen Yacht schleppen lassen.

Und wie ging es mit der FREYDIS weiter?

In der folgenden Saison (2018) haben wir mit ihr noch fast zwei Monate die Fjorde, Sunde und Gletscherbuchten in der Diskobucht (Grönland) erkundet und sind unter winterlichen Bedingungen einmal rund um die Disko-Insel gesegelt. Anschließen ging es in kleinen Etappen nach Süden, schließlich ums Kap Farvel, die berühmt-berüchtigte Südspitze Grönlands, und auf der Ostseite Grönlands noch einmal über den Polarkreis. Nach einer stürmischen Fahrt über die Dänemarkstraße am Ende der Saison überwintert sie nun in dem kleinen Fischereihafen Isafjördur im Nordwesten Islands.

Die Reisen der Freydis I, II und III

Die erste Freydis, eine Reinke Supersecura, Stahlknickspanter, Lüa 11,30 m, wurde im Winter 1975/1976 in Leer gebaut. Nach Erprobungstörns in der Deutschen Bucht führte die Jungfernreise nach Finnland und zurück, danach folgten Törns zur Bretagne, nach Island und Norwegen.

Alle Reisen mit Freydis I, II und III haben in Leer/Ostfriesland begonnen; geendet haben sie ebenfalls in Leer mit Ausnahme der letzten Reise der Freydis II, die 2011 in Fukushima durch den Tsunami und die Verstrahlung ihr vorzeitiges Ende fand, und mit Ausnahme der Freydis III-Reise, die 2011 in Leer begann und noch nicht beendet ist.

- 1978/79: Bau der Freydis II, eine modifizierte Reinke Hydra, Stahlknickspanter mit aufholbarem Schwenkkiel, kuttergetakelt, Lüa 14,36 m
- 1979: Deutsche Bucht, Ostsee bis Finnland, rund Skagen
- 1980: Deutsche Bucht, Ärmelkanal, Biskaya rund
- 1981/82: Elf Monate rund um Südamerika, erste Reise in die Antarktis
- 1983: Rund um England
- 1984: Ärmelkanal, Biskaya rund
- 1985–89: Da wir beide voll berufstätig sind, organisieren wir die Reisen in diesen fünf Jahren in Form einer Segelkameradschaft. Insgesamt werden zwölf Skipper in die Unternehmungen mit einbezogen
- 1985: Rund Großbritannien
- 1986: Sieben Monate Azoren – Neufundland – SW-Grönland – Island – Ostgrönland – Jan Mayen – Spitzbergen
- 1987: Vier Monate rund Spitzbergen
- 1987/88: Zwölf Monate rund Nordatlantik, Nordpolarmeer
- 1988/89: Zwölf Monate rund Afrika

- 1989/90: Winterhalbjahr: Vorbereitungstörns für 1990/91 in Nordsee, Kanal und Biskaya
- 1990: Am 30. April steigen wir aus unserer Berufstätigkeit aus. Wir planen zwei Weltumsegelungen: In West-Ostrichtung rund Antarktis und in Ost-Westrichtung auf der Passatroute
- 1990: Leer – Südamerika – Feuerland – Patagonische Kanäle
- 1991: Reisen in Feuerland und neunmonatige Überwinterung im Vulkankrater der Insel Deception, Strandung inklusive. Rückkehr zum Kap Horn Silvester 1991
- 1992: Acht Monate Reparatur in Puerto Williams, Beaglekanal, anschließend Probetörns in Feuerland. Aufbruch zur Antarktisumrundung mit Besuch der an seiner Peripherie liegenden Inseln
- 1993: Falklands – Südgeorgien – Südsandwich-Inseln – Südafrika – Komoren – Madagaskar – Iles Esparses („Vergessene Inseln“)
- 1994: Südafrika – Prince-Edward-Inseln – Crozet – Kerguelen – Heard I. – St. Paul – Südaustralien – Tasmanien – Neuseeland
- 1995: Neuseeland Nord- und Südinsel – Stewart I. – Fjordland
- 1996: Alle subantarktischen Inseln von Neuseeland und Australien – Scott I. – Eingang Rossmeer – Chatham I. – White I. – Great Barrier I. – Bay of Islands – Kermadecs – Beveridge Reef – Cook Island – Gesellschaftsinseln
- 1997: Tuamotus – Gambier – Pitcairn – Henderson – Osterinsel – Sala y Gomez – „Phantominsel“ Podesta – A. Selkirk – Robinson Crusoe – Valdivia – Patagonische Kanäle – Puerto Natales
- 1998: Feuerland – Antarktische Halbinsel – Feuerland – Patagonische Kanäle – Robinson Crusoe – San Felix und Ambrosius – Marquesas

- 1999: Gesellschaftsinseln – Cook Island – Niue – Tonga – Fidji – Neukaledonien. Von dort mit drei GEO-Teams durch Vanuatu, Salomonen, Papua-Neuguinea, Egum-Atoll, dann Louisiaden – Willis Islet – Townsville/Australien
- 2000: Great Barrier Reef– Thursday I. – Crab I. – Darwin
- 2001: Kimberley Coast – Bali – Christmas – Cocos Keeling – Rodrigues – Cargado Caracho Shoals – Mauritius – Reunion – Madagaskar – Südafrika – Kapstadt
- 2002: Kapstadt – Namibia – St. Helena – Ascension – Brasilien – Fernando de Noronha – Kapverden – Azoren – Scillies – Ouessant – Leer
- 2002–04: Generalüberholung der FREYDIS II in Leer
- 2004: 6. August: Aufbruch zur 7. Weltreise. Ziel: Die Erkundung des Nordpazifiks
- 2005: Atlantik – Karibik – Panama-Kanal – Mittelamerika – La Paz/Kalifornische Halbinsel
- 2006: Mexiko – Hawaii – Midway-Atoll – Aleuten – Alaska-Halbinsel – Kodiak – Kenai-Halbinsel – Prince William Sound – Cordova
- 2007: Prince William Sound – Kenai – Kodiak – Alaska – Inseln im Beringmeer – Beringstraße – Kotzebue und zurück nach King Cove/Alaska
- 2008: Alaska-Halbinsel – Kodiak – Kenai – Kajak – Icy Bay – Yakutat Bay – Lituya Bay – Inside Passage – Strait of Georgia – Campbell River
- 2009: Strait of Georgia – San Francisco – Channel Islands – San Diego
- 2010: San Diego – Hawaii – Midway-Atoll – Minami Tori-jima – Chichi-jima – Ogasawara – Izu-shoto – Onahama/Honshu – Iwaki
- März 2011: Verlust der FREYDIS II durch den Tsunami bei Fukushima

- 1. 8. 2011: Beginn des Baus der Freydis III vom Typ 16 M ICE (eine von Kurt Reinke für uns modifizierte 16 M) auf der Werft von Michael Matzerath in Düren. Den Innenausbau nach unseren Plänen übernimmt die der Werft angegliederte Bootstischlerei von Jakob Dirksen
- 2012: Am 20. April Schiffstaufe der Freydis III in Leer am Steg des SV Leer, anschließend Probetörns in der Deutschen Bucht
- 14. 7. 2012: Start zur achten Weltreise (oder soll man besser sagen: Fortsetzung der siebten, in Fukushima unterbrochenen Weltreise?): Leer – Kanalinseln – Scillys – Ouessant – La Coruna – Lissabon – Madeira – Kanaren – Kap Verden – Grenada – Venezolanische Inseln – San Blas Archipel – Panama
- 2013: Panama – Cocos-Insel – Galapagos – Marquesas – Tuamotus – Tahiti – Bora Bora – Mopelia – Cook-Inseln – Beveridge-Atoll – Niue – Vavaú/Tonga – Levuka/Fidji – Tanna/Vanuatu – Neukaledonien – Chesterfield Island – Bundaberg/Australien
- 2014: Australien – Papua-Neuguinea – Mikronesien – Guam – Okinawa – Südwestliche Inseln (Nansei Shoto) – Nagasaki
- 2015: Westküste Honshu – Hakodate – Südküste Hokkaido – Kurilen – Aleuten – Alaska-Halbinsel – Kodiak
- 2016: Törns im Golf von Alaska: Kodiak, Katmai-Nationalpark, Kenai-Halbinsel, Prince William Sound
- 2017: Nordwestpassage (NWP) von Kodiak übers Beringmeer nach Nome, von dort nach Cambridge Bay, Fort Ross, Pond Inlet zur Disko Bay (Westgrönland). (Die Freydis III ist das 117. Segelschiff, das die Nordwestpassage erfolgreich bezwungen hat.)

Steckbrief der Freydis III

Freydis III ist eine Spezialversion der Reinke-Konstruktion 16 M – der Konstrukteur nennt sie 16 M „Ice", weil sie wie die Freydis II für das Segeln in Extremgebieten – insbesondere in den Nord- und Südpolarregionen – gedacht ist.

Abmessungen

- Länge ü. a.: 16,90 m
- Rumpflänge: 15,90 m
- Breite: 4,45 m
- Tiefgang: 1,60 / 2,60 m
- Verdrängung: 28 to
- Kojenzahl: 4 Doppelkammern

Besonderheiten

- Rumpfmaterial: Aluminium
- Um 15 cm erhöhtes Freibord
- Erhöhter Ballastanteil (9,5 to Blei als Innenballast)
- Dreifacher Boden und Schwenkkiel zum Trockenfallen
- Durchgehender Skeg zum Schutz von Ruder und Schraube
- Geschlossenes Deckshaus mit 12 mm Verbundglasscheiben
- Zusätzliche Steckschotten zur Verriegelung des Niederganges
- Stufenheck mit Badeplattform
- Ruderstand freistehend im Cockpit, Seilsteuerung
- Je zwei Tanks für Diesel (insges. 2000 l) und für Trinkwasser (insges. 1400 l)

Kuttertakelung

- Mast und Wanten ein bis zwei Nummern stärker als vorgeschrieben
- Mast gekürzt von 19,50 auf 18,00 m Länge

Segel

- Großsegel: 50 m^2 als Swedenmain (ohne Latten) und mit drei Reffreihen
- Rollgenua: 85 m^2
- Doppelgenua (Passatsegel): 160 m^2
- Rollfock: 44 m^2
- Trysegel: 20,50 m^2 (Sturmgroßsegel) an separater Mastschiene
- Blister: 165 m^2
- Spinaker: 200 und 250 m^2

Motorenanlage: Mercedes OM 366, 126 PS, marinisiert

FREYDIS III

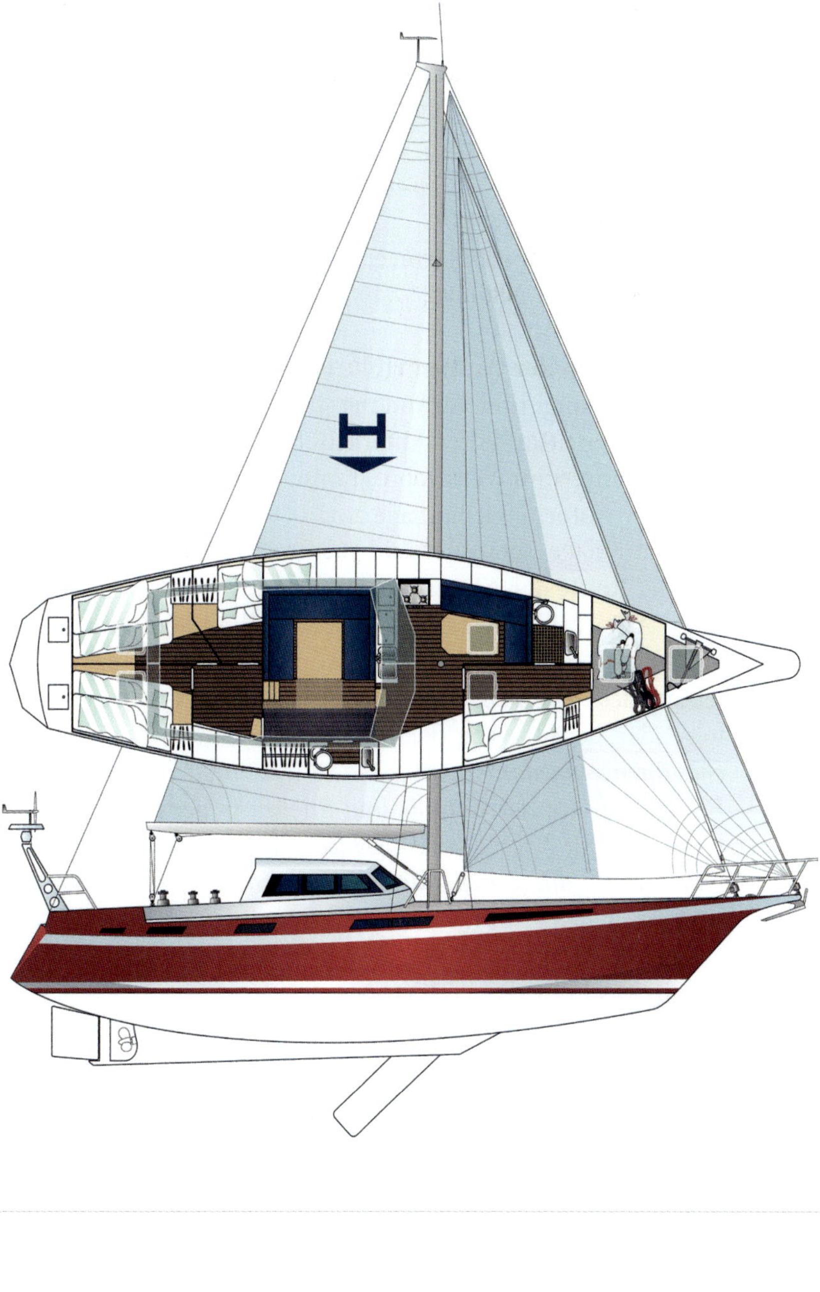

Erzählende Bücher von Heide Wilts

Weit im Norden liegt Kap Hoorn (1984)
Die erste Segelreise der FREYDIS rund Südamerika und in die Antarktis 1981/82

Wo Berge segeln (1988)
Segelreisen ins Nordpolarmeer nach Jan Mayen, Grönland und Spitzbergen 1986/87

Gestrandet in der Weißen Hölle (1992)
Überwinterung und Strandung im Kratersee der Insel Deception am Rande der Antarktischen Halbinsel 1990/91). Seit 20 Jahren im Verlagsprogramm. Das meistverkaufte Buch der Autorin. Neuauflage 2012

Auf der Route der Albatrosse (1996)
Rund Antarktis (Teil I), Südatlantischer und Südindischer Ozean 1992–1994. Erhielt den Förderpreis der Kreuzerabteilung des DSV als „Bestes Segelsportbuch des Jahres" mit folgender Begründung der Jury: ... *ein ganz ungewöhnliches Buch – in jeder Hinsicht ‚Klasse' ... Es besticht durch die Ehrlichkeit, mit der Gefühle und Erleben in der aufgerührten Natur, mit Angst oder Unwohlsein nicht heruntergespielt wurden. Wir alle ahnen, dass dahinter eine menschliche und seemännische Leistung steht, die ihresgleichen sucht!*

Segeln ans Ende der Welt (2000)
Rund Antarktis (Teil II), Südaustralien, Tasmanien, rund Neuseeland, Reise zum Rossmeer 1994–1996

Wilder Stiller Ozean (2003)
Rund Antarktis (Teil III). Die FREYDIS vollendet ihre Antarktisumrundung. Südsee, Patagonien, Feuerland, Antarktis, Kap Hoorn von 1996 bis 1998

Die erste Kritik zu diesem Buch: *Im Zeitalter umsichgreifender, sinnentleerter Rekordsüchte liest sich ‚Wilder Stiller Ozean' wie eine Fortsetzung der Berichte großer seefahrender Forschungsreisender vergangener Jahrhunderte – eine liebevolle, spannende, aber auch faktenreiche Nachlese in entlegendsten Winkeln der Erde, welche oftmals selbst den altvorderen Seefahrern noch unzugänglich waren. Ich wünsche dem Buch viele, möglichst angstfreie Leser.*

Uwe George, Expeditionsleiter des GEO Magazins

Inseln jenseits der Zeit (2008)

GEO Expedition durch Melanesien

... ihr bisher bestes Buch, eine spannende erzählerische Preziose ... Uwe George, GEO-Magazin

Ein bemerkenswertes Segelbuch, auch das, vor allem aber eine mitreißende Annäherung an menschliche Lebensformen, die jemandem, der sich für zivilisiert hält, kaum noch vorstellbar sind. Uwe Janßen, Chefredaktion YACHT

Als Junge verschlang ich jedes Weltumsegler-Buch, das ich in die Finger bekam. Doch irgendwann hörte ich auf damit – in den jüngeren Büchern schien alles entdeckt. Irgendwie doppelten sich die Berichte, viele Traumziele kannte man aus dem (Charter-)Urlaub. In Zeiten dauernder Rekordjagd, in denen manche meinen, sie müßten schon zweimal hintereinander nonstop um die Welt segeln, um Aufmerksamkeit zu erregen, finde ich alle Reviere „vor der Haustür" mindestens genauso spannend. Dann erzählten die Weltumsegler Wilts bei einem Redaktionsbesuch von ihrem neuesten Buch „Inseln jenseits der Zeit", in dem sie eine Reise nach Mela-

nesien schildern. Mich fesselte der Entdeckergeist, den die Seiten verströmen: Kaum entdeckte Orte, eine strapaziöse Reise und eine schonungslose Schilderung der Schattenseiten des „Paradieses Südsee". Die beiden leben noch heute ihr Ideal vom wissensdurstigen Segler, der aufbricht, um fremde Horizonte und Küsten zu erobern. Da kann man doch wieder träumen …

Thorsten Höge, Chefredakteur des Magazins SEGELN

ALASKA–JAPAN, Die letzte Reise der FREYDIS **II** (2013)
Dass es sich lohnt, das Buch ‚Alaska–Japan' von Heide Wilts zu lesen, wissen alle, die frühere Beschreibungen der weltweiten Segelfahrten des Ehepaars Wilts kennen. Mich hat es deshalb besonders interessiert, weil ich aufgrund archäologischer Forschungen in Alaska auf dem Festland sowie auf der St.-Lorenz-Insel in Sichtweite der sibirischen Tschuktschenhalbinsel diesen Teil des nördlichen Amerikas recht gut kenne und von dort aus auch eine ausgedehnte Rekognoszierung in Japan durchgeführt habe. Die Autorin konnte dank ihrer eindrücklichen Beobachtungsgabe das Gesehene nicht nur in generellen Beschreibungen von Land und Leuten festhalten, sondern ganz besonders bei der einheimischen Bevölkerung, den früher pauschal als „Eskimos" bezeichneten Inupiat und Yupik, viele wissenswerte Einzelheiten verbuchen. Das Gleiche gilt für Japan. Der interessante Text des Buches ist leicht lesbar und durch Fotografien von Erich Wilts ansprechend illustriert – das Ganze mit dem Hintergrund des mutigen und ausdauernden Kampfes der beiden abenteuerlustigen Seefahrer gegen die nicht ungefährlichen Elemente. Dass sie dabei ihr bewährtes, germanisch benanntes Segelboot Freydis II verloren haben, ist sehr bedauerlich.

Prof. Dr. Hans-Georg Bandi,
Archäologe und Arktisforscher

K.O. – UND NOCHMAL GEPACKT, Mit neuem Boot zu neuen Ufern (2018)
Nach dem schmerzlichen Verlust ihrer FREYDIS II in der Tsunami-Katastrophe bei Fukushima 2011 gibt das bekannte Extremsegler-Paar Wilts nicht auf. Trotz ihres fortgeschrittenen Alters geht es zwei Jahre später mit der neuen FREYDIS III wieder auf Fahrt – mit dem Ziel, ihre Reise von dem Ort ihres Unglücks an fortzusetzen. Deshalb wählt das Seglerpaar als Einstieg die nicht zu schwierige klassische „Barfußroute" über den Atlantik und Pazifik. Dann liegt der weit anspruchsvollere Abschnitt vor ihnen: von Australien nach Japan. Auf dieser Route müssen sie Wirbelstürme meistern, die das Boot in Gefahr bringen und die Mannschaft in Angst und Schrecken versetzen. Eine wagemutige Segelreise voller Höhen und Tiefen, die mit einem Besuch des Wracks der alten FREYDIS ihr vorläufiges Ende findet.

Text-Bildbände von Heide und Erich Wilts

Sternstunden auf allen Ozeanen (1994)
Reisen ins Nord- und Südpolarmeer, Tropen des Atlantischen und Indischen Ozeans, Feuerland, Überwinterung und Strandung im Kratersee von Deception Island am Rande der Antarktischen Halbinsel

Dieser Band liegt auch in französischer Übersetzung vor (*Les Naufragés des Glaces*).

Segelziele voller Wunder (1997)
Reisen zu den Inseln und Archipelen im Südatlantischen und Südindischen Ozean

Segelabenteuer im Südpazifik (1999)
Reisen um die Nord- und Südinsel von Neuseeland, seine subantarktischen Inseln und unsere Reise zum Rossmeer

Inseln voller Magie (2002)
Segelreisen von Neuseeland über die Südsee durch die Patagonischen Kanäle und Feuerland zur Antarktischen Halbinsel. Finale unserer 7-jährigen Umrundung von Antarktika

Die Bilder von Erich erschienen u.a. in *GEO*, *Stern*, *Life*, *Times*, *Le Figaro* sowie *Terres Sauvages*. Sie wurden in Italiens renommiertester Fotogalerie ausgestellt und mit dem internationalen Fotopreis „Marian Skubin/No Limits Award" ausgezeichnet.

Alle Bücher, auch die im Handel vergriffenen, sind über die Autoren erhältlich. Sie kommen handsigniert und mit einem Bordstempel versehen; auf Wunsch wird auch eine persönliche Widmung hinzugefügt.

Bestellungen

- per E-Mail: info@freydis.de
- postalisch:
  Dr. Heide Wilts & Dipl.-Kfm. Erich Wilts
  Untere Büttengasse 3
  D-69121 Heidelberg

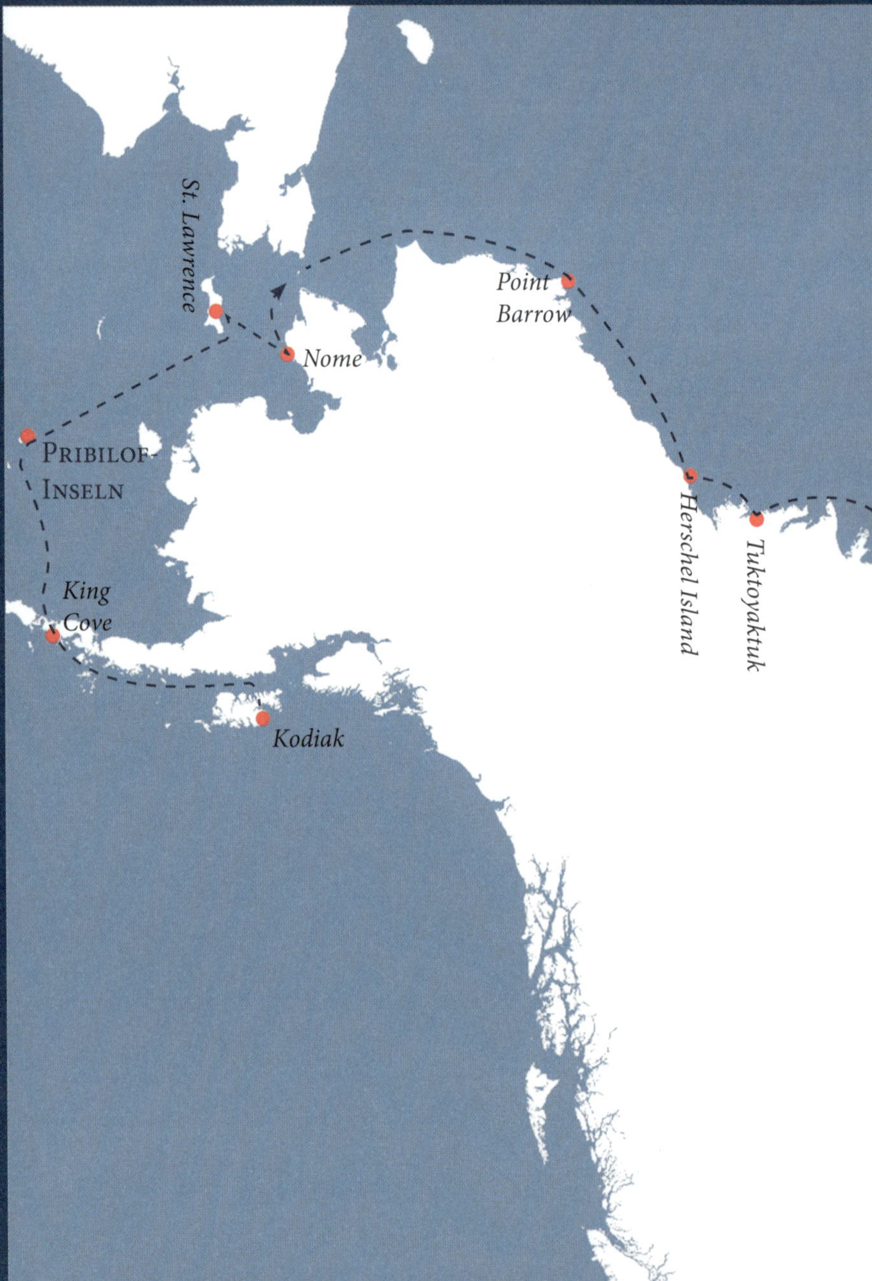
St. Lawrence
Point Barrow
Nome
Pribilof-Inseln
King Cove
Kodiak
Herschel Island
Tuktoyaktuk